はしがき

先に刊行した『道元禅師伝研究』正・続に収載しきれなかった論考、およびその刊行後に認めたものなど、既発表のもの十二篇、未発表のもの二十一篇をまとめておいた。いつか『道元禅師伝研究』第三とでもしたいと思っていた。しかし筆者の研究は、本来は公表を主眼としたものではなく、筆者自身の禅師伝に対する学習がねらいであったから、積極的に公表する思いはなかった。

それが今回急に刊行を思いついたのは、今年、道元禅師の七百五十回遠忌の勝縁にあい、自らの論考を公表して筆者の蒙をひらいていただけるなら、との思いからである。

筆者のそれはなんといっても、在野の一僧の手探りのもので、本来歴史的知識に乏しいだけでなく、資料にも恵まれない地方人のもの故、その学習に誤認も多かろうと自認する者なので、これを発表してその誤謬を正していただけるなら、老い先短いその間に少しでも妄見を減じていただけるものとの願いからである。

よって『新道元禅師伝研究』の名で刊行することになり、その題名が内容にそぐわない点気おくれがするが、大方の寛恕を得たい。

思えば筆者の研究は六十年前に始まった。その間いろいろの経緯があったが、そこに多くの方々の指導援助のあったことは、先著でふれた通りであるが、この際あらためて二、三のことについてふれておきたい。

その一は、学生時代に生活した道憲寮の存在である。寮頭衛藤即応先生、寮監安田一雄先生、副寮監岡本素光先生・小川弘貫先生のことは、別にふれたことがあるのでさておき、ここで同期の学友、峯岸応哉・目黒大中・田中章二の三君には、忘れんとして忘れ得ないものがある。

思い出の一々は省くが、兵役もつとめられない程の卑弱な筆者を、いつもいたわり励ましてくれていたのに、なんぞ筆者を残して先立って逝くとは。

筆者がこれら研究にあたる間にも、いつも瞼に浮んで来たのは、あの寮で情熱をもって語り合った思い出の数々で、これが研究への支えともなり力ともなってくれた。私の研究の陰にいつも彼等があったことになる。

この書を先の恩師と共に三君の台前に供し、ささやかな報恩としたい。

その二は、地方にある者にとって、資料の利用が一番の問題であった。この時、近くの神宮文庫・皇學館大学図書館の存在がありがたかった。特に皇大図書館が、この門外者に自由な出入りを許し、図書の閲覧に便宜を与えてくださったことはまったく望外のことで、いかに謝しても謝しきれない。

第三は、国書刊行会にまたまた迷惑をかけ、佐藤丈夫氏、畑中茂氏には殊のほかお世話になった。

こうして多くの外護に恵まれ、これこそ「仏天の加護」といえよう。この好因縁を喜ぶものの、その報恩はとても現世では尽しきれるものでなく、尽未来際その研究をつづけるほかない。

最後に本書の内容についてことわっておきたい点、次に述べよう。
①従来の道元禅師伝に略名をとっているが、それは前著『道元禅師伝研究』で示したものによった。
②既発表の論考で、その後気づいた不適切な表記や表現に訂正したところがある。もちろん論旨を変えるものではない。

二〇〇二年五月

中世古　祥道

目次

第一章　幼少時代

第一節　道元禅師誕生地諸説考

道元禅師（以下「禅師」）の誕生地について触れる発表は数多いものの、いずれも断定し難いものである。今、その所以について触れておきたい。

㈠洛陽説

誕生地を究める前提として、その両親の確認の必要なことはいうまでもなかろう。しかるにこれについては、徳川期から諸説があった。今、徳川期までのものをあげてみよう。

〔父〕　源通忠　行録（一六七三）
列祖行業記（一六七三）
延宝伝燈録（一七〇六）
本朝高僧伝（一七〇七）

扶桑禅林僧宝伝（一六七五）

忠通　延宝本紀年録（一六七八）

（※上の通忠の誤刻か）

源通具　名家譜（延宝本紀年録）

源通親　元禄本紀年録（一六八九）

洞上諸祖伝（一六九四）

永平実録（一七一一）

訂補建撕記（一七五四）

〔母〕　能円女　延宝本紀年録（一六七八）

基房女　洞上諸祖伝（一六九四）

永平実録（一七一一）

訂補建撕記（一七五四）

このように諸説があっても、注目すべきはそれらには、洛陽・京兆・平安城・雒城とその表現はいずれも、すべて禅師を「洛陽人」としている。これはその父母名をあげない『三大尊行状記』をはじめ、『伝光録』や古本『建撕記』等の記すところでもある。

これは古く宗門では、禅師の所生を洛陽内と認識して来たことを示すといえる。

(二)久我村説

『紀年録』の元禄本に始まる父通親説が、面山等の採用からも宗内の通説となった。そこで大正時代に入り、久我家の旧宅が久我の地にあったと言われたことから、同八年（一九一九）、この地に誕生山妙覚寺が建立されるに至った。

これには、当時、禅師の慈母に関する新たな認識も大きな作用をなしたようである。

禅師の慈母については、『洞上諸祖伝』が基房女を首唱してから、面山もそれを採用し、ついに『永平開山報恩講式』（一七五一序）に「賢萱是九（ママ）条大政大臣藤原基房卿之令閨也」ともし、永平寺は長くそれで報恩会を勤めて来た。

しかるに明治十四年（一八八一）になって、大内青巒氏によってそれが校補され、「賢萱是刑部卿藤原範兼之令祖也」とされるに至った。ここに禅師は源通親の嫡室（範子）の子とされたのである。

ただし明治三十四年（一九〇一）に刊行された永平寺蔵板の『承陽大師御伝記』は、「基房―女子大姉御母」と旧に帰しているが、この誕生山起工式の辞に、「母は藤原氏則子と称し（註）」とあるから、一時、永平寺では強く正室説を意識していたものと見られ、ここから大正時代当時の家庭生活等の認識により、ためらうこともなくこの地に設定したとも考えられ、現在は妙覚山誕生寺と改称している。

㈢木幡説

大久保道舟氏の提唱（『道元禅師伝の研究』〈一九五三〉）で、『洞上諸祖伝』に始まる、母を基房女とする説の討究から、これを『源平盛衰記』に見える木曾義仲に嫁した女に措定し、その上『諸祖伝』が「父通親薨、自後母子共被養㆓于基房第㆒」とするのに結び、基房の木幡別庄が史実に見えるところから、ここを誕生地と見たのである。

これは後に守屋茂氏によって、その生誕が母方の家で行われたという説と結んで、さらに強調されるようになった（『道元禅師研究』〈一九八四〉）。

したがって『鎌倉室町人名事典』（一九九〇）では、禅師を「宇治木幡の人」としている。

以上の二説に対し、筆者はそれでは共に洛外であって、古伝の「洛陽人」にそぐわないと批判したのである（『宗学研究』第三十号〈一九八八〉）。

(四) 郡司博道氏洛内諸説

郡司氏は禅師伝について諸説を発表されているが、時に従って変転している。もちろん、研究の成果によって訂正されていくのであろうが、そこになんのことわりもなく、その時々に断定的なことをいうので、その一論文のみではその真意が把握し難い。

その生誕地でも洛内説をとっているものの、以下のように変転するが、それら一々について触れておきたい。

(1)『永平道元禅師正伝明決抄』巻上（平成四年五月刊）

そこでは、

禅師は正治二年一月二日、堀川大納言源通具の東洞院の邸で誕生された

と述べている。筆者は、そのころ通具邸が東洞院にあった資料を知らない。氏は次の資料では「西洞院通具本邸」とするから、この「東」はあるいは「西」の誤植なのだろうか。後にも説明を見ないので、その点明らかとならない。

しかしいずれにしても、当時の出産は、多くは他家を借りてのものが多かったので、その風習からして、果して

その誕生が父通具邸であったと見ていいのだろうか。それよりも、その通具邸がここにあったとする資料を知りたいものである。

⑵同上講演資料（平成六年五月）

　左京（洛陽上京）西洞院通具本邸（現京都御所の一画）

先にも触れたものである。

これには、竹内道雄氏が平成五年二月の『傘松』誌に、禅師が通親の嫡流なら、通親の邸宅が土御門高倉四町と河崎北泉にあったとされるので、そのいずれかであろうとされ、その上、

　鎌倉中期左京（上京）の西洞院土御門殿を改築、敷地を拡張して造営されたのが現御所である。

といわれた。そうすると郡司氏のいう「西洞院通具本邸」というのは、これをうけた感もする。

確かに『増鏡』に「土御門の内大臣通親の二郎君右衛門督通具といふ人」とあり、『明月記』（正治元年六月十九日条）に「右大将（通親）夜前召仰了、今日一日造二直寝殿一、立二四門一云々、土御門家也」とある。『猪隈関白記』（正治元年六月二十二日条）にも「片時之間休息、則向二内府（通親）第一件所土御門北万里小路東」とある。

これで通親が禅師出生時、ここを本拠としていたことは知られるが、二男の通具も妻帯しながら父と同居していたのだろうか。それとも隣地に別邸を構えていたのだろうか。

氏の論からはそうともうけとられるが、ここが禅師の誕生地であったとするのには、先にも触れた通り、当時の出生状況からは、全く理解し難いものになろう。

⑶東洞院基房邸近傍（平成九年～）

『傘松』誌連載論文㈤のものである。

通具と伊子、生後間もない道元禅師が仲睦しく暮していた邸宅であり、前出五条万里小路の邸（私注俊成女宅）ではない。この邸宅は前に記した新居で基房が婿にとった通具に提供した邸宅。その所在は現段階では確認できないが東洞院の基房邸の近傍であったと思われる。

これは(1)の「東洞院」説と関連するようであるが、その点説明がないので分らない。

氏は後に次説を披露するから、これについて云々することをやめるが、ただこの東洞院に基房の住居があったというのには問題があることのみを指摘しておきたい。

(4)基房本館花山院

氏は先説発表のあとの(六)では、前説には全く触れずに、新たに「花山院の基房本館が誕生地」といわれる。

そしてこの花山院は「忠雅の邸宅であった」とするが、それが基房の本館となった所以をいわない。

ただ『建撕記』の、霊山院庵室で禅師と花山宰相入道（宣経）とが子の刻まで話がはずんだというのは、両者がこの花山邸で生誕した因縁からと記している。

しかも、

此のように資料の中にある「子の時」という些細な三文字を見逃さず厳密に精査すれば、その中から今まで曖昧模糊とされて来た道元禅師の誕生地が花山院の基房本館であったといえる。又、この事は基房の第三女伊子が通具の正室で、道元禅師の生母であることを証する有力な傍証ともなろう（傍点筆者）

といわれる。

しかし、これは果して「厳密に精査」した結果によるものなのだろうか。筆者には氏の臆測から来るものとしか思えないのである。

第一、『建撕記』の記の資料からは、上のような主張の根拠は窺い得ない。「子ノ刻」まで話題が尽きないというのは、仏法上のことであったととってもよかろう。

そこからは、両者の親密さが偲ばれはするが、それで両者が花山院で誕生したとか、「幼少時代互いに睦んだ」などとするのは、それを証する資料が示されない以上、それは氏の推測上のものとするほかない。

これは基房の室忠子が花山院忠雅の娘であることから、その忠子の所生を『尊卑分脈』上の基房の三女と見なし、その上これを通具の正妻とされるにしても、それらは氏のたてた一仮説で、しかもそれらがこの資料で証明されるとはいい難かろう。この資料からは、それらを偲ぶなんらの手掛りもないからである。眼光紙背に徹す態の氏の参究眼からとしても、その所説では一般を納得させ難いものであろう。

第二は、「基房本館」で、確かに『仲資王記』(建久五年三月二十六日条)に「仲御門烏丸松殿焼亡、禅定殿下移二御花山院一」云々とあるが、この「移二御花山院一」で、基房がここを伝領し、ここへ移住したと見てはならないものなのである。

㋑花山院(東一条第)

『京都市の地名』によれば、「花山院」とは、現在の上京区京都御苑の地にあったもので、東一条第とも呼ばれたという。

『拾芥抄』は「近衛南東洞院東一町、本名東一条」とする。

ここが「花山」といわれるようになったのは『古今著聞集』(巻十九)によれば、四面の築地の上に瞿麦がひしと植えられ、花のさかりには錦の山におぼえられ、これにより「花山の号はあり」とされる。

『愚管抄』(巻四)は、藤原経豪の養子師実の兄定綱の伝領といい、次のように記している。

大ハリマ定綱ガムコニ、花山院ノ家忠ノヲトドニナリテ、花山院ハツタヘラレタルナリ。花山院ハ京極(師実)ノ大殿ノ家ニテアルヲ、定綱、御所ツクリマイラセタリケルカハリニ、花山院ヲバタビ(賜)タリケルナリ、フルキ家タヾ一ノコリテ、花山院トテアルナリ、大原長宴僧都、葉衣ノ鎮シタル家也

この師実のあと、家忠―忠宗―忠雅と相続し、忠雅の女子忠子が松殿基房の北政所となったのであるから、基房がこの邸宅に出入りしたことは十分考えられるが、これを基房が伝領したとは考え難い。

先の『仲資王記』は、基房松殿の焼亡により、北政所の縁からも一時移御したものと採るほかないのである。

花山院の系譜を見ると次のようである（『尊卑分脈』）。

忠雅（号花山院　大政大臣）
- 兼雅（正治二七十四出家　号(後)花山院左大臣）
  - 忠子（松殿摂政北政所）
- 忠経（建保元、十二、廿二出家　寛喜元、八、五薨五十七　号花山院右大臣）
  - 家経（五辻）―宣経（参議中将）
- 定雅（号粟田口　入道右大臣　又号後花山院）
- 通雅（号後花山院　大政大臣）

これを見ると、忠雅のあとは兼雅の系統が伝領したものと見られ、基房の伝領など考え難い。宣経は花山院とはいいながら、五辻とされる家経の子である以上、家経さえこの花山邸の伝領など考え難いから、宣経の同邸での出産など首肯し難くなる。

㋺粟田口花山亭

忠雅には東山粟田口付近に山荘があった。『古今著聞集』に、「花山院ノ粟田口殿ノ山」云々とあり、そこは粟田

口第、花山亭などと称されたという。

『玉葉』（治承元年十月十六日条）に、

此日前相国《忠雅》室落飾為㆑尼《年四十九》、為㆑訪㆓其事㆒博陸（基房）之室家（忠子）被㆑向㆓粟田口山庄㆒

とあるし、忠子自身、後に基房の配流中、ここで承円を出産している（『山槐記』治承四年八月二日条）。

このように花山院は忠子の生家であったことからも、基房も縁が深く出入りはあったものの、これが基房の本館になったなどとは考え難い。

氏のように禅師の母を基房の女と措定し、そこから基房因縁の邸宅を探って、禅師生誕の比定地とするのも一計であるが、禅師出生の頃の基房の本拠が菩提院（神楽岡東）であったことは、先に『道元禅師伝研究』続（第一章第八節）の論文で明示したところである。よって当時、花山院が「基房本館」など到底首肯できるものでない。

氏に諸説が見られるようになったのは、当初は父を通具と採ったところから、その邸宅を漫然とその父通親の邸宅とからめて主張したが、後に当時の出産の風習では、それは父方の邸宅よりも母方の邸宅であったとする所論のあるものの考慮から、今度は母を基房女と採った立場から、先の所論から一転して基房の邸宅をあれこれと措定しての論と見るほかない。

しかし、それ自体十分なものでないことは上に触れた。

それはともあれ、禅師の生誕地については、まずそれ以前にその母の確認こそ第一のものと思われ、これなくしての探究は、とかく戯論となる感がしてならない。

（註）則子は『公卿補任』の建仁元年の通光叙任に「母従二位藤原則子」とあるからで、これは範子の訓読からのものであろう。

ただし、そこの「近衛家より出づ」はとれまい。範子は範兼の女子で、この家系は近衛家とは関係しない。

（一九九八年二月）

第二節　道元禅師の尊父通具説源流について

道元禅師（以下「禅師」）の父については、古伝はすべて「村上天皇九代苗裔、後中書王八世遺胤」とするのみで、その名は見えない。

この世代を古代のそれに照らすと、徳川時代に強くとられて通説となった源通親尊父説は誤った世代の数え方によるもので、古い時代の数え方からは通具の代になろうし、「育父源亜相上堂」の「育」の当時の用法からしても、禅師の父は源通具であろうと見るほかなく、近年、それに傾く者が多い。

この通具説の早くに見られるのは、延宝本『紀年録』で、「或名家譜曰」として「村上天皇第六王子、具平親王十代内大臣通親之孫、堀川源大納言通具之第三子」と紹介している。

しかるに同録は、本伝ではその以前にあった通忠説を誤ったのか忠通と記していたところから、後の元禄訂正本に至って、それの不当をさとって（通忠でも禅師以後の出生）、通親説を首唱したのである。これは当時の世代の数え方によって、こうしたのであろう。そしてこれが宗内で長く踏襲されることになったのである。

これに疑念を懐く側から、先のように通具説があげられ、郡司博道氏もそれをうけている。

それはよしとして、同氏は近くこの通具説というのは、宗内では早くからのもので、『行録』等に「亜相公通忠子也」とする「通忠」は「通具」の誤記、あるいは後人の誤写からのものであろうと言われている。

すなわち、次のように主張される。

『行録』の作者が誰であれ、当代洞門の学僧であったことは疑えない。『公卿補任』『尊卑分脈』等は当然閲読したに違いない。さすれば通忠実父説の年代違却など面山の指摘をまつまでもなく了知していたとせねばなるまい。旧前の説を承けたものであれ、本文にあるように実父通忠と記したとは思われない。やはり通具と記すべきところを通忠とした作者自身の筆誤か、後の書写者の写誤とすべきであろう。

通具実父説を挙揚する面からは、たのもしい主張ともなろう。事実、「学僧」であろうと筆誤は脱れないし、後人にも誤写もあろうが、氏の論には首肯し難いものがある。

『公卿補任』や『尊卑分脈』などを閲読していたであろうなどというのは、当時としては考え難いと見るのは、筆者個人の思わく故後に触れるとして、ここでの「通忠」が作者の筆誤とか、後人の誤写からとは採り難い。

それは頭初に「源亜相公通忠子也」とした「通忠」は、あるいは「通具」の筆誤と見られなくもなかろう。しかし同録はそのあとにも、「通忠」と記している。

しかもそれは『三大尊行状記』や『建撕記』古本等が「親父猶父定有二其瞋一」として来たものに対して、同録は「松殿通忠等知下其不中為二塵縁一可上奪」云々と名に代えているのである。これでは同録の作者は、「親父」を「通忠」と認識していたというほかあるまい。二度にもわたって通忠とし、あとの方では「親父」とあるのを「通忠」とする以上は、誤筆とするには念の入ったものといわざるを得ない。

そこでこの書のそれは、後人の誤写からのものと主張され得ようも、それではこれまた、二度にもわたる誤写ということになろう。

そもそもこの『行録』は、所写による伝本ではない。今、『曹洞宗全書』によれば、末に

探牛首座肥前慧日之徒也、化二佐嘉諸山清衆一刻二此書一、蓋欲レ使三知二禅師行実与本山一有二此境一也、凡字四千三百三十余字

とする程であるから、直に刊本にしたものと見られる。その識語の年次は「寛文十三年歳次丑仏涅槃日」故、西紀一六二三年で、板行は「延宝元癸丑年孟冬吉日」とあるから、同年のものである。これでは誤記・誤字の入ることは考え難いのではなかろうか。

　しかもその伝中、他伝について註を附して退けるなどしている上からは、上の「通忠」が作者の誤記とするなら、あまりにも不注意なものといえよう。

　氏は先に、この作者は『公卿補任』や『尊卑分脈』などを閲読していたであろうなどといわれたが、同録に「松殿禅閤基房公。九条殿也」とあることから、とてもそのようなことは考え難いことを附言しておく。すなわち基房を「九条殿」とするが、「九条」は基房の弟兼実のことであって、不当も甚だしく、『公卿補任』や『尊卑分脈』などを閲読した者の採るべきものとは思われないからである。

（二〇〇〇年二月）

第三節　源通具の教養について

藤原定家は、その一族俊成女（嵯峨禅尼）が、かつて通具の本妻であったのに、通具が後に範兼の女按察局（信子）を嫡妻としたこともあってか、その日記『明月記』に記すところ、通具の評価はまことに芳しくない。

もちろん、それのみではあるまいが、次のように見える。

建永元年（一二〇六）六月十九日条に、定家が藤原良経の押紙から、通具の『新古今集』撰歌には、詞書・位置等に誤謬ありと非難し、翌二十日訂正し、「此卿撰歌之詞散々」と記している。また、承元元年（一二〇七）九月十日条には、有職のことに関し、「此人本自以㆓僻案㆒万事称㆓家之秘事㆒、不便事也」としている。

自己の主張をなかなかに曲げない人柄のように見られ、定家のような反発もあったのだろうが、それがすべてとも見られまい。

後代ながら、宗祇は『三千院文書』に次のように記している。

> 通具、有家は京極（定家）心にかなはぬ歌よみにと、新勅撰集などにも、歌数少被㆑入たり、又、百人一首とて上古以来、歌仙百人を定家の構はれて、いかにも棟梁、（順）、通具、有家四人ながら不入に、別して歌出さるへしとも不㆑覚候（大日本史料）。

近く『笠間叢書』中の「中世和歌とその周辺」の「通具と俊成卿女―新古今和歌集所収歌をめぐって―」にも、それには俊成女は通具に離婚されながら、その後にも通具へ思慕の歌を残していることから見ると、通具への評価は定家の『明月記』の記事からは人気は悪いが、もう一つ研究を進める必要があるものと認めている。と述べている。

事実、通具は按察局信子を嫡妻としたあとも、俊成女を伴って俊成を見舞ったり、また俊成女宅の火災には駆けつけて、そのあとの面倒を見るなど、人間味あふれるところも見られ、俊成女が離れ難い魅力のある男でもあったようである。

今、その人柄を偲ぶ資料は推測のほかないが、ここでは通具の多彩な教養を持った人物であったことを偲ぶものをあげてみたい。

(1) 漢学

定家は、通具死没の報を聞き、ここでもその『明月記』(安貞元年九月二日条)に、

於二公事一不レ足レ言之人也、以二自讃之詞一為二卿二位、広元等一被二帰依一、京畿得二其名一、誰人弁二其虚実一哉

と手厳しい評をしながら、それでもそこに

是少年之時、遇二光輔・宗業読書之名号一也、彼両儒之説他人不レ受二其一巻一、於二当世一可レ謂二抜群一

と記している。

『尊卑分脈』によれば、光輔に「大内記了少甫　文章博士」とあり、宗業に「従三　文章博士　昇殿　式了大甫」とある。通具は若くしてこの両儒について漢学を修めたもので、その一様でなかったことは定家の認めるところでもあった。

通具は、『新古今和歌集』の勅撰者の一人として知られるが、『桐火桶』は通具の和歌を評して「はくし《(白氏)》の詩を見る心ちして侍り」と記している。この点『民経記』も「文選之故人也、風月之本也」と、「文道」の人としている。

『三長記』の建暦元年（一二一一）三月九日条に「今朝源中納言注送二詩緯一」と見え、通具が長兼に『詩緯』に注をして送っているのが知られる。

『順徳院御記』（建保四年〈一二一五〉十二月四日条）に、中殿会に文人が列した際、

通具携二風月一、経二年序一之上、頗才学人也、尤可レ参

と記されている。

ついで京都御所東山文庫蔵の記録によると、建保四年十月三十日、内裏で「松上見新雪」の題で詩御会があり、「源大納言通具」が見え、他の列座に中宮大夫教家、宰相中将通方などがあった。

同記録の同じく十二月八日付のものに、「文人　権大納言（通具束帯　已下皆同）」とするのが見える。

しかしその詩文は、『和漢兼作集』に次のものが見えるにとどまる。

江上春望

湖中晩水後無浪　浦水春山白有花（第二　春部中）

夏月言志

水蛍晩点空生滅　山鳥暁声幾有無（第五　夏部下）

山家紅葉

双松門北青嵐路　疎竹檐前紅葉山（第八　秋部下）

詩歌につき、『公卿補任』も

大納言正二位源通具（五十八、九月二日薨（五十七歳）　号堀川大納言　詩歌）

とし、「詩歌」の人としている。

通具は若くしてうけた漢学の素養から、単に和歌の道のみならず、「詩文」でも知られるものがあったのだろう。道元禅師の伝に「七歳ノ秋、始テ周詩一篇ヲ慈父ノ閣下ニ献ズ、時ニ古老名儒悉ク道フ、此ノ児凡流ニ非ズ、神童ト称スベシ」（『伝光録』）というのは、一見、伝記常套の舞文の感もしようが、ここに父通具の血を引くものが偲ばれなくもなく、無下に退けるべきものでなく、その母などが禅師の才を父通具へ報じたものであったろう。

ともあれ、通具の漢学のそれは、今後十分の討究が必要とされよう。

⑵ 有職

有職のことは当時、公卿一般の習いであった。通具の有職についてのことはあちこちの資料に窺えるが、定家は先のように手厳しい批判をし、それは『古今著聞集』（巻十一）にも偲ばれる。

順徳院の新造された琵琶に大鳥と名づけ、その絵をそれに画くことになった時、通具はわが家にその絵模様があるといって献上した。しかるに院は「此人はをし事する人こそと沙汰ありて、もちゐられずに成けり」と記されている。とかく問題の行動のあった人といえる。

それでも、その方面で信頼されていた点も窺えるのである。

『広橋家記録　頼卿改元定記』に、

先向二源大納言通具亭一、此間有儀人也、読二年号一勘□□（文事）、為二示合一也

とある。

定家の『明月記』の安貞元年十二月二十二日条に、春日行幸の先蹤について

通具卿云、入御時見開レ簾、次上二御簾一、出御時先上レ簾次開レ簾、為二先御所方一云々　理頗叶

と記し、「理頗叶」としている。

同じく建保三年正月四日条には、

功過間事以二消息一度々尋二申土御門大納言有具(通カ)一、返事等又定文今度、土代被レ返レ之、今度事大略被二進止一云々文書等兼日預二置之一歟

と、通具の教示をうけている。

そこでその没去の記事に先のように記しながら、一方で

入レ夜雑人説云、大納言通具卿申時許薨云々不知虚実道俗男女所レ称稽古有職公卿、今年共滅亡歟

と、有職公卿の滅亡を憂え、その一人としているのである。

(3) 和歌

『新古今和歌集』の撰者になったのは、通親が大臣としてその任につき難いところから、通具をその一人としたともいわれるものの、決して並の者とはいえまい。

定家は『明月記』建保五年四月十六日条に次のように記録している。

大納言於二弘御所一被二閑談一、今度歌抜群由、殊有二叡感一云々

後鳥羽上皇と広御所で閑談の折、この度の和歌が抜群と叡感があったというのである。

『続歌仙落書』は、伝通光のものともいわれるが、作者二十五人をあげるうち、通具の作七首をあげ、次のように評している。

大納言通具

風体しなやかにゆう(優)なるさまなり、時々むかしおもひ出らるゝふしも侍にや、軒ちかき花橘に、あめうちそゝきたる程とやいふべからむ。

『愚秘抄』はいう。

通具朝臣は、楽天の詩を見る心ちする歌也、さればにや、後京極殿は通具をもて堪能の仁とおぼしめしけるにや、常に例の白氏詠作出きたれりとのみ、通具をば褒美ありけるにや。

また『翠園応答録』は、

　今こんと契りしことは夢ながら
　　見しよに似たるあり明の月

かょやうの歌をよみ出でんには、誰かは感ぜらん、上手ならではよみ得べきかは、金玉のしらべともいふべしと評している。

『扶木和歌抄』巻第二十五（雑歌七）に、「家集　大納言通具卿」とする一首を採るから、通具の「家集」から拾録したかのように見られるが、通具の「家集」は知られていない。

『勅撰作歌部類』では、通具の和歌として次のようにあげている。

新古今集	十七
新勅撰集	三
続後撰集	一
続古今集	四
続拾遺集	一
新後撰集	一
玉葉集	一
続後拾遺集	一

新千載集　一
新拾遺集　二
新後拾遺集　二
新続古今集　三
『万代和歌集作歌部類』では六首がある。
『新古今集』の撰者でありながら、その「家集」も知られず、その全貌も見難いことから、『新編国歌大観』から通具の和歌を拾録しようと志し、約二百首近くを集めたところ、既に先人にその業のあるのを知った。それは部矢祥子氏の編『源通具全歌集』（思文閣、一九八七）である。
そこに二百十一首も採られ、その撰出や諸本の校合など委細を極めている。筆者の無知を恥じつつ、宗内の国文学者や歌人が、これによって通具の和歌について論及あるよう願うや切である。

（二〇〇二年一月）

第四節　通具の住居地について

道元禅師（以下「禅師」）の親父については、古来諸説があり、江戸中期より源通親説が長く採られて来たが、今日、その子通具説が有力となり、筆者もそれを主張する者である。

その上からすると、この通具の京洛方面における住居を探っておくのは無駄ではなく、禅師伝追究の上で、その参考になることもあろう。よって、以下管見にふれた諸説にあたっておく。

(一)堀川殿（二条堀川）

『公卿補任』十七に、

源　通具　五十八　九月二日薨、（五十七歳）、号堀川大納言、詩歌、

とある。この「堀川」は住居地からの呼称で、近く『京都道元禅師を歩く』（京都新聞社、一九九九）は次のようにいう。

> 平安時代に堀川院のあったこの地には、鎌倉時代の初め、摂政左大臣で歌人として知られた藤原良経の邸宅があった。やがて良経は、新築した中御門京極殿へ移り、旧邸を源通具（一一七一—一二二七）へ譲った。（中略）道元は（中略）この堀河第で育ち、十三歳（注建暦二年＝一二一二）の出家を迎えたという。

それでは、通具がここに居を構えたのはいつであろうか。良経の移転から考えるほかなかろう。『百錬抄』に、「（建永元年（一二〇六）三月七日、今暁摂政（良経）俄薨去三十八」とあるから、その中御門京極殿への移転が、

それ以前なのはいうまでもない。

『愚管抄』によると、

中御門京極ニイヅクニモマサリタルヤウナル家ツクリタルヨウナル家ツクリタテテ、山水池水峨々タル事ニテメデタクシテ、元久三年（注建永元年）三月十三日トカヤニ、絶タル曲水ノ宴ヲコナハントシテ、鸚鵡坏ツクラセナドシテ、イクジクヨノ人マデ悦テ……三月七日、ヤウナクモナク子死ニセラレニケリ（巻六）

とある。『尊卑分脈』によると、「頓死、但於二寝所一自二天井一被二刺致一云々」とある。『百錬抄』では、「建永元年正月十七日、今日、上皇御二幸摂政中御門京極新亭一」とあるし、『古今著聞集』でも「建永元年三月に京極殿にて曲水の宴を行はんと……」とするから、良経は少なくとも、その前年元久二年（一二〇五）までは堀川にあったことになろう。

これからすると、その通具の子と見られる禅師では、今日的な眼で見れば、ここで育ったという先の記も諒承され得ようが、当時の貴紳者の婚姻生活からみると、簡単にはいい難いものではなかろうか。

多妻が通常であるかのような時代、その本邸には嫡妻の同居は考えられても、そこに妾妻を置くとは考え難い。あるいは慈母の死没後引き取られたと主張され得ようも、それは一推測のもので、禅師伝の上では、「祖母姨母恩尤重」とある上からは、禅師は慈母死没のあとは、祖母と姨母に育てられた感がし、その同居が考えられるのである。しかし、それらも慈母方のものと推測され、父方に引き取られたとはとりにくいのである。

ともあれ、通具の堀川にあったのは、私見では『猪隈関白記』の承元四年（一二一〇）四月一日条の「入レ夜南方有二火事一、二条堀川源中納言通具卿家焼亡了」で確然とするが、『明月記』建永元年（一二〇六）七月一日条の「訪二新中納言一（通具）、日来虐病云々、隔レ物相逢、即帰廬」は、年代上ここ堀川のそれと見られよう。

先に「焼亡了」とあるので、その後再建がはかられたものであろうが、それが三年程で今度は放火の難にあった。『明月記』の建保元年（一二一三）五月十四日条の記をあげよう。

人云、新大納言通具卿家有二放火事一、依二其事一搦二嫌疑雑人一之間、件男主人馬允景康、捕、平中将侍、聚レ党打二入大納言家一、抜レ剱昇二堂上一、搦二宿直男一、向二中将家前一、内府（通親）聞二此事一、喚二寄馬允一之間、自レ院被二召出一、給二検非違使秀能一訖云々、権勢家人所行如レ此歟、

『明月記』では、嘉禄元年（一二二五）四月三日条では、ここで白拍子会があり、庶人の見物が許されたとある。

同頃、通具卿於二堀川家一、白拍子会、友重在二其座一、発レ使喚二左衛門尉清重一非二家人一、依二猨楽一招請、擬二子後戸木工山林一歟、清重不レ向云々、開レ門不レ禁、雑人道俗集二合于庭上一見物云々

『広橋家記録』頼資卿改元定記に、

先向二源大納言通具卿亭一、此間有識人也、読年号勘文事為二示合一也

と、同亭に参上したことを伝える。

これが嘉禄元年（一二二五）十二月二十六日、またまた火災をうけている。

過二夜半一坤有レ火、頗有二宮城之疑一、驚騒遣見之処、源大納言通具卿家、不レ移二他所一自レ内出歟云々（『明月記』）

『百錬抄』では二十七日条に、

二条堀川源大納言亭焼亡、放火云々、神宮上卿之文書等紛失云々

と、放火説を記しているが、『明月記』の嘉禄二年正月九日の記では、失火によることを知らせる。

通具卿称二歳末之節料一、家人等供物之次、盃酌燕遊、通方卿来、酔郷（卿カ）酩酊、彼卿帰後、主従付レ寝、前後不覚之間、炉火不レ治、自レ内火起、疎遠之侍見二其光一雖二驚騒一、付寝之輩猶不レ驚、件侍打二破腋戸一呼叫之間、著二小袖

許一出レ自レ内之間、文書珍宝一物不二取出一云々、実是非二人力事一歟

したがってその後新造にあたったことは、『明月記』嘉禄二年五月六日条から窺える。

通具卿又新造居住、堀川構二潺湲一之間、具実卿称二勅定一、入二二条大宮泉一、盗二取奇巌怪石一云々。

このようにして新造のものか、あるいは先の火焼で残されたものかは確かめ難いが、ここでその土倉が盗賊に侵されている。『明月記』嘉禄二年十月六日条に見える。

夜竊盗穿二通具卿之土倉一、取下処二収置一雑物、鵝眼三百貫、沙金一壷、濃州桑糸六十疋、鋤鍬上云々、盗等其間有下喚二玄蕃允一之音上之由、隣家下人等称レ之、仍召二籠其男一非二実犯一云々 往年在二此、家一重継二也 称二炎上之訪一、京畿□因営儲物皆被レ盗、歎息無レ極云々

先の火焼見舞物が盗み取られたもので、同記の十月十一日条では、「下人等云、源亜相盗重継已承伏云々」と、往年この家にあった重継が犯人だったとしている。

『明月記』は、安貞元年三月十九日条に、

宰相来、一昨日於二大納言殿一詠二百首一云々 主人、信実、清定、定見苦事也

とあるのは、この通具邸なのだろうか。

この安貞元年九月二日、通具はここで薨じたものと見られる。

以上の資料からすれば、ここは少なくとも元久二年（一二〇五）後から通具が居住した地と見られ、災難の多い居住地であった。

(二) 押小路万里小路（五条京極）

通具は先の地に居を移す以前、いずこにあったかは明確でないが、『明月記』建仁二年二月一日（一二〇二）条からは、その時、押小路万里小路にあったことが知られる。

参レ院、退出向二押小路万里小路旧宅新宰相中将上許（邸宅）一、入道（俊成）殿渡御、相公被レ坐、清談移レ漏退出

定家が旧宅というのは、ここはもと父俊成宅で、定家はそこで育ったのである。

ここへ通具が入ったのは、村山修一氏の『藤原定家』では次のようにいう。

俊成は建久七年ごろには、（私注 五条京極から）三条へ引越し、あとで俊成卿女の夫源通具が入り、通具の薨後中資王にゆずられた。

俊成の五条京極に在ったことは、『山槐記』（治承四年〈一一八〇〉二月十四日条）に、

火起二高辻北一、万里小路西、失火云々、北至二于綾小路東指巽一、出二京極西一至二于五条北一……京極大夫入道俊成家、左少将実教朝臣宅焼亡云々

とあり、長門本『平家物語』の「都落平忠盛」下に、寿永三年（一一八三）七月二十八日、

忠度乗かへ四五騎かほと相具して、四塚の辺より帰りて、俊成卿の五条京極の宿所の前にひかえて……

という有名な事蹟からも知られる。

そして建久七年（一一九六）ごろ三条へ引越したというのは、『明月記』（建久七年六月十三日条）の「今夜宿二三条一」から証されよう。

この「押小路万里小路」は、「五条坊門万里小路」とも称されたもので、『玉葉』の治承四年二月の記からも知られ、『山槐記』の記のように「五条京極」なのである。

これでは、通具のここにあったのは、少なくとも建久七年（一一九六）ごろからで、ここは俊成女との同居の地で

あった。

この二人の間に生れた一女のことが『明月記』の天福元年（一二三三）五月六日条に見える。

伝聞、嵯峨禅尼嫡女具定卿娣密難産終命云々（注略）其年四十。

これからは、その一女の生誕は建久五年（一一九四）となるから、二人の結婚はその前年からとも見られ、したがって二人のここでの同居は建久四年頃からと見られもしよう。

俊成の三条へ移った時期を先の記では、建久七年ごろと見ていたが、上の一女の誕生からはさらに精査の必要もあろう。

それはともあれ、通具が建久七年（一一九六）にはここにあったろうことは否定し難くなる。

しかし通具は建仁二年（一二〇二）にはここを出て、能円の女信子（按察局）と同宿していたことが『明月記』（建仁二年七月十三日条）から知られる。

昏黒向㆓押小路万里小路宅㆒、此女房今夜初参院云々、此事始終尤似㆓狂気㆒、宰相中将与㆓権門新妻㆒同宿、旧宅荒廃之間、依㆓歌芸㆒、自㆑院有㆑召之、且又、彼新妻露顕之時、此等事皆構申置歟、棄㆓本妻㆒与㆓官女㆒同宿、在㆓世魂之所㆒致耳、

ここに通具は官女と同宿とあり、旧宅荒廃とあるから、ここから官女の許へ通っていたとは見られない。おそらく按察局の宅で同宿していたのだろうが、その住所は知られない。

しかし俊成女は通具と別居後もここに住していたようで、承元元年（一二〇七）十月一日火災にあった。それは『明月記』で知られる。その際、通具がここに馳せつけているが、その時の通具は、堀川の住居からと見られよう。その後、通具はこの本妻俊成女を伯耆前司宅のある石蔵に向わさせていることからすると、堀川には嫡妻按察局信子

が同居していたもののように見られる。

この押小路万里小路の宅について関連するものとして、古く郡司博道氏の発表に次のようなものがあった。

　通具と伊子が住んでいたのは、明月記に拠れば、二条万里小路西北角にあった居宅である。

それでは、その「二条万里小路西北角」の居宅のことはともあれ、これでは通具は同年代に二人の女と同居していたことになりはしまいか。

通具は正治元年（一一九九）頃、この本妻俊成女の宅から禅師の母の許へ通ったというなら理解もいくが、これと同居していたとするなら、上の資料とは相剋することになろう。

㈢石蔵（岩倉）

現京都市左京区の岩倉の地は、『栄華物語』を見ると、かつて久我源氏の祖ともなる村上天皇の宮達と関係した地と知られる。『栄華物語』（巻四）に次のようにある。

　村上の先帝の九の宮（昭平）入道して岩蔵にぞおはします、又、兵部卿の宮（致平）ときこえさする御子、同じはらからにて三宮ときこえさせし、それも入道しておなじ所におはします。

これらとの兄弟、第七の宮が具平で、これこそ村上源氏の祖なのである。

いつ、どうしてか、その所以は分らないが、先の両者が入道して絶えたことからか、ここが具平へ移ったことからその後裔に伝えられるようになったのか、後には通具がこの岩倉に領地を持つようになっている。

『明月記』によると、承元元年（一二〇七）十月一日、通具がかつて俊成女と同居していた押小路（万里小路）の住宅が火焼にあった際、通具はそこへかけつけ、本妻俊成女を見舞い、そのあと

火滅之後、女房相具渡二盛□□伯耆前司宅一、即令レ向二石蔵一云々

とある。この石蔵こそ先に述べた地が想起され、そこに通具の山荘もあったようである。通具は没後に岩倉に葬られたようで、『明月記』は次のように記している。

雑人説、通具卿、今夜石蔵葬送（安貞元年九月四日条）

この地は「堀川流」が継いだもののようで、『山城名勝志』は、通具の曾孫具守がそれを承けていることを知らせる。

堀川大臣山荘 堀川内大臣具守従一位右大将号二岩倉内大臣一

ほりかはのおほいまうち君をいはくらの山庄におさめ奉りしに、又の春そのあたり蕨をとりて雨ふる日、申つかはし侍りし　　兼好

家集

早蕨のもゆる山辺をきてみれば
　消し煙の跡ぞ恋しき

ここには堀川家の山荘もあったが、同家の葬地でもあったのだろう。それは久我の地に久我の別邸があり、墓所のあったことからも想定される。

この地は後代、久我氏の庶流岩倉家を継いだ岩倉具視が、公武合体論に敗れて文久二年（一八六二）から五年間幽棲した所という（『国史大辞典』『京都市の地名』）。具視は本来堀川家の出で、岩倉家へ養子に入ったものという。

古くこの辺に大雲寺があり、岩倉観音で聞こえ、園城寺系であったが、南北朝時代以来寺務を実相院門跡が管領したことから、応仁年間（一四六七〜六九）実相院もここに移って今日に至っている。

近時、当院から発見の『実相院日記』によれば、実相院境内に大工藤吉の持家があり、それを具視が買得したとあるという。

しかし上のことからすると、それはなにも偶然ではなく、遠く通具、堀川家とつながるものがあったからではなかろうか。

禅師の遺跡については、久我の地など著名になっているが、今後、通具関係地の討究が望まれてならない。

㈣久我第

先の村山修一氏の『藤原定家』には、次のようにいわれる。

後鳥羽上皇は十九日（注建久九年〈一一九八〉三月（二カ））には、朝早くより城南に幸し、御幸の人々皆船を用意したが、鳥羽殿で競馬及び近辺の鶏を集めて鶏合《とりあわせ》を行われた。老若両方に分って闘わせ、大納言通具の老方が負けたとてその罰に通具の久我第へ御し、ついで還御。再び鶏合を行ったところ、今度は若方が負けたとて、またその方へ御幸……。

これでは通具が久我亭を所有していたことになるが、それは氏の誤認からであろう。

建久九年では、通親でさえ正確には「権大納言」であるが、それはしばしば「大納言」とも称されたことからよしとして、通具は正治二年（一二〇〇）やっと参議になったもので、ここの「大納言通具」は「(権)大納言通親」のこととせねばなるまい。

それは『明月記』の二月十五日のものでは、「上皇昨日無㆓還御㆒、御逗留久我通親卿宅」とあることからも証されよう。

もっとも『明月記』の建永元年八月十九日条（一二〇六）に、

乗レ月向ニ左衛門督久我亭一老狂極無レ由已交衆了、自然不レ能ニ逃去一、愁伴亭主出逢、昇ニ二階之台閣一、望ニ田野月一、非レ無レ興、

とあるこの「左衛門督」が通具なら、この久我亭の亭主は通具ということになろう。

しかし通具は建永元年二月には「辞督別当」（『公卿補任』）とあるから、この時はもはやその任ではないから、これに充当しまい。

『公卿補任』では建永元年下に「源通光　左衛門督」とあるから、ここの「左衛門督」は通光で、彼は通親の正嫡としてこの地を伝領していたもので、通具の伝領は全く知られないのである。

よって上の久我亭を通具のものとするのは、誤認からのものといえる。

(五)東洞院基房邸近傍

郡司博道氏は、『傘松』平成九年九月号の論文（「道元禅師の御両親について(五)」）で、通具が東洞院の基房邸の近傍にあったという。

通具と伊子、生後間もない道元禅師が仲睦まじく暮していた邸宅……基房が婿にとって通具に提供した邸宅。その所在地は現段階では確認出来ないが、東洞院の基房邸の近傍であったと思われる。

ここでは通具の居住地は確認できないが、基房のそれを「東洞院」とするから、それを討究してみよう。

基房の「東洞院」というのは、一般にいうところの「五条館」（五条大路北、東洞院東）をいうのであろう。

『源平盛衰記』では、義仲が没落にあたって基房の女と「五条殿」で別れを告げたとか（『平家物語』では「六条高倉」）するので、ここらに基房本邸を想定するかのようであるが、まずそれから考えてみよう。

そもそも、この五条殿とは元来里内裏で、『百錬抄』（仁安二年九月二十七日）に「皇居五条東洞院焼亡」とあり、『玉葉』

同日条に「五条内裡焼亡」とされている。

ついで『百錬抄』（治承四年一月十日）に、「遷二幸前大納言邦綱卿五条亭一、中宮（建礼）春宮（安徳）同行啓、不レ用二移徙之儀一、去年土用以前八ケ日中新造、、可レ謂二不日之功一」とあり、『山槐記』（同二月一日）に「参レ宮（五条東洞院皇居西面）」とする。安徳天皇が高倉天皇から譲位されたのはここで、それは『山槐記』（二月一日条）に見える。『平家物語』（巻四）に、「新帝皇居五条内裏」とあり、『百錬抄』（同十一月二十三日）に、「今日遷二御邦綱卿新造亭一、両院（後白河高倉）同御幸」とある。

その後、

平氏、帝を奉して西海に赴むくに及び、藤原氏の有に帰し、基通一時之に住す、其後沿革を詳にせず（『京都坊目志』）

とするが、かの源義仲が後白河法皇と不和を来し法皇を幽閉した際のものに見えてくる。『皇帝紀抄』（寿永二年十一月）に、「寿永二年十一月、入道関白松殿令レ移二住五条殿一給」とあり、基房が移住したかのように見られるが、『玉葉』（同二十日条）に「伝聞、入道関白、自二去夜一参二宿五条亭一、義仲迎寄云々」とするから、それは基房の一時的寄留で、彼の伝領とは認められない。

それは『玉葉』（十九日条）が「（義仲）即奉レ渡二法皇於五条東洞院摂政亭一了」とし、『吉記』が、「渡二御摂政五条亭一云々」とするように、法皇が法住寺殿から移された時は、摂政（基通）の亭で、そこへ基房がよばれたものと見るほかはなかろう。

ただし『玉葉』はそのあとの記に、「摂政未二合戦一之前被レ逃二宇治之方一了云々」とあるし、法皇もそのあとまもなく「六条西洞院」へ移されたので、基房はそのままここへ移り住んだと考えられなくもなかろう。

しかし義仲没後の『玉葉』の記事（元暦元年〈一一八四〉十二月十六日条）に、

此日、摂政、被ㇾ参二春日社一、自二五条東洞院第一被二出立一……法皇於二頼盛卿八条亭桟敷一御見物、

とあるから、基房の居住は考えられまい。

ところで先にも触れたが、義仲は没落（元暦元年一月）に際し、『源平盛衰記』では、「五条内裏に帰りて貴女に遺《なご》りを惜しみて、時移るまで籠り居たり」とし、『本朝通鑑』（第七十三）は、「義仲直帰二五条一、対二新妻基房女一惜別不ㇾ出」として、ここに基房女もあったかのようにして、宗内では大久保道舟氏の発表から一般にこれが採られているが、これはあやしい。

『平家物語』によると、後白河法皇はこれより早く十二月十日、五条亭より大膳大夫成忠の宿所六条に移されていたのである。『愚管抄』には、

六条ノ木曾が、六条ノカタハラニ信成が家アルニ参ラセテケリ、当時ノ六条殿ハ是也

とある。先の「成忠」とこの「信成」は問題であろうが、『尊卑分脈』道慶下に「母大膳大夫信成女」とあることから、成忠は信成の別名か、あるいは誤写とも見られる。

義仲は後白河法皇と隙を生じてからは、法皇を法住寺殿から五条の基通邸へ、さらに六条の信成宅へと移したのであろう。

義仲は入京するや六条にあったので「六条ノ木曾」とされるのだろうが、『愚管抄』はこれについて、寿永二年七月、

義仲ハ二十六日入ニケリ、六条堀川ナル八条院ノハヽキ尼ガ家ヲ給リテ居リケリ

とする。

もっとも『長門本平家物語』（巻十四）は、

寿永二年七月二十九日源義仲は大膳大夫信業が六条西洞院へわたらせ給ひて、かくて其日より歳末の御懺法は始められけり

とし、『盛衰記』もそうするが、『平家物語』が、

寿永二年十二月十日は、法皇五条の内裏を出させ給ひて、大膳大夫業忠が六条西洞院へわたらせ給ひて、かくて其日より歳末の御懺法は始められけり（巻十五）

とすることから、前の記は後のものとの混同による誤りで、『愚管抄』を採るべきものと思われる。

ところで『平家物語』は、義仲が基房女となごりを惜しんだところを次のように述べている。


六条高倉なるところに、はじめて見そめたる女房のおわしければ、それへうちいり、最後のなごりをおしまんとて、とみにいでもやらざりける。


このことから、基房女はというよりも、六条に在ったと見る方が史実に合致するのではあるまいか。

一方、法皇はこの信成宅を一時「六条殿」としたが、後にここを拡張して御所としたようで、『玉葉』（文治四年〈一一八八〉四月十三日条）に「院御所六条北西洞院西忽有二焼亡一」とあり、その後頼朝は中原親能を奉行として、これを再建した（『吾妻鏡』文治四年七月十一日条）。

これについて国定美津子氏は『傘松』（昭和五十八年五月号）で、『平家物語』に見える六条高倉のことから、「松殿焼失（私注一一七七）後、六条高倉の六条院に上っていたとも……考えられます」といい、あとに「六条高倉殿―六条院―」としているが、これは六条にあった義仲の住居と、その傍らにあった信成の居宅（当時の六条殿）とを混同しているようである。

法皇が義仲によってここへ幽閉された時期からすれば、この女がここ六条殿へ祇候していたとは時期的には考え

られまい。

大久保道舟氏の研究から義仲のそれをあれこれ討究するのはよしとして、簡易に比定してしまう憂いのあることから、いささかそれについての資料を提示したが、それらによる限り、基房邸が五条近傍と窺うことは出来ない。かえって上の精査からは、基房女が「六条高倉」にあったとするから、あるいは基房邸がそこにあったからと主張され得よう。

しかしそれも当時の資料からは、基房はそれより早く「菩提樹院」（神楽岡東）にあったと知られ、それは「世俗吉田山と呼べり」（『京都坊目誌』）とする地なのである。

・天皇於二大政官一……有二即位事一、……而忠季自二入道（基房）殿御所一菩提樹院、著二装束一之間及二午剋一猶不来……（『山槐記』元暦元年〈一一八四〉七月二十八日条）

・今日参二上入道（基房）関白亭一菩提院……以二親経一遣二菩提院一（『玉葉』文治二年〈一一八六〉六月五日条）

もっとも基房は「松殿」と称されたように、義仲入京の頃でもなお「松殿」（中御門南烏丸東）の邸に居住していたようにも窺われる。

ここは本来左大臣能有の邸地で、後に上西門院御所となり、『山槐記』（仁安二年〈一一六七〉二月十五日条）に「称松殿」とあるから、「松殿」は基房移住前からの称で、基房がここへ居を構えたのは『玉葉』（承安三年〈一一七三〉十二月十六日条）に、「関白新造家移徙也……此家松殿跡也、中御門南烏丸東角也………」とあるのから、松殿の古址へ承安三年〈一一七三〉十二月に移ったもので、今の京都御苑の西南隅の一画であったという。

大宰権帥としての配流（治承三年十一月十八日）もここからの出立であった（『山槐記』）。その後、恩免後もここにあったようで、『山槐記』は、元暦二年〈一一八五〉七月九日の地震の際の記に、

于レ時皇居閑院也、又、東隣入道殿松殿御坐、奉レ尋之処、……

とするが、禅師誕生時の頃は先の菩提院の邸が専ら見え、松殿の地は知られない。

こうしては、かかる基房の住居の明確に知られるものをよそにして、五条周辺のそれを想定するのはいかがなものであろうか。多分に、『源平盛衰記』の資料を意識しての一想定の感がする。

要は、禅師の母を基房の女と見たてた上からの、その父基房の邸の推定であるにしても、それには禅師誕生頃の基房の邸宅の討究が第一で、それからはずれた資料をとりあげて云々しても、その論定は果して正鵠を射るものとなりうるのだろうか。

（一九九八年一月、二〇〇〇年十月一部補）

第五節　道元禅師の慈母説雑考

道元禅師（以下「禅師」）の慈母については、今のところ不詳というほかないと思われるのに、諸説が横行している。もちろん、不詳故の探究によるものとしても、単に旧説を墨守して論をなす者が多く、そこにその説の精究の見られないのは遺憾である。以下、それら諸説について討究を加えてみたい。

(一)基房女説への討究

禅師の母を藤原基房の女と主張するのも一見識で、宗内では長くそれが採られて通説ともなって来た。しかしそれを十分に究めないで、単純にそれであろうとするのでは、真の学究からのものとはいえまい。それを諸方面から検証する必要があろうに、従来の研究では、その点がおろそかにされて来た感がある。

そこで筆者は、禅師の母を基房女とし、かつ良観をその外舅とする従来の伝を一応認めるとして、この両者の年齢等を検尋し、禅師の出生がそれに対応出来るかどうか調べてみたい。

(1)良観の年齢

管見に触れた資料を整理して示せば、次のようになる。

年　次	時の年齢	そこからの生年	資　料
①建保五年入滅	四七	承安元（一一七一）	園城寺伝法血脈
②建保五年　寂	四一	治承元（一一七七）	寺門伝記補録

③建保四年任長吏	四五	承安二（一一七二）	東寺文書（三井寺長吏次第）
④建久八年伝法	二六	承安二（一一七二）	園城寺伝法血脈
⑤建久八年伝法	二五	承安三（一一七三）	寺門伝記補録（真円伝法下）

『山城名勝志』（第十四）の紹介するものに、「聖護院門跡相承云、行意、建保五年十一月二十九日入滅」とある。行意（良観）は聖護院下の円頓院にあったとされ、聖護院は寺門系の長吏の寺であったことからすれば、蓋し参考になる資料であろう。ただそこに入滅年齢の見えないのは遺憾である。

それにしても、建保五年入滅の資料は三本もあることになる。しかもそのうち、『寺門伝記補録』の年齢「四一」は「四七」の誤記と見られれば『園城寺伝法血脈』の記にも合する。その上、建久八年に「二十六」、あるいは「二十五」とする資料のものに大差がないことになる。

そこでこれら資料を勘案して、一応その中間をとって良観は承安二年（一一七二）生れと想定して大過なかろうと思われる。

そうすれば、基房の子承円が治承四年（一一八〇）生れ（『山槐記』『三会一定記』）というのに、『尊卑分脈』が良観をこの承円の下に置くのは不当といえよう。

⑵基房三女の年齢

基房の三女については、『尊卑分脈』上からは「従三」とのみしか知られないが、大久保道舟氏の研究から、それが『源平盛衰記』に見える、木曾義仲に嫁した女と想定されてから、これが広く採られて来ている。

この女は『盛衰記』からは、その別れのついで「松殿殿下基房なりの御娘十七にそならせ給ひける」と伝えられる（如白本は「十六」という）。この『盛衰記』は史料としては十分でないとしても、古く『令義解』を見ると、「凡男年十

五、女ノ年十三以上聴二婚嫁一」とあり、『玉葉』では兼実自ら「良通ハ僕之家督也、余十九女房十六年、始自レ出二胎内一……」（文治四年二月二十日条）とあるから、禅師の時代でも認められ得る年齢であろう。それならこの女は仁安二年（一一六七）生れということになろう。

そうなると良観は年齢上、この女よりは五歳若く、面山が「基房ノ息ニテ師ノ母ノ兄ナリ」（『訂補建撕記』）というのはあたらなくなる。

もっとも外舅には多義があり、本来「妻の父」をも意味したというが、禅師の伝からはそれとうけとり難いので、禅師の伝の上からは別の「母の兄弟」の意からとると、これを「母ノ弟」としてもよいことになり、面山の主張にこだわる必要はあるまい。

もしそうでなくして、あくまでも従来の伝を尊重するなら、この『盛衰記』の女は、禅師の母として採用するのにそぐわないものとなろう。

さらに検討すると、通具は、『公卿補任』は建仁元年の出仕に「卅一」とし、『尊卑分脈』では「嘉禄三九二薨五十七歳」とするから、承安元年（一一七一）生れとなろう。

これでは『源平盛衰記』の女は、通具よりは四歳の年長になる。その夫婦は、当時として、また現在でも認められないものではない。父を通親とするのも、もちろん妥当しよう。

しかし、納得し難くなるのは、寿子との関係である。『尊卑分脈』で二女に配せられる寿子は、『愚管抄』からは承安四年（一一七四）生れと見られるのに、三女に配せられる女が『源平盛衰記』の女とされるなら、この方が年長ということになる。

これは『尊卑分脈』の配当の誤りなのだろうか。

このようにして少しく考察を入れると、ここに『源平盛衰記』の女をそれと比定しては、解し難いものに逢着する。その点、外舅とする「良観」のこととも照合してみよう。

⑶良観と三女の系伝

良観は一般に「基房息」としてのみ強調されているが、『明月記』の正治二年九月十二日条に、同年八月十九日、二位殿御産御祈に験者五人があたり、良観もその一人としてそこに「良観松殿子、衛門佐腹、隆仲兄、以㆓真寛僧都叙㆓法印㆒師也」とある。すなわち良観は基房の子だが、母は衛門佐で隆仲と同腹、その兄にあたるというのである。

これについては早く『道元禅師伝研究』（一九七九）第二章第一節で触れたので、これ以上触れない。

そこで、この資料等を参考として、『盛衰記』の女・良観・隆仲の年齢を見ると、禅師の誕生時は次のようになろう。

源平盛衰記女　三十四歳（一一六七生れ）
良観　二十九歳（一一七二生れ）
隆仲　十八歳（一一八三生れ）

これら三者が後鳥羽院女房の腹からとすれば、後鳥羽院女房は当初基房下で、三女・良観をもうけ、後に隆房に嫁して隆仲をもうけたことになり、その間約十五年間にわたる出産になろう。

このようなことはやや納得し難くもなるが、無下に否定もし難かろうから、それは一応認めるとして、それならば、禅師の祖母はこの後鳥羽院女房であって、禅師出生時は隆房の許にあったことになろう。

禅師の伝では、その祖母の養育の恩重しというから、母と共にその膝下にあったかのようで、『伝光録』では、「四歳ノ冬始テ李喬《ママ》が百詠ヲ祖母ノヒサノ上ニヨミ」とあるが、これでは年代上、これは基房の許というよりか、隆房の許といいたくなるもので、まことに複雑なことになろう。

従来の伝は、これら資料の参看もなく、『日域洞上諸祖伝』の「父通親薨、自後母子共被レ養ニ于基房第一」を盲信したものといえよう。

⑷禅師の祖母の忠子説

上のことから発展して、この基房女の母は、藤原忠子だと主張され（郡司博道『道元禅師正伝明決鈔』）、近来、それがとられつつもある。

忠子の基房への入室を見ると次のようである。

『玉葉』（嘉応三年（一一七一）八月十日条）に、「今日摂政（基房）娶ニ前大相国（忠雅）嫡女一云々」とあり、承安五年（一一七五）七月二十六日条に、「去廿三日、関白息小童（師家）当北政所腹、当年四歳参内」とするから、娶嫁の翌年（一一七二）の誕生となる。

次に寿子は、『尊卑分脈』に「母同師家公」とあり、『愚管抄』では、建仁元年（一二〇一）二十八歳とするから、承安四年（一一七四）の生誕となろう。

次に問題なのは、承安五年八月二十二日の『玉葉』の記事である。

人云、関白室煩ニ邪気一月来懐妊及ニ五ケ月一、逐レ日重、在レ家聖人不知其名加ニ灸治一疑転疾病歟、猶無レ験、

この懐妊のことは、その後の記事に出産とも流産とも知らされるものを見ないので、その様子は分らない。出産としても、この時五か月とあるから、次年のことになろう。あるいは流産としても八月のことであるから、翌年末までには、別子の出産が可能であろう。

こうしては承安六年（一一七六）、一子生誕が想定されるが、記録上からは確認し得ないものである。

しかも治承二年（一一七八）二月九日にも、基房室には、「伝聞、関白室病悩殊重云々」とある。その状況の委細

は確かめ難いが、先年のそれを参考にすれば、これは懐妊にからむものとすれば、ここに同年の出産も考えられよう。

ついでこの年、基房は関白を止められ、大宰権帥として左遷され、北政所は翌年髪を断って出家したが、『山槐記』の治承四年（一一八〇）八月三日条に、「於二粟田口堂一、有二産事一云々」とある。これは後の承円の出産である。

その後基房は許されて上洛するが、『山槐記』（治承四、十二、十七）によると、「（基房）去夜入洛也……北政所密々自二去夜一渡給」とされる。

以上のことから、基房と忠雅女忠子との関係から、その出生の子を考えると、一応次のようになろう。

基房＝忠子
- 師家（一一七二生れ）
- 寿子（一一七四生れ）
- （?）（一一七六?）
- （?）（一一七八?）
- 承円（一一八〇生れ）

ここからは、良観と三女とを上の（　）のものにあてれば、二人は忠子所生の子となろう。しかし三女が『盛衰記』に見える者とすれば、それは寿永二年（一一八三）十七歳では、先のように仁安二年（一一六七）生れで、上のものには充当しない。それよりか忠子入嫁前の所生となってしまうのである。

一方、良観の母については、先述のように別の資料があるが、一応措いて、その出生承安二年（一一七二）から見ると、忠子所生の可能性もなくはない。しかし、それでは師家と同年ということになって、双生児でもない限り、考え難いものになろう。

そこで良観の『園城寺伝法血脈』の承安元年説を採るとしても、忠子の入嫁は同年八月（『玉葉』）という以上、とても同年中の出産はあり得まい。

このようにしては、この二人を忠子と結ぶのは首肯できなくなるのである。

(5)『尊卑分脈』の三女

『尊卑分脈』の基房の三女を『盛衰記』のそれとしたり、また忠子所生の女とするのは、研究上の一推定ではあるが、上の精査からは成立し難くなる。

それならばそれらを離れて、その「三女」自体ではどうなるのだろうか。『尊卑分脈』では「従三」とするから、宮中出仕の者と見られるが、その他一切明確にし難いものである。

今、このわずかな手懸り「従三」から考えてみよう。

「従三」というのは上臈の位であり、それは大臣等の女があてられた。しかし、それが「従三」の位に昇るのには相当の年数を要する。十数歳で侍したとして、二十年から四十年もして叙せられている（講談社学術文庫『女官通解』一五四頁参照）。もちろん、中宮など特例のものもあるが、この「三女」にはそれらは考えられない。

禅師の母は、禅師八歳時（一二〇七）の逝去というが、年齢は知られない。そのとき通具は三十七歳であり、『永平広録』の母への二回の上堂語からは若くしての没去が偲ばれるが、もちろん推測の域を出ないものである。

だが先にも見た通り、その「三女」の姉と見られる寿子は承安四年（一一七四）生れとみられるから、禅師出生時（一二〇〇）は二十七歳、禅師の母逝去時は三十四歳となる。そうすれば、この「三女」はそれ以下の年齢であることはいうまでもない。

それではこの「三女」を禅師の母に比定しては、禅師の母は「従三」で死没したことになり、三十歳そこそこでのこの位では、通常の女官の叙任の上からは納得し難いこととなる。

その姉になる寿子は、『明月記』の元久二年（一二〇五）正月二十日条によると、「従三位藤寿子摂政室」と見える。これは寿子三十二歳の時の叙任になる。それならば三女も三十四歳頃では「従三」であって不思議はなかろうが、先の寿子は「摂政室」なのである。その妹「三女」には大久保氏のように木曾義仲の室になっていたという想定はあるものの、当時別に官女の伝も窺えない。ここに「従三」とある以上、この女は官女であったとしか見るを得ない。木曾義仲の室とされたことからの特叙とも見られない。この三女は恐らく一生を官女で送った人物なのではあるまいか。

このようなことから考えると、ここに「従三」とある三女を、承元元年（一二〇七）に没したという禅師の母に比定するのには難を覚えてならないのである。

次にはこの「三女」が果してそのいう「良観」と母を同じくしていたかどうかということである。

良観は基房の子には相違ないが、その母は、「後鳥羽院女房」とされるから忠子ではない。そしてこれが禅師の「外舅」とされるから、この「三女」の母も「後鳥羽院女房」でなければならないのに、その点も明確にならない。その「伊子」とされることからも、この「三女」には今後の討究をまつほかないものとなろう。

また、良観は先のように承安二年（一一七二）生れとすれば、禅師出生時は二十九歳となり、先の三女が寿子の年齢からは二十七歳以下と想定されて、この点同一母からの出生の可能性は十分ある。

だが問題はその「良観」なのである。これが禅師伝の古いものはすべて「良顕法眼」となっていて、これでは基房の子良観の僧官「法印」にふさわしくないし、また寺門の僧で叡山とは当時直接に関係する人物とは見難い者である。

この良顕では今のところ資料不足で、「顕ハ観ノ筆誤」として基房の息良観とするのは、諸伝のいう良顕とは彼此相応し難く（『宗学研究』三十三号所収拙論参照）、簡単には採用し難いものなのである。

それなのに、その三女を禅師の母とする主張は、本来はこの良観説から採ったものと見られるのに、今日ではかえってその母の基房女説を基底にして、逆に「良顕」自体をも基房の子息と見ようとする説さえあるが（柴田道賢『禅師道元の思想』）、それはともかく、この「三女」を禅師の母にあてるのは、「従三」の女官位を全く考えないところからの比定のもので、ここにも研究上の一欠陥があったといえよう。

(二)『明月記』正治二年一月三日資料

そこに次のようにある。

御参内之間、太理奉逢陣、自取レ笠此間雪降坐二地上一、件卿新妻典侍今日参内云々、車馬如レ雲、宗門扈従（国書刊行会本）

郡司博道氏は、ここに見える「太理」とは源通具のことで、そこに見える「件卿新妻典侍」こそ禅師の母であると発表された（『傘松』平成九年六・七・八月号）。

筆者はそのあたらないことを同誌の九月号で発表したところ、氏はそれに対してあれこれいわれるので、その論をもふまえて、その記事の理解について記しておきたい。

(1)太理

『明月記』刊本は、大理とも太理ともしているが、ここでは大理としておく。

ここの「大理」を森本元子氏は「通具」のこととするというが、筆者はその論文を見ていない。しかし水野弥穂子氏（『道元禅師の人間像』）や村山修一氏（人物叢書『藤原定家』）も、同じくこれを通具としている。ただ三氏共、この新妻をば土御門天皇乳母按察局（能円女信子）と見ているが、ここの「大理」をば通具とは採られないと見る筆者には、それらの見解にも同意し難い。

それはともかく郡司氏は、これらの見解からであろうか、「大理」を通具とし、さらにはここの「新妻」は信子ではなく、其房女（『尊卑分脈』上の三女）と想定し、強くそれを主張される。

筆者は、この大理では、通具は建仁三年十一月二十三日はじめて検非違使別当（大理）になったので、この記とは年代上彼此相応しないとしたところ、氏は反論して、「師は大理を検非違使別当の唐名としているが」として、「大理」について云々し、定家は「大理別当」とはしていないなどと言を弄するが、氏こそ当初（三）の発表では、『大理』検非違使別当の唐名で」と解説していたのを忘却しているのではあるまいか。

それを自らの言にはなんらの断りもなしに云々する氏の態度には、筆者は理解し難いものがある。

(2)卿

ここに「伴卿新妻」とある。この「卿」とは『広辞苑』（第二版）に次のように記している。

①大政官の八省の長官
②大納言・中納言・三位以上（四位の参議を含む）
③公卿（参議及び三位以上）の敬称

これでは正治二年（一二〇〇）一月の段階では、通具には「卿」とされる資格はない。参議になったのはこの翌年八月十九日（『公卿補任』）であって、正治二年正月でもその位は「従四位上」にすぎない。

このようなのに、定家はこの通具をとって「卿」と称するはずはあるまい。

定家は『明月記』の正治二年十二月二十一日条では、

公卿 通資・実教 公継・公教、殿上人通具・雅行・成家・宗国以下也

とする。殿上人とは『広辞苑』に「昇殿を許された人、四位・五位の一部及び六位の蔵人が許された」とあるから、この時の通具の称としては妥当なものであるが、そこでは公卿ではないのである。これが建仁元年十二月十八日（一二〇二）の記事に至って、「公卿通具」とするのが見えてくる。

このようにする定家が、正治二年一月の記事に通具を「卿」などとするはずはなかろう。これこそ氏がいう定家の通具に対する揶揄からなのだろうか。それとも『明月記』の後の清書によるものからこうなったのだろうか。書き改めによって後の位の称で記したというなら、ここだけではなくすべてがそうあってよいはずではなかろうか。

氏の主張では、ここの通具とされる「大理」とは、狭義では「検非違使庁の尉」で（筆者には理解し難いものがある）、また通具は当時太政官の職員「左中弁」ともいっている。

それならば、検非違使の職階は大略でも将（大中小があり、通具は既に少将〈『公卿補任』〉）・督・佐・監・尉などで、また大政官の弁務局では大弁（長官）・中弁（次官。当時通具は左中弁〈『猪隈関白記』〉）となるから、いずれにしても通具は、この時「卿」に相当する地位ではない。

宗頼こそは、時に参議・権中納言・従二位、また左衛門督別当（大理）であった。そして既に「兼子」を新妻としていた（『明月記』正治元年七月五日条参照）。

したがって宗頼の「新妻」は、「按察信子」でもなければ、「基房女」でもない。

『大日本史料』の正治所載のものは明治時代の刊であるが、既にその正治二年雑載にこの記事をあげ、頭註で「宗頼ノ妻参内ス」としている。もうこれ以上いう必要はあるまい。

⑶参内

氏はまた、次のようにもいわれる。

前年典侍に任ぜられている宗頼の妻（後妻）になったのはその後程なくのことである。前年典侍に任ぜられている兼子が一年後典侍として初参内とは明らかに師の誤認である。

この筆致からは、筆者が「初参内」を主張しているかのような印象を与えられようが、筆者にはそのような主張もないし、その意もない。それこそ氏の思い込みであろう。

しかも氏はその「初参内」とはどういう意味にとっているのか明確でなく、典侍になってからの初めての参内のように見られるが、この文は「大理の新妻が今日参内しているとか」というもので、「初」であるなどとは窺い得ないもので、それこそ「大理」の比定を誤った上からの、さらなる思い込みからのことばではなかろうか。

いずれにしても、先の記に対する諸氏の読み取り方には、筆者には異議がある。

村山修一氏は、「結婚後の参内には車馬雲の如く、一門の人々挙ってこれに従うという有様」とし、水野氏もそのように解している。その上、郡司氏は前文を、大理（通具）が新妻の行列を地上に坐して迎えたように解説しているが、共に理解し難い。

筆者はこれを次のように読みたい。

（定家が）大理（宗頼）の行列に逢ったので雪中に笠をとり、地上に坐して応対した。この宗頼の新妻の典侍（兼子）も今日参内とか。（宗頼の）行列は車馬雲の如くつづき、宗行が扈従していた。

ここは「大理」を主語にしたような記し方であるが、筆者は日記の叙述として、内容の上からは先のように解したもので、諸賢の教示を得たい。

郡司氏が、通具がその妻の参内の陣に逢うた時の態度としているが、その妻の位がたとえ上位にあったにせよ、理解し難いものがある。これは定家が宗頼の行列に逢ったからと採るほかない。

しかも「参内云々」とあることからは、これは実見ではなく、「参内している」と人づてに聞いたことから「云々」としたもので、省略のそれとも見難い。すなわち、その聞きづてを宗頼のことからここに中書したまでで、次の「車馬如」雲」は前文の宗頼の行列を叙したものととられる。もしこれをも新妻の参内のそれとするなら、その「云々」は最後尾にあるべきと思うのである。

一門こぞってというのは、「宗門扈従」からの解釈であろう。これはこの度見出された『明月記』の定家本からは「宗行」であるとされるが、『大日本史料』は既に「宗行」としているから、「宗門」とするのは「国書刊行会本」の誤植なのであろう。

(三) 道元禅師母の火葬説への疑念

(1) 薌火之煙

古伝によれば、道元禅師（以下「禅師」）は八歳にして母の喪にあい、その際、香烟ののぼるのを見て発心したように伝えている。

ただ『三大尊行状記』のみは、これを「薌火之煙」を観てとしている。そこで郡司博道氏は、この「薌火」を「棺の焼け落ちる火」と見るという。筆者の手許にある郡司氏の資料ではそれを確認し得ないが、水野弥穂子氏は『道元禅師の人物像』（一九九五）でそれを紹介し、ついで「少年は、母の棺が焼け落ちるところまで見届けたのである」として、これを荼毘の情景からのようにしている。

平成十二年六月の『傘松』誌は、「道元禅師京都祖蹟」を写真で紹介するうち、高尾神護寺のそれに「道元禅師の母は高尾神護寺で荼毘に付せられたと……（『伝光録』）」としているから、この荼毘説が一般化されつつあるかのようである。

『諸橋漢和大辞典』をみると、「薌」には「響」に通ずるものを示しているから、そこからは「薌火」に「棺の焼け落ちる音」、または「棺の焼ける火の音」が想起されてよかろう。

しかし筆者には、禅師が慈母の火葬を見届けたかのような見解には納得がいかないのである。いかなる理由があるにせよ、火葬という生々しい現場に、八歳の幼童を臨席させるのが合点し難い。その火葬は現在の設備の整った火葬場のそれではない。薪や藁を積んでのそれである。設備不完全な火葬の頃は、近親者はそこに立ち会わせなかったことから考えれば、なおさらである。もちろん、それには特殊な場合もあろうし、時代的なものもあろうので、一概に断定し難いが、疑念の残るのを禁じ得ないのである。

⑵中世代の葬送

『中世の空間を読む』（一九九五）所収の「中世の火葬場から」（高田陽介）によると、西紀一三四三・七九・九八年の資料からとあるから、禅師の頃から一世紀も降るが、その頃の火葬の状況を知らせている。

そこでは葬儀全体を一寺院が請け負っているが、それはその時代一般は「死穢に触れる」ことを恐れたからであろうといわれ、このことは鎌倉時代、すなわち禅師の頃にも十分窺われるものなのである。

入棺や遺体の搬送、火葬作業などには、その業務に特別な担い手があたっている。その葬送のことはともあれ、葬場では、その搬送の輿は彼らが「荒垣の内に引き入れ、棺を輿から出して焼き穴の中へ入れ、上に炭を積み火を放つ」とあり、「すべて皆、行者法師がこれをつとめた」と割註されているからである。

しかしこの資料は先述した通り、禅師時代より後世のもの故、これを禅師時代前後のものであたると、不十分ながら次のものが目に入る。

藤原兼実は、文治四年（一一八八）二月二十日、その子良通の急逝を見、その葬送の記事が『玉葉』に見える。二十八日葬送が行われ火葬されている。ところが、兼実はその様子を二十九日に聞きとどけていることからすると、兼実はその火葬に立ち会っていないことを窺わせる。

しかしこれで、直ちに当時、それに近親者の立ち会いが無かったとはいえまい。今なお一部に残るように、親が先立つ子のそれに立ち会わなかったものとも主張され得ようからである。

これより後の藤原定家の『明月記』には、父俊成が元久元年（一二〇四）十一月三十日に亡くなったが、その際の葬送の記事が見える。その際は土葬であったが、それには定家の兄成家が、三度鋤で土を入れ、後は雑人等が土を埋めたとある。

これでは近親者である当主がそれに立ち会っているのであるから、母を慕う禅師がその火葬に立ち会ってもなんの不思議がなく、かえってそれが自然でもあろうとの主張もなし得ることになろう。

確かな記録の見出し難い以上、この両資料からだけで当時の火葬の様相は結着し難いものではある。しかし禅師の古伝で見る限り、禅師の母の葬送は、荼毘であったとはうけとめ難いのである。

⑶古伝の記事上からの疑念

それに対する第一の疑点は、『三大尊行状記』では「薌火之煙」とある「薌」を「棺の焼け落ちる音」と見て、火葬と採るが、ここでは「爇火之煙」である。もちろん、そこではその棺の焼け落ちる火より上る煙が観ぜられたものとして、火葬説が認容されることになろうが、ここでは「煙」による禅師の観念を強く採るならば、「爇火」に対して再考の必要を覚えるのである。

第二点は古伝全般の考察からである。この「爇火」は古伝から窺えば、『三大尊行状記』ただ一点で、他の古伝はそれを「香火」としていることからである。

すなわち『三大尊行状記』の異本とされる『三祖行業記』は「香火」とし、古本『建撕記』は明州本のみが「香花」とし（写誤か）、他の瑞長本・延宝本・門子本・元文本はすべて「香火」とし、『訂補建撕記』も「香火」としているのである。

このように古伝のほとんどが「香火」である以上、『三大尊行状記』の「爇火」には一考の必要があろうと見られるからである。

第三点は、「爇」の意義からで、『諸橋漢和大辞典』は確かに「響」を示しているが、別に「香」に通ずるものがあるとしているのには注目されよう。

それならば、そこでいう「爇火」は諸本のいう「香火」の別字と採ってよいのではあるまいか。

「香火」とは、『漢和大辞典』は「仏に供へる香をたく火」とし、『広辞苑』も「仏または死者に供する焼香の火」としている。

そうすれば「爇火之煙」とある以上、「棺の焼け落ちる音」というよりは、「香火の煙」と採る方が文の意に適うであろうし、諸伝が「香火之煙」とすることからも、そのように解するのが当を得たものと考えられよう。

第四点は『伝光録』からで、そこでは「悲母ノ喪ニ値テ哀歎尤（モ）深（シ）、即（チ）高雄寺ニシテ香烟ノ上ルヲ見、生滅ノ無常ヲ悟（ル）」とある。

ここではっきりと「香烟ノ上ルヲ見」とある以上、『三大尊行状記』の「薌火」は「香火」と同字で、これを「棺の焼け落ちる音」のように解すべきではあるまいと思うのである。

そうすればその「香烟ノ上ル」という表現から、その情景は葬儀乃至は法要の際の「香煙」と解すべきが至当で、これを「荼毘の時」と採るのは先の「薌」の一義からの発展で、しかもそれを『伝光録』の記事に該当させるのは、不当も甚だしいと言わざるを得まい。


宗門には誰かが新説を提唱すれば、その検証もなく、直ちに採用していく傾向がある。道元禅師伝研究の上でも、まずは古伝の主張の究明こそがその研究の基点とされように、それを怠り、新提議の主張がやがて独り歩きするだけでなく、いつしか史実とされて、さらに発展していく傾向さえ見られる。

禅師伝についてあれこれ発表する筆者にも、その憂いなきにしもあらずで、常にその批正を願うこと切である。それだけに筆者は、他説の疑念についても黙し難く、これを消化してよりよい前進をとげたいために、敢えて愚見を提供するまでで、殊更に他説を破して己見を誇ろうとするものではない。


（二〇〇〇年七月）

第六節　郡司博道氏の道元禅師母系関係の発表論文を読んで

郡司博道氏は、『傘松』の平成九年六・七・八月号に、道元禅師（以下「禅師」）の俗系に関して多くの資料を提示し、注目すべき見解を示している。

筆者は禅師の俗系については、父を通具と見るものの、母系については的確な資料が得られず、やむなく不詳説を採る現状である。それはその手懸りとなる外舅良顕に、確かな資料が得られないからである。

しかるに面山によって、この良顕が「良観」の筆誤とされてから（『訂補建撕記』）、外舅は基房の子良観とした『洞上諸祖伝』の記が確説と見なされるようになり、そこからは当然、禅師の母の基房女子説の容認ともなった。

それも大久保道舟氏によって『尊卑分脈』の三女に比定されて以来、これまた公認の態になり、今日ではこの女子が基房の正室忠子の所生であるという主張にまで発展し、そこからかえって古伝が種々に解釈されるまでになっている。

これらの主張は、次のように図示されよう。

基房
　‖
忠子
　├─二女　寿子（忠子所生）
　├─三女　伊子（禅師母?）
　└─寺　　良観

主張者のように、この三女が忠子の所生ならば、古伝の祖母姨母の養育説も納得されよう。ただここで良観の外舅説が成立するために忘れてならないのは良観の母である。

主張者は単純に、良観の母をも忠子のように見ているらしいが、『明月記』正治二年九月十二日条に「良観松殿子、衛門佐腹、隆仲兄」とあるのを忘失している。これでは忠子所生の者ではないから、外舅説は簡単には言えないことになる。

それが成り立つためには、三女が「衛門佐腹」と認めねばなるまい。そしてそれが認められれば、忠子の祖母説、寿子の姨母説は瓦解しよう。それなのに、良観説の主張者は、その矛盾に気づかずに固執していると言わざるを得ない。

ところがこの度、郡司氏はそれに気づかれたどうかは分らないが、良観説（『永平道元禅師御正伝明決抄』八十三頁）から一転して良顕説になり、しかもその良顕というのは基房の子承円の「本名」なりという新説を発表するに至った。

また、基房の三女についても、『明月記』正治元年十二月四日条に見える「按察殿」がそれで、これは従来知られている通具が嫡妻とした信子の「按察」とは別人で、それ以前に入室された正妻で、これこそ基房の三女、忠子所生の者と強調するのである。

その主張も次のように図示されよう。

基房＝忠子
├二女　寿子
├三女　伊子――道元
└山　承円（本名良顕）

承円・寿子の忠子所生が資料上明白であるから、三女が忠子所生の者となるなら、先に挙げた難は脱れ、母系研究上看過し難い主張となるのである。

よって、その説を吟味してみたい。

㈠按察局説

氏は『明月記』正治元年十二月四日条に、「昨日西御方、按察殿両人訪給」とある、この「按察」は、通具の嫡妻信子入室前のもので、「按察」といっても信子とは別人で、それを証するものとして、次の記事をあげてくる。

（1）『明月記』正治二年一月三日の記事

そこに次のようにある。

御参内之間、大理奉レ逢レ陣、自取レ笠（此内雪降）、坐二地上一、件卿新妻典侍、今日参内云々、車馬如レ雲、宗門扈従（行カ）

氏はこの「大理」を通具と見、この新妻こそ基房の三女と採るのである。それは信子の入室は建仁元年の頃なので、これには相当しないと主張されるのである。

大理とは検非違使別当の唐名であり、通具もその任に就いた人物故、大理で称された記事は確かにある。それ故この大理が通具ならば、その「新妻」とあるから、郡司氏の主張には耳を傾ける必要があろう。

しかし通具がその任に就いたのは、『公卿補任』では建仁三年下に、「源通具（十一月廿三日、兼右衛門督為二検別当一）」とあり、さらに『明月記』建仁三年十一月二十五日条に、「一昨日小除目、右衛門督通具（別当宣皆云々）」とある。

これでは通具が「大理」と称されるのは、建仁三年（一二〇三）十一月二十三日以降で、この正治二年（一二〇〇）の「大理」が通具であろうはずがない。これを通具と採るのは誤認というほかない。

筆者は、この正治二年の「大理」とは、藤原宗頼のことで、この新妻とは、藤原範兼の女子で、かの範子（通親の後妻）の妹、「典侍卿二位兼子」のことと見る。わずらわしくなるので、その論証は省く。

筆者はその比定はともかく、この記事が年代的に通具のそれにあたらない以上、この記事を基として、通具のこと、さらにはその新妻についていかに論証を重ねようと、それは空言となるのではあるまいか。

（2）『明月記』寛喜二年二月九日の記事

氏は先のように『明月記』正治元年十二月四日条の「按察」について、これこそ基房の三女で、そこで同伴したという「西御方」は基房の四女（八条院女房、従三位公明室）とし、姉妹連れ立っての俊成宅の訪問とする。そしてその訪問の事由について推測を加えているが、それはともかく、この「按察」について、これは八条院の女房名であり、同時に伊子（三女）の召名（女房名）であったとし、その例として『明月記』寛喜二年（一二三〇）二月九日条の「按察」をとりあげ、そこに「別当按察」とあるところから、次のようにいわれる。

> 女院の行啓にあたって繰り出された多くの車馬の先頭車に、女院別当（男性）と並んで同乗した女官と記されている。八条院暲子行啓の際、行装めかしく別当と並んで先頭車に座乗した若き日の道元禅師の生母「按察殿伊子」の輝くばかりの麗姿が偲ばれる

これでは禅師の母は寛喜二年までも存生していたのだろうか。禅師の古伝では「八歳ニシテ母逝去」というのが通説である。氏はこの古伝を否定するのだろうか。

ともあれ、これでは氏の主張する「按察局」は禅師の母に該当せず、氏の説はくずれ去るものと言わざるを得まい。

(二)承円・良顕同人説

氏は基房の三女伊子を忠子の嫡女とする。その当否は今は措くとして、それならばその外舅も忠子の所生とならねばならない。

そこで新たに外舅として提示された承円こそ忠子所生の人物であるから、忠子こそ禅師伝にいう祖母に該当することになろうし、姨母に寿子を想定するのも肯わざるを得ないことになろう。

しかし氏の主張は、一方的な推量説の組み立てで、その資料の解釈や主張には肯われ難いことがあまりに多く、承円の外舅説など全く成立し難い、根拠のない主張といえる。

(1) 承円の本名良顕説

氏は古伝の「良顕」というのは、基房の子承円が木幡山庄出入り中に、そこで呼ばれていた本名「良顕」から由来するといわれる。氏のいわれる本名とは明確ではないが、出家前の幼名からのようにうけとめられる。

もしそうならば容認し難いものがある。『天台座主記』によれば、承円の座主就任は元久二年（一二〇五）十二月十三日のことで、そこに「御年二十六、臈十六」とある。これではその本名が果して「良顕」であったかどうかは資料のないものであるのはともかくとして、既に建久元年（一一九〇）十歳で出家の節、それが捨てられていると見るほかない。

それなのに、その家族では、禅師が木幡山庄に入った頃（承円出家後、少なくとも十数年後）でも、承円を呼ぶのに本名良顕で呼んでいたのだろうか。

伝記等でその名を記す場合には、多く最終時の呼称や最高の位記等で記すのが通例である。例えば「良顕法眼」と記す『三大尊行状記』では、北条時頼を指して、まだ出家もしていない時節なのに、後の「西明寺殿《(最)》」でもって記しているのに、それが窺えよう。
それなのに、本名良顕が尾を引いてここまでも持ちこまれるとは、到底考え難い。しかもその良顕が本名とすると、これでは出家前の本名に、出家後に与えられた僧官名をつないだ呼称となって、まことに奇妙な呼称を記したものと言わざるを得ない。

(2) 法眼位

氏は、承円は元久二年の天台座主就任前に法印に任ぜられたもので、それまでは法眼位であったので、木幡山庄出入りの頃は、これまた「法眼さん」で呼ばれていたものといわれるが、これも御都合主義な主張といえる。『天台座主記』弁雅下によれば、承円の法印位は建久九年(一一九八)三月十五日と記されている。禅師誕生前のことである。

しかるに基房の家庭内では、出家してもそれ以前の本名で呼びあい、僧官も法印位に就いた後も、いかにそれ以前の「法眼さん」の呼びならわしの習性が残っていたにしても、後代の伝記にまで下位の僧官がうけつがれるとは、非礼の甚だしいものと言わざるを得ず、「良顕法眼」の座主承円法印説は、全く不思議な説というほかかない。

氏の禅師伝追究に精力的なのには、ただただ敬服のほかないが、その資料の取り扱いには納得し難いものが多い。しかも宗内には、とかくそれを許容して追従する者のあることから、新説に対する筆者の見解を述べ、大方の参考に供したい。

(『傘松』一九九七年九月号)

第二章　建仁寺時代

第一節　伝明全筆「伝授師資相承偈」について

禅師の古伝では、入宋前に明全より師資の許容があったように伝える。

○列二黄龍之十世一（『三大尊行状記』）

○重ネテ菩薩戒ヲウケテ衣鉢ヲツタヘ……

　ハジメテ臨済ノ宗風ヲキキテ……ヒトリ明全ノ嫡嗣タリ（『伝光録』）

○聞二臨済宗風一、雖レ捨二算沙学一渡海入宋（『洞谷記』）

しかしこの明全との師資相承を早くに批判したのは天桂で「妄談」とし（「面授」弁註）、乙堂も「機契通二師礼一者伝録ノ疎耳」（『洞上叢林公論』）としている。

ところが今、永平寺には「伝授師資相承偈」（以下「相承偈」）なるものが伝えられる。

　承久三年九月十二日、伝授師資相承一偈曰、不思善不思悪、正当恁麼時如何、本命元辰云々、是則禅宗之眼目、得脱之根源、雖レ得二百千両金一輒不レ可レ伝二授之一而已　　花押（『永平寺史』掲載写真）

これについて大久保道舟氏は、『道元禅師伝の研究』で、一応疑念を入れながらも、その書体・花押は「相当時代的香気の高いもの」で、「承久三年の頃に栄西の偈を書き与えたものといえば、明全を措て他に求めることが出来ない」から、「明全のものであろうという大体の目安がつく」とし、これを明全のものと見るのである。

しかるに今枝愛真氏は、この資料を「その書風から見て、それは明らかに後世になって作られたものである」(『道元―その行動と思想―』〈一九七〇〉)と、書誌的に否定しているが、それ以上具体的な言及がない。

よって筆者は、禅師伝討究の上から、この資料への愚見を述べてみたい。

㈠この資料出現の経緯

訂補建撕記　面山は「永平寺ノ室中ニ一幅ノ古筆アリテ云ク」として、先の資料を示すが、次のように懸念を述べている。

コノ下ニ華押アリテ名ハ無シ、明全和尚ノ筆カ未審、コノ文ハ虚庵ト栄西トノ機縁ヲ挙セシト察セラル、コノ旨ナレバ明全ヨリノ許可アレトモ、定メテ禅師ノ心底ニハ未在ト見ヘテ入宋アラレシナリ

建撕記　明州本には、

承久三年辛巳九月十三日、建仁寺小子明全和尚師資《ノ》相伝《アリ》、永平二代弉和尚《ノ》挙揚在《リト》義介和尚(御雑談在ㇾ之)

とあるが、上の文書自体は示されていない。

それのみか、これからはその師資相承の日が「九月十三日」で、現存資料の「九月十二日」とは一致しない。しかも現存資料がこの頃より永平寺に襲蔵されていたなら、このような日時の違いもなかろう。『建撕記』の古い諸本も「九月十三日」とするから、後の誤記とは見られない。また、これが当時現存していたら、その師資相承に、「二

代和尚が挙揚したと義介の雑談にあった」などと、まわりくどい叙述の必要はなく、直下この資料を提示してよいのではあるまいか。

　ここからは、この資料は建撕の頃に永平寺にあったものとは思われない。

永平紀年録　『訂補建撕記』に先立って、永平住持大了愚門のもので、その伝では承久三年（一二二一）下に、明全と禅師との師資証契を述べている。

　一日与二明全一酬応数番、機機符契、通二師資礼一、伝法事畢、遂列二派黄龍十世一

　ここに、「承久三年」をとったのは、現存資料に適うが、しかしそれがこの頃永平寺に襲蔵されていたら、大了はここに「一日」などと不特定日をもって述べるとは考え難く、当時この資料の不在を窺わせるといえよう。

　さらに大了は次のものを紹介している。

　旧記謂、宝慶元年乙酉歳、全公罹レ患危篤、謂レ師曰、子在二先師和尚処一、悟二法身有一レ迷、是也無、師云不敢、全曰、試挙看、師云、先和尚曾端二居丈室一、某甲乙進問云、法身法性為二什麼一有レ迷、和尚曰、三世諸仏不知有、狸奴白牯卻知有、某忽然省、白汗竟レ踵、全公深肯曰、釈迦老子也如レ是、你善保護、遂講二師資礼一、伝法并書二一篇法語一、係二暦日一為レ憑

　これでは当時、「宝慶元年乙酉歳」師資証契の「旧記」があったことになる。しかもそこに「一篇法語」云々とはあるが、それは今のものとは見られない。それは「暦日」が異なるし、大了はこれこそ「後人失記灼矣」と退けているからで、現存資料はこの頃、これまた永平寺襲蔵とは見難い。

　すなわち当初より永平寺襲蔵のものなら、建撕・大了とも永平寺住持がそれに言及してよいものであろうに、それにないばかりか、建撕のように「十三日」とするはずはなかろう。

この資料は恐らくは大了以後、面山までの間に、どこからか伝来したものか、あるいはその間に生れた資料と解するほかない。

㈡内容上からの疑念

明全・禅師の入宋は、『随聞記』の記からは、両者の切なる「求法」の念からといえる。しかも禅師においてそれが決着されたのは、「弁道語」の「つひに大白峰の浄禅師に参じて、一生参学の大事ここにをはりぬ」の記や、「面授」「嗣書」の説示からは、それが中国天童如浄下の決着であることは争われない。それなのに承久三年下に「得脱」があったというのは、いくら誇張にしても首肯し難く、面山の不審の通りである。

あるいはそこに会通論が出て一応の解釈が入れられるとしても、さらに不審なのは明全の立場からである。一応かかる相承偈を与える以上、明全自身が得脱者でなくては、その相承はなるまい。

しかもここに両者の師資相契が成ったならば、両者は一体となって、日本国内での激揚に当るべきではなかろうか。なぜに入宋したのだろうか。まさか両者の入宋は悟後の遊山ではあるまい。

『随聞記』には、明全が入宋にあたって、門人との商議に際し、「若（シ）入唐正法ノ志ヲ遂テ一分ノ悟ヲヒラキタラバ」云々と述べているところに、明全の立場が明らかである。

これでは上の資料とは相容れないもので、「相承偈」は採り難い資料となろう。

恐らくは、明全下での禅師の求法を讃えるあまり、その戒脈授受を発展させて得法であるかのようにした古伝から、後孫はその時期を種々に探り、当初は戒脈のことから入宋前のそれとしたが、それでは如浄下のそれと相応しなくなるので、その直前、明全との間にもそれがあったかのように見、宝慶三年説も出て来たのであろう。

しかしそれが永平寺住持大了の批判から、再び承久説の現文書となったものではあるまいか。

㈢「相承偈」の史料上の問題

大日本史料（五篇之一〈一九二一刊〉）ここに上の「相承偈」があげられ、「伝明全筆蹟」として写影も掲げられている。また、「永平寺文書」からとして次のものを掲げ、頭註に「明全の偈」としている。

語法非法　非王亦非　心境俱亡　霊明洞然

貞応二年正月七日　（花押）

高声談話上人御房

この貞応二年は『曹洞宗文書』（一九六一）は三年とする。

これには写影を見ないが、これでは共に明全のものと見るようであるから、両者の花押は同じもののようにうけとめてよいことになろう。

鎌倉遺文（第五巻〈一九七三刊〉）これも貞応の資料を「明全の偈」として紹介し、『大日本史料』と同様に、「貞応二年」のものとする。そして下の「花押」には（明全）とさえしている。

ところがここでは、「相承偈」の方は拾録を見ないのである。どうしてであろうか。その刊行年代から見て、あるいは今枝愛真氏の批判（一九七〇）が考慮されたのかもしれない。

永平寺史（一九八二刊）従来、「相承偈」の方の写影は多く見られたが、貞応の偈頌の方は見られず、筆者がこれに初めて接したのは『永平寺史』であったが、その写真からは、貞応下の「二」は修正のようにも見える。

この写真は、どうも別個の二つの資料を並べて置いて写したものとは見られず、両個の資料を同一の紙に書いているように見られるものである。

そうすると、後代の貞応のものが先にあり、先の承久のものが後にあるのは不審にたえない。これでは後代に得た両資料を漫然と一紙に写した感さえする。

それはともかく、この両資料を見ると、その筆蹟はともあれ、その花押が全く異なったものなので、とても同一者からの資料ということはできない。

現物を拝覧せずに云々するので推量の域を出ないが、疑念の残るものである。かく花押の異なる以上、『鎌倉遺文』が貞応のものを「明全」とする以上は、『大日本史料』の「伝明全」とする資料の方は、明全のものとはいえなくなろう。

しかし『鎌倉遺文』とて、貞応の偈頌の花押を「明全」とするのは、他にこれを証する資料が見られない以上、その確証はないばかりか、この文書の「高声談話上人」などとするのは、偈頌資料上問題視され得よう。従来、その写影の示されなかったのは、この点などが考慮されたからなのではあるまいか。

『大日本史料』『鎌倉遺文』のかかる取り扱いからは、この資料については、宗門自体がとくと究明していく必要があろうし、禅師報恩への一端ともなるのではあるまいか。

(『宗学研究』四十二号〈二〇〇〇年三月〉)

第二節　退耕行勇伝考——道元禅師とかかわる論から——

㈠諸資料上の行勇の動静

行勇の資料を年表的に列記してみる。もとより十分なものとはいえない。

年	鎌倉	他
建保三（一二一五）	十、十五　行勇東大寺勧進（『大政官符』『霊松一枝』） 二五　鎌倉で仏事（『吾妻鏡』二二）	（七、五　栄西寂）
建保四（一二一六）	正、二八　将軍持仏堂本尊供養（〃二二） 四、八　寿福寺十六羅漢像献供（〃） 七、十五（政子寿福寺盆会供養） 八、十九　永福寺で塔婆供養（〃）	
建保五（一二一七）	五、十二　将軍の譴責にあう（二三） 五、十五　寿福寺にて宥免（〃） 五、二五　文殊供養（〃） 五、二九　御台所寿福寺へ（〃）	
建保六	（二月　政子入京）	（八、二五）道元明全随侍

（一二一六）	七、二一　東大寺訴訟ノ件ニアイテ（幕府政所執事奉書）（『鎌倉遺文』二三八六東南院文書） 十二、二　薬師像供養導師（〃）	
建保七 （承久元） （一二一九）	一、二八　実朝室落飾戒師（二四） 七、二四　行勇鎌倉より高野（書信）（『高野山文書』）＝（『鎌倉遺文』二五三七）	二月　行勇入高野（『日本仏教史』中世編之二） 三月　願性発心、禅定院主行勇随侍（『高野春秋』）
承久二 （一二二〇）		※二月　行勇入高野（『禅学大辞典』）
承久三 （一二二一）	一、二七　実朝三年忌導師、景盛奉行（二五） 五、二〇　可レ抽二世上無為祈一懇祈之旨示二付荘厳房律師幷鶴岡別当法印定豪等一（〃）	（九、十二　道元明全より師資許可）
（承永久四） 貞応元 （四、十三） （一二二二）		○この年　行勇禅定院を金剛三昧院と改称（『高野春秋』）
貞応二 （一二二三）		（二　二二　道元明全入宋） この年　景盛の申請で行勇を三昧院一世とす 十二月　政子三昧院に多宝塔造立、行勇慶讃（『高野春秋』） 十二月　金剛三昧院建立（『紀伊続風土記』）

㈡行勇の建仁寺二代問題

以上をみれば、鎌倉在住にも空白が多いので、建仁寺在住も考えられように、不思議とそこに住したという古い資料が見られない。

それは建仁寺のしばしばの焼火による、資料の消滅からなのだろうか。

『沙石集』(一二八三)は、「建仁寺の塔もたびたびの炎上に免れたり……四度の炎上に」云々と、弘安六年までに四度の祝融があったという。これを史実にあたっても、次のものがある。

○寛元二年(一二四六)「京都建仁寺火く(武家年代記)」(『禅宗編年史』)

○寛元四年(一二四八)「六月七日甲午、今日建仁寺仁階堂焼亡云々」(『百錬抄』十五、一説八日『関白記』、『黄葉記』、『帝王編年記』、二十八日『皇年代略記』)

○康元元年(一二五六)「七月二十九日未刻建仁寺焼失」(『一代要記』八、『鎌倉大日記』裏書)

○(弘安元年〈一二七八〉正月十六日)「建仁寺火」(『続史愚抄』四)

したがって中尾良信氏の「行勇は京・鎌倉・高野山を往来しつつ、栄西亡きあとの僧団を経営していたようである」との主張もなされ得るようであるが、それは希望的推測の感がなくもないのである。

筆者に不思議にたえぬ一点は『扶桑五山記』の記である。先のように火焼による資料の消滅の考えられる中で、そこに建仁寺八代までの僧名をあげている。なにかの資料によるものとみられ、記者の創作とは見難い。そこに行勇が欠けていて見えない。確かに長い年月の間には落脱の恐れはあろうが、二代という重要な地位の行勇を落すのみか、それを「第二禅慶和上　禅陽房嗣葉上」と誤るとは、納得し難いのである。

さらには、先にも触れた通り、建仁寺住持として、あるいは京よりの資料が建仁寺になくとも、これと連絡するものが鎌倉や高野山側に残っていてもいいと思われるからである。

さらに疑点をあげておこう。

行勇についた人物として円爾があげられている。『禅学大辞典』は、「円爾二十五歳、寿福寺蔵経院で行勇に謁す」とし、二十九歳まで寿福寺にあるという。それでは嘉禄二年（一二二六）から寛喜二年（一二三〇）までとなろう。『円爾伝法状』に、「随二阿忍之辺一以二安貞二年（一二二八）十二月十八日、相州寿福寺一蒙二三（部）印可二」とあるが、『吾妻鏡』寛喜三年（一二三一）五月十七日の記事に、鶴岡八幡宮で問答講が行われたとし、その第四日・五日・九日に「円爾房」が見えるから、この頃在鎌は確かである。これが『元亨釈書』の円爾伝で、

自レ是企二遐渉之志一、鶴岡八幡神祠開二八講席一、講衆以三爾之深二教乗一延為二証義一、有二頼憲僧正一、園城之義虎也、時称二三井大鏡一、与レ爾徴詰、憲屈……

というのに相当するのであろう。

その時こそ円爾は寿福寺にあったのだろう。『元亨釈書』の伝は次のようにいう。

爾於二相陽一寓二寿福寺一、住持行勇建仁之徒也、

ここでは、行勇は「建仁之徒」として栄西の嗣としているが、「建仁住持」とはない。あるいは二代として早く離れていたと考えられなくもなかろうが、それならば「前建仁住持」とあってもいいのではあるまいか。

もちろん、これのみで「建仁住持」であったことを全面的に否定し難いものではあるが、積極的に建仁寺住持だったと主張し難い資料にはなろう。

行勇の寿福寺長老は、栄西滅後のそれをうけていることから、建仁寺のそれもうけたかのようにも見られようが、

その確かな資料に乏しいどころか、建仁寺側にはそれを否定する資料さえあるのである。

『国史大辞典』は行勇伝下に建仁寺住持のことは全く触れていない。

思うに行勇に関しては、後に浄妙寺開山として迎請されたところから、その開基足利氏におもねて、これを建仁寺でもとるようになったとも考えられ、後代の処置と考えられる。

そのことは相模国金剛寺の寺伝にも見られ、波多野忠綱の開基で、実朝の頭骨の塔ありとして、よく引用されるので、ここであげて参考としておく。

『新編相模国風土記稿』では、「退耕行勇ヲ開山トシ実朝ヲ開基トス」とある。前文には「建長二年波多野中務忠綱（註略）実朝菩提ノ為」とある。

『好古一滴』には、鎌倉右大臣の塔があり、その碑の左右の文に「維時永正十癸酉七月十日、金剛現住比丘実山叟記之」として、上のように忠綱が実朝菩提のためのもので（頭骨のことなし）、「建長二庚戌年建立」とする。

これでは行勇滅後の開基となる。しかも当寺も当初は「モト臨済宗今曹洞宗」（『風土記稿』）というから、行勇を拝請し開山としたと見るほかないもので、ここにも行勇の立場が見られよう。

㈢金剛三昧院主としての行勇

金剛三昧院の由来には諸説があるが、弘安四年（一二八一）の「関東御教書」（『鎌倉遺文』一四二六九）に次のようにある。

当院本願大蓮上人、申二関東一住家、早建二当伽藍一専致二関東武将之祈禱一、始置二不退勤一奉レ訪二三代将軍之菩提一、是則二位家雖レ為二先亡出離之資糧一、兼擬二自身得脱之勝因一、草創志趣大旨如レ斯矣、

大蓮上人とは秋田城介入道景盛のことで、『吾妻鏡』宝治二年五月十八日条に経歴が詳しく述べられている。景盛は早くに（年月不明）発願し、政子に申し、筑前粥田《かいた》庄を資として関東武将の祈禱所を設け、後に実朝の菩提所とし、政子のそれにも擬したものというのである。

「高野伽藍院跡考」は、建暦元年（一二一一）政子が頼朝菩提のため禅定院を建てたのが始まりで、後に実朝菩提のため改建して金剛三昧院と改め、貞応二年（一二二三）の頃堂舎が完成としているが、頼朝菩提とするのは上の文書に相応しない。

景盛は実朝没後（一二一九）、「正月廿七日出家」というから、ここに籠山するようになったのだろうか。

『鎌倉遺文』三八六三（寛喜元年〈一二二九〉八月二十五日「関東御教書」）によれば、河内国讃良庄を実朝供養のため、高野山禅定院御堂護摩用途として、覚智の申請により、供僧導蓮房に庄務を任せたことが知られる。

足利義氏も嘉禎四年（一二三八）、美作国大原保を寄進した。

かく鎌倉武将はこの護持に尽したようで、かの願生もその例にもれない。

当の幕府も早くに諸庄をあげたようであるが、先の粥田庄は元弘の役の際、便宜のため河内国新開庄と替えられ、先の「関東御教書案」（『鎌倉遺文』一四二六九〈弘安四年〉）では、ここの庄として、「河内新開庄・同讃良庄・美州大原庄・伊賀虎武保・紀州由良庄大臣家月忌領・泉州横山庄二位殿月忌領」が見える。もっとも弘安九年には粥田庄は三昧院領に回復し、新開庄は本主に返された（『鎌倉遺文』一五九九八）。

そうすれば景盛は出家後、当初は導蓮房などに庄務をとらせたが、後に当時鎌倉幕府の護持僧役の寿福寺長老行勇が請ぜられたのではあるまいか。

しかも行勇をこの院の第一世としたもので、『高野春秋』が、当院は栄西が頼朝菩提のため開創第一になったというのには、研究の余地がある。

「葛山願生書状案」によれば、願生も実朝没後出家して高野山に在住し、政子はその資として由良庄地頭職を与えたという。願生は後に（嘉禎二年〈一二三六〉）それを金剛三昧院に寄進していることから、願生も出家後はこの金剛三昧に在住していたものとみられる。

願生の施入文書に「金剛三昧院別当荘厳坊僧都御坊」とあるから、先のように秋田入道景盛が実朝没後、常勤僧を置いたという時点以後、改めて行勇がその別当に請ぜられたとみてよかろう。

『金剛三昧院紀年誌』は、「三年丁酉（私注 嘉禎）、第二長老隆禅奉為二二品尼十三回忌追修一造二立大仏堂一、安二置丈六大日像一」とあり、しかも嘉禎四年（一二三八）三月の「足利義氏寄進状案」でも、あとに「中納言法眼」（隆禅）とあるから、『高野春秋』が延応元年（一二三九）下に、

三月日、行勇禅師将二覚心上座一、自二金剛三昧院一還二住鎌倉亀谷山寿福寺一、是依二北条氏之泰時悃請一也以金剛三昧院後職附二与中納言法印隆禅一云

とするのはとれまい。しかるに『延宝伝燈録』（巻二）覚心下、及び辻善之助氏の『日本仏教史』覚心下は上の説をとっている。

『吾妻鏡』では、嘉禎三年（一二三七）十二月の記事に行勇のことが見えるから、少なくとも同年中には下鎌があったものとみられ、この年、金剛三昧院の別当職を離れたのではあるまいか。

さて以上の高野山在住と、『吾妻鏡』等を主として鎌倉在住をみれば、不思議と京との連絡が見られない。京に近い高野山なら、もし建仁寺登董があったなら、そちらとの消息や往来が浮んでもよいのではあるまいか。

もっとも角川『日本地名大辞典』（福岡県）粥田の項で、粥田荘は「（金剛三昧院）開山長老行勇荘厳房法印が建仁

寺僧正であったため、建仁寺が預所職を支配した」というが、これは文書の読み誤りであることは、別にあげておいた。これはこの荘の預所職を建仁寺がとっていたので、二代隆禅が幕府に運動して金剛三昧院に付するようにしたというまでで、行勇のことなど窺うすべもないのである。これらはたまたま行勇の建仁寺二代という伝のあるのとつないだ「思い込み」からのものであろう。

(四)浄妙寺開山について

行勇を鎌倉浄妙寺開山ということから、そこの浄妙寺の資料をとって、道元禅師と行勇との交渉を見ようとする論があるが、この行勇浄妙寺開山はとるべきものではないようである。

松尾剛次氏の『中世都市鎌倉を歩く』(一九九七)は、「浄妙寺は……行勇を開山というが、定かではない」とする。その結論的なものは先にあげたが(『道元禅師伝研究』続〈第二章第一節〉)、ここには他の資料をもあげておこう。

『禅学大辞典』で「浄妙寺」を見ると、次のようにある。

開基は足利義兼、開山行勇。もと真言宗極楽寺。建仁元年(一二〇一)、義兼の子義氏が禅院に改め法楽寺と称した。尊氏は元応二年(一三二〇)、伽藍を修造して浄妙寺とし、足利累代の祈願所としたという。

偕成社発行の『鎌倉古寺社と四季の花道』によると、浄妙寺は足利義兼を開基とし、行勇(一一六三~一二四一)を開山として文治四年(一一八八)創建され、正嘉元年(一二五七)、月峰了然が住持して禅刹に改められ、浄妙寺と名を変え、中興開基を足利貞氏(一二七三~一三三一)とするといい、やや違っている。

よって、それら足利氏累代の伝を検討してみよう。

(1)足利氏の開基探究

①義兼

上では義兼の開創になるようであり、『稲荷山浄妙禅寺略記』では、文治四年（一一八八）の建寺で、永福《ようふく》寺の行勇を請したというが（角川『日本地名大辞典』）、これは怪しい。

永福寺の行勇というが、永福寺は『吾妻鏡』によれば、奥州藤原氏の寺観に接した頼朝がそれに模して企画したもので、文治五年（一一八九）十二月に事始めをし、建久三年（一一九二）十二月に営構成り、同二十五日に園城寺の公顕を請して落慶が行われたもので、文治四年に永福寺はまだ影もないのである。

義兼は、『吾妻鏡』によれば、建久五年（一一九四）十一月十三日、鶴岡八幡宮で別当円暁を請して将軍家御祈禱のため両界曼荼羅二舗を供養し、その後それを宮寺へ奉納し、上宮の東廊に安置している。

『尊卑分脈』によれば、「建久六、三、廿三、於二東大寺一出家、法名義称」とある。この東大寺での出家や先の八幡宮での供養などから見れば、この建久六年までの私寺建立は考えにくくなろう。

ただ『尊卑分脈』では、義兼の卒去は「正治元、三、八」というし、行勇も『吾妻鏡』では、正治二年四月二十三日、頼朝百か日の供養導師をつとめているのが知られるから、あるいは永福寺供僧として、義兼の没去までに接触が考えられるなら、義兼の出家から没年までの間に浄妙寺の前身極楽寺の文治四年（一一八八）開創が認められなくもない。

しかしそれも行勇の面から見ると、正治二年（一二〇〇）の記事からはそうと感じられても、先にあげた承元四年（一二一〇）の『吾妻鏡』の記事からは、その時点でさえ「若宮供僧」のようである。その身分では一寺開山に価しないとは一概にはいい難いが、『禅学大辞典』が行勇の浄妙寺開山をその「晩年」とすることから、義兼との接点はあり得ないことになろう。

②義氏

それでは、その子義氏の「禅院に改め」た時が行勇開山に相応しそうにもなるが、この義氏も『尊卑分脈』では「仁治二、四、十二、出家法名正義、建長六、十一、廿二卒、六十六歳、有二大往生瑞一」とあるから、建仁元年にはまだ十三歳で、転宗のことなど考えられまい。

『高野春秋』は行勇について、「仁治二（一二四二）、秋七月、行勇禅師金剛三昧院先住也、逝二于鎌倉寿福寺一行年七十九」とするから、その下鎌の時には義氏は既に出家しており、極楽寺の構想が立てられ、行勇の下鎌と共に開山に請ぜられたことも考えられよう。いずれにしても行勇の没年が仁治二年なら、その晩年の開創ということからは、この時までには開創されていなくてはなるまい。

『吾妻鏡』には、嘉禎三年（一二三七）十二月十三日条に、「左京兆（泰時）為二室家母尼追福一於二彼山内墳墓之傍一建二立一梵宇一、今日有二供養儀一、導師荘厳房律師行勇」とある。辻善之助氏はこの一梵宇を東勝寺かと見ている（『日本仏教史』）。あるいはそうとしても、これで行勇が東勝寺開山とはし難い。当時、幕府ゆかりの寺塔建立開白には、それぞれの僧を請して事にあたらせていても、それが即開山とはなっていないからである。

『本朝高僧伝』は東勝寺開山を行勇とし、当山での示寂をいうが、『和漢禅刹次第』『扶桑五山記』は、当山の開山を「西勇」とし、『高野春秋』は別記のように、行勇は寿福寺で示寂というから、東勝寺の伝にも問題がある。

それはともかく、義氏には嘉禎四年（一二三八）三月、金剛三昧院への「足利義氏寄進状案」が見られ、美作国大原保が寄進されている。そこには「法眼隆禅」とあって庄務を隆禅に託している。行勇退任後のものである。

もし義氏が既に浄妙寺を菩提寺として開創していたら、金剛三昧院に政子や実朝菩提のために一庄を寄進する前に、自らの菩提寺でその供養につとめるのが自然ではなかろうか。しかも浄妙寺開山という行勇が、金剛三昧院を離れたあとにこの寄進のあることから、義氏と行勇との間には積極的な交流が考えにくくなる。

③泰氏

『吾妻鏡』をみると、義氏の子泰氏について次のようにある。

宮内少輔泰氏朝臣、於二所領下総国埴生庄一潜被レ遂二出家年三十六、即遂年来素懐一云云、偏山林斗藪之志挾焉云云、是左馬頭入道正義嫡男也（建長三年十二月二日条）

しかし七日条では、それが無断出家の科により所領荘園を没収されている。

『尊卑分脈』には「法名称阿、文永七五十卒五十七歳（一二七〇）」とある。

これでは建長三年（一二五一）でも、足利氏の鎌倉浄妙寺開創は考えにくかろう。その法名からは、念仏衆が偲ばれよう。

⑵新極楽寺開山了然

新極楽寺（後に浄妙寺と改称）の開山が蘭溪の嗣月峰了然であることは、既に示した通りである。これなら先の泰氏の出家後の年代に相応してくるのである。

『大覚禅師語録』（建長寺語録）の中の法語を、歳旦上堂を追って年代を調べてみると、康元元年（一二五六）にあたり、これは『元亨釈書』の「正嘉之元」というものの前年にあたるから、新極楽寺が正嘉の初め頃にはあったことになる。ただその頃はまだ浄妙寺名ではなかった。それ故、月峰了然の改名説はとれまい。

それが『元亨釈書』では、文応二年（一二六〇）生の祖円に、「幼穢（歳）投二相之浄妙寺一」とし、元応二年（一三二〇）没の約翁徳倹に、永仁三年（一二九五）長勝寺を領し、次いで「移二東勝浄妙禅興建仁建長一」とするから、一二〇〇年代末までには浄妙寺改称があったのだろう。あるいは貞氏（一二七三～一三三一）が中興とされるのでその頃の改称とも見られ、それでは了然の改称説も、また尊氏の改称説（元応二年〈一三二〇〉）も採り得まい。

ただ了然の新極楽寺については、『扶桑五山記』が浄妙寺下に、「開山行勇、始名極楽、北条重時所建也」とするのは、浄妙寺の初名と、北条重時所建の極楽寺とを混同したものであろう。

重時所建の極楽寺についても、種々に伝えられる。しかし、そこに伝えられる五鈷鈴に「建長七年……極楽律寺」とするものがあるという以上は、建長七年（一二五五）前の極楽寺の存在は否定できない。それならば、了然入寺の新極楽寺の称は、その寺とは別の寺の称と見ざるを得ないし、その開創年代も明らかとなってくるものではなかろうか。

⑶行勇開山の由来

寺伝はとかく由緒を古きに置く。当山も後に鎌倉五山の格式を得るために開創を早め、その開山に行勇をとったものではなかろうか。

浄妙寺には国指定重文の開山行勇の木像が安置されるので、とかく古い開創を思わせようが、たとえその像が鎌倉期のものでも、果して鎌倉初期まで溯り、行勇開山を裏づけるものとなり得るのだろうか。

既にその開山の月峰了然という歴史的資料は否定し難い。今伝える当寺の開山行勇伝は、所在不明の「大過去牒」の記などがとるもので、「江戸中期頃まとめられたものとおもわれる」といわれるものというから、資料的には研究の余地があろう。

その行勇開山像にしても重文指定といっても年紀銘も伝えられていないし、手近な参考書で見ても次のようである。

『原色日本の美術9』所収の小林剛氏の「鎌倉彫刻」によれば、鎌倉時代の頂相彫刻のもっとも早い頃の作例として、覚心の寿像をあげ、それも広島安国寺のものは建治元年（一二七五）、由良興国寺のものは弘安九年（一二八六）のものとする。その上、氏はいくつかのものをあげ、「これらが鎌倉時代の肖像彫刻である」として、その中にはこの浄妙寺のものは見られない。

これからすれば、この開山像はどう測っても十四世紀に入ってからのもので、あるいは南北朝に入るとも見られまいか。

現物を見てもその知識を欠く筆者では、美術眼にうといものの、上のことからそう感じざるを得ない。要は、漠たる美術的資料眼のみでは、正当な歴史的資料とするのには問題があろうといいたいのである。

先の資料が後代のもの故、すべてを非とはし難いにしても、そこにいう随侍の人物のことなど、円爾以外は傍証し難い人物でもある。

その上、そこでいう行勇の入宋にしても、それを証する何物もない。それは恐らくは、『吾妻鏡』にいう次のものなどからの誤伝ではなかろうか。

> 将軍家御㆓参寿福寺㆒、有㆓御聴聞御法談等㆒、又、去年朝光所㆑進吾朝大師伝絵、有㆓御随身㆒、令㆑覧㆓行勇律師㆒給、観㆓彼求法入宋之処々㆒、就㆑其銘字誤等被㆑直㆓進之㆒云々（建保元年三月三十日条）

これは実朝が朝光献上の本朝の大師の絵伝を携帯して来て行勇に見せ、その求法入宋の処々を調べて、文字や事柄等を訂正の上提出させたというものである。

しかるに、かかることは行勇が入宋経験者なので、その知識を求められてのものだとするなら、それは恣意的解釈なのではあるまいか。しかし上のような事実のあった以上、その伝承がいつしか行勇の入宋をも語るようになったと推測できよう。

かかる訛伝は、開祖・開山等の伝では多く見られるものである。実朝の行勇の譴責の件でも、『吾妻鏡』に記されるものと、行勇派下ともいえる慧暁の『沙石集』（一二七九～一二八三）では微妙に異なり、行勇の美化が見られる。その間六十年余りなのに、既に異なっているのである。以て参考になろう。

よって、そのような寺伝をもって道元禅師時代を推考する資料にするのには、十分な注意を払わねば、思わぬ過失を犯すことになると思うのである。

（一九九〇年八月稿、一九九七年十二月一部補正）

第三章　入宋時代

第一節　天童如浄の生誕地について

道元禅師（以下「禅師」）は、『正法眼蔵』「行持」巻で、如浄に「越上人事」とし、宗門では広くこれがとられている。

しかるに禅師の記という『天童山景徳寺如浄禅師続語録』の跋には、「師諱如浄、明州葦江人也、俗姓兪氏」とある。これについては早く面山がこれを「洞下好事者贋撰、是故今不レ採」（『天童如浄禅師行録』）とし、大久保道舟氏は、この跋を『道元禅師全集』では春秋社版でも筑摩版でも、「真偽未判」として附録・附載の部に入れ、近く鏡島元隆氏も否定的なものである。

しかし一方では、忽滑谷快天氏は『禅学思想史』で採用し、伊藤俊彦氏も、これには「偽撰であることを証する積極的な事実は何もないように思われる」（『宗学研究』九号「身心脱落考」）とする。

したがってその真偽論には、にわかな決着をつけ難いが、筆者に疑問なのは、先のように「越上人事」とあるのに、わざわざ「明州葦江人」とした所以が理解し難い。そこで、そこにこれを記した人には何か拠るものがあったのではあるまいか、と考えざるを得なかった。

それにはかつて天津図書館で『江湖集』という書の上巻註に「銭塘江之東、越・明・台・温・務・処・瞿等七州曰二浙東一、昔越地也」というのを見た。その上、成尋の『参天台五山記』に、

巳時得二順風一出船、午時着二明州陸地辺一進船、未時過二明州界一入二越州界内一進レ船、酉時止二船越州小島一云々

とあることから、明・越両州は隣あっていたとも見られる。そこから先の『江湖集』の記からも、禅師の「行持」巻の「越上」は、せまい越州ではなく、明州・越州を含む広い越地をいうのではあるまいか、と発表したのである（『道元禅師伝研究』第五章第一節）。

その『江湖集』については、その時代も性格もなんら手記にとどめていなかったので、その後諸処の図書館で検索につとめたが、看見できないでいるものなのである。

鏡島元隆氏はこれを念頭にしておられたものと見え、中国で禅師の遺跡を探訪された際、通訳黄氏に、明州と越州が同視されたことがあったかどうかを問われたという。

その結果、氏は「黄氏から宋代において明州と越州が同視されたことはあり得ないということを聞いて、如浄の出身地を明州とする「続語録跋」の筆者は、入宋して親しく現地を踏んだ道元禅師ではなくて、現地の地理に疎い後の日本人の作であることをあらためて確信したことである」としている（『道元禅師とその周辺』三一二頁）。

その上、その「明州葦江、俗姓兪氏」については、佐藤秀孝氏が、「紹興府山陰県の毛氏とみることも可能ではなかろうか」（『傘松』平成四年一月号）という有力な提説もあり、「天童如浄禅師続語録跋」については、益々不利なものがある。

よってこの「跋」の真偽については、偽説が有力となろうが、それでも筆者はその中から窺われる、越と明との

関係については、改めて再考の余地のあることを示したい。

というのは、その越・明のことについては、たとえそれが中国人の言としても、それを直ちに諒承してよいかどうかということである。すなわち、その黄氏が果して往古の中国の地理事情に詳しい人物だったかどうかということである。いうならば一通訳で、その道の専門家とは見難いからである。

というのは、筆者はこの点について、『唐大和上東征伝』（仏全一一八、一一二頁上）に、「明州者旧是越州之一県也」というのを見るからである。これには鑑真の時代と禅師の時代とを同視できまいという論もなろうが、ともかくこれは「明州」と「越州」とは矛盾するものではないことを知らせる一資料ともいえる。

禅師は既にその初開道場深草興聖寺の在処について、一般には深草は紀伊郡下にあったと見られるのに、しばしば「宇治郡」としていて問題なのであるが、これもかつては極楽寺には、「昭宣公占二山城国宇治郡地一有レ意、欲レ建二立極楽寺一」とした資料（『菅家文章』）もあるので、禅師の記が無下に誤謬ともいえないことになる。

もっとも筆者は、以上の一事をもって「続録跋」を禅師の真撰と主張するものではない。ただ、当初考えた越地と明州との関係については、古くこのような資料もあることを提示するにとどめるまでである。

（一九九七年七月）

第二節　天童山大光明蔵について

禅師は『正法眼蔵』「諸法実相」巻で、「大光明蔵は方丈なり」というところから、これを天童山の「東方丈」とみる論がある。

面山の『渉典録』（諸法実相）は、

今稽二梅梁居士陶寅齢所レ作天童寺賦一云、説法三堂馥二旃檀兮林際一、註云、法堂在二大殿後一、三堂謂二大鑒堂・東蒙堂・西蒙堂一也、元明禅師後建(復カ)二旃檀林一、堂之後有二大方丈・東方丈・西方丈一焉、今案、妙高台者大方丈、寂光堂者西方丈、大光明蔵者東方丈也

という。面山は『宝慶記聞解』でも、「大光明蔵ハ東方丈、西方丈ヲ寂光堂ト云フ也」と述べている。したがってその徒斧山は、「諸法実相」の提唱（『聞解』）で、『渉典録』の説をとり、『参註』もまた、それをうけている。

面山の『宝慶記事林』では、さらに積極的に「大光明蔵」の説明として、

大乗開山徹通和尚所二写而将来一之宋五山十刹之図云、天童山両方丈額、一名二大光明蔵一、二名二寂光堂一

と、その根拠を明白にしている。そうすると、筆者が先の著『道元禅師伝研究』で、大光明蔵を前方丈と解したのは理由のない謬解ともなろう。

しかし、これを『五山十刹図』で見ると、天童山の方丈は妙高台であるが、大光明蔵と寂光堂はその前方に位置する殿堂で、東西に在るだけでなく、同『五山十刹図』の「霊隠寺図」を見ると、その配置場所はその前方丈の位置にあたるところから、大光明蔵は「前方丈」と解されようと主張したのである。

さらに『五山十刹図』をよく見ると、そこに諸山の額をあげる中で、「前方丈額」として、

寂光堂 天童

大光明蔵 天童

等とある。このことから、益々それが確証されよう。

面山は『訂補建撕記』で、「天童山諸堂額」として、そこに「前方丈 寂光堂・後方丈 大光明蔵・寝堂 妙高台」としている。寂光堂を前方丈とはしているが、他書での引用からみると、その前方丈・後方丈というのは、東方丈・西方丈とする記と照合すると、やはりこれを「方丈」としていることにはなろう。

しかし、面山の『五山十刹図』の「諸堂額」からとするのは、現伝のものとは一致し難い。したがって「大光明蔵」は面山のように「後方丈」とか「東方丈」とすべきでなく、「前方丈」とすべきものと思うのである。

（一九九七年七月）

第三節　道元禅師の「嗣書」拝覧

㈠台山・雁山への雲遊

禅師の台山・雁山への雲遊については、普通、如浄討得前のように見られて来たのに、柴田道賢氏は『禅師道元の思想』で、宝慶二年（一二二六）、禅師が如浄下で身心脱落して後、すなわち悟後の遠遊とする見解を示された。筆者は『道元禅師伝研究』で、そのとり難い点について触れたが、改めて補記しておきたい。

禅師は「宝慶のころ、雁山・台山を雲遊するついでに」（「嗣書」巻）という。『禅学大辞典』は、雲遊を「浮雲の風のままに流れるごとく一所不住に諸方に参学行脚すること」（上巻）と説明するが、禅師にも「予、雲遊のそのかみ大宋国にいたる」（「仏性」）とか、また

（趙州）六十一歳にしてはじめて発心し、いへをいでて学道す、このときちかひていはく、たとひ百歳なりとも、われよりおとれらんは、われかれをしふべし、たとひ七歳なりとも、われよりすぐれば、われかれにとふべし、恁麽ちかひて南方に雲遊す（「栢樹子」）

とあるから、これらからは、雲遊とは大悟前の行脚ととれよう。

しかるにこの「雲遊」を、乾坤院本『伝光録』は「遊山ノ次」とするのである。「遊山」とは、多くの辞書は修行了畢後のものとするし、禅師は別にまた「台山より天童へかへる路程に」（「嗣書」）ともするので、この雁山・台山への旅は、天童山如浄下で大悟の後に、ここへ遊歴するともとれることになろう。

しかし、それには問題がなかろうか。

①この「遊山」は『伝光録』では乾坤院本のみがいうので、他の諸本はすべて『正法眼蔵』「嗣書」巻のように、「雲遊」とある限り、「遊山」の上から解することには問題があろう。

②一歩譲って「遊山」が正しいとしても、これは必ずしも悟後を示す語とは限らず、禅師の「渓声山色」巻では、大悟前にもこの語を用いている。

また霊雲志勤禅師は三十年の弁道なり、あるとき遊山するに、山脚に休息してはるかに人里を望見す、ときに春なり、桃華のさかりなるをみて、忽然として悟道す。

また、「自証三昧」巻には次のようにある。

(大慧宗果)遊方のちなみに宣宗の理禅師にしたがひて雲門の拈古、および雲竇の頌古・拈古を学す、参学のはじめなり、

これらをみれば、「遊山」「遊方」は一概に悟後のものとはなし得まい。

(二)禅師の嗣書拝覧

次に、これを禅師の嗣書拝覧から考えてみよう。

禅師は「嗣書」巻で、「道元在宋のとき嗣書の礼拝することをえしに多般の嗣書ありき」といわれるが、その多般の嗣書の拝覧を検討してみよう。

①「嘉定十六年あきのころ(一二二三)、隆禅の仲介で仏眼清遠和尚下の伝蔵主所持のものを拝見した。

②「嘉定一七年正月二十一日」(一二二四)、了派の嗣書を拝覧した。これは前年七月ごろ、師広都寺から堂頭了派の

下に嗣書のあることをきき、ついに半年もして後、了派の資知庾を屈請して、寂光堂で拝覧したのである。

③「宝慶のころ」（一二二五〜）、万年寺元鼒のものを拝覧した。これは如浄との相見前のものか、後のものかは、これのみでは明らかでない。しかし、ここに「なにのさいはひありてか数番これをみる、感激霑レ袖」とあるから、これを如浄下での大悟後の遊山のついでの上山とみれば、後にあげる④⑤の後になって五番目にあたるから、「数番これをみる」に該当することになろう。

しかし、そこに元鼒との応対で、「老兄もしわれに嗣法せんともとむや、たとえもとむとも、をしむべきにあらず、道元信感おくところなし、嗣書を請すべしといへども、ただ焼香礼拝して恭敬供養するのみなり」とある語調からすれば、これが如浄下で大悟して以後のものとは思われない。

しかもそれにまた、「この一段の事、まことに仏祖の冥資にあらざれば見聞なほかたし、辺地の愚人としてなにのさいはひありてか数番これをみる、感激霑レ袖」とあるのでは、これが如浄下で大悟の後、中国での最後の嗣書拝見の際の感慨ともうけとめ難い。

この「数番」は先のものからも、三番目ぐらいに位置するのではあるまいか。

④天童山で雲門下の宗月長老のものを見ている。これは宗月の天童首座職の時のことという。そこで『訂補建撕記』は、これを無際下の嘉定十六年（一二二三）下に置いている。

これについては、禅師は

道元宗月首座にとふ、和尚いま五家の宗派をつらぬるにいささか同異あり、そのこころいかん、西天より嫡嫡相嗣せらば、なんぞ同異あらんや

と言っている。

これなら、これまでに数種の嗣書を見ているものといえよう。しかし了派下では、嘉定十七年（一二二四）正月までには二種しか見ていないことが知られるから、このことは少なくともそれ以後のことであろう。それならば、その天童とは、無際下のこととしても、嘉定十七年正月二十一日以後のことになろうし、あるいは、その「天童」は如浄下のことともされうるのではあるまいか。

⑤惟一西堂所持のものを拝見しているが、これをも『訂補建撕記』は、嘉定十六年（一二二三）下に置くが、これは

明らかに天童如浄下でのことである。禅師はこの惟一については、「先師と同郷人なり、先師つねにいはく、境風は一西堂に問取すべし」というのに、その如浄下であることが窺われよう。

しかもそこでは、「道元これをみしに、正嫡の正嫡に嗣法あることを決定信受す」と述べている。先の宗月のものの拝覧の際は、「たとひ同異はるかなりとも、ただまさに雲門山の仏はかくのごとくなるを学すべし」と聞いたものの、「道元この語を聞くにいささか領覧あり」というだけのものである。

この両者を較べてみれば、惟一西堂の時の方が宗月の時よりも、心境の深まりのあったことが理解され、惟一の場合が宗月よりも後代の拝覧と見られるのである。

よって以上のものを順序づければ、①によって嗣書の存在を知った。そして、その拝覧を熱望するに至った。翌年正月、ついに②の無際了派のものを拝覧し、感激し涙をうるおしたといい、その日付さえ明記して、喜びの情を示している。

ついで雲遊のついで、万年寺で③の元鼒のものに接し、その授与さえいわれながら、機縁が熟さなかったのか、「焼香礼拝」にとどまっている。さらに天童山で④の宗月長老の嗣書を拝覧し、前来数種の嗣書の拝覧から、その異同

に不審を懐いて問答商量の末、嗣書の意義について「いささか領覧」するものがあった。その後、⑤の惟一西堂の下での拝覧を得、ここで禅師は「正嫡に嗣法あることを決定信受す」るに至ったと見られる。

そしていよいよ如浄下において、「嗣書」巻の末記にあるような示誨を受け、「このとき道元はじめて仏祖の嗣法あることを稟受するのみにあらず、従来の旧窠をも脱落するなり」となったものと見られる。

これら拝覧ごとの禅師の語調を拝すれば、禅師の嗣書拝覧は決して漫然となされたものではなく、その拝覧の次第に応じて、心境の深化の模様が看取されるのである。

これから見れば、元鼒とのものが禅師の身心脱落後のものとすれば、元鼒に嗣書を許されようとしながら「嗣書を請すべしといへども、ただ焼香礼拝して、恭敬供養するのみなり」とはいえないのではあるまいか。

身心脱落後のものでは、それこそ「従来の旧窠をも脱落」しているのであるから、今さらに「嗣書を請すべし」という必要もあるまい。

もっともここでは、既に如浄下で身心脱落し嗣書を得ていたので、元鼒の「嗣書」を拝辞したかのようにもとられようが、しかしそこに「嗣書を請すべしといへども」とある語からは、嗣書を許されはしたものの、いまだ「正嫡の正嫡」の嗣法からは、禅師は元鼒に正嫡を許されても、自らは元鼒に正師を見ることが出来なかった立場から、ただ「焼香礼拝」にとどめたもので、既に十分な心境に達していたとしても、所謂の「身心脱落」以後のものとはうけとり難いのである。したがって、これをば如浄相見以前のことと見るのである。

以上、禅師の中国における嗣書拝覧をあとづけて見たが、そこで不安を覚えたのは④⑤の配当で、特に④についてであった。

従来の伝から見れば、如浄の天童入山は、禅師の「鉢盂」巻の「先師天童古仏、大宋宝慶元年、住㆓天童㆒日上堂云」からも、宝慶元年のことと見られ、しかも禅師の如浄への初相見が五月とされるなら、その禅師の天童再入山は、早くて三月と見ても、その二か月位の間に、両度にわたって嗣書の拝覧があったとは、いささか納得し難かった。惟一西堂からのものは如浄下でのことは疑いなしとして、④の配当には苦慮するものがあった。

しかるにここに教えられたのは、伊藤秀憲氏の発表で、如浄の天童入山を嘉定十七年七月後半より八月までとするものからである（『道元禅研究』所収論文）。

氏は『如浄語録』を検して、如浄の天童入山は宝慶元年ではなく、前年の嘉定十七年七月頃とし、禅師が「鉢盂」巻で「宝慶」といい、「嗣書」巻で、「宝慶のころ、道元、台山、鴈山等を雲遊するついで」というのは、禅師の錯綜かと見る。すなわち、次のようにいわれる。

日本では、年の途中でも改元が行なわれるが、中国の南宋代では、ほとんどが新年に行なわれている。この違いにより、道元禅師の記憶が錯綜し、嘉定十七年を宝慶元年と記されたものと思われる。

これによるなら、如浄の天童入山は、嘉定十七年七月頃で、禅師は宝慶元年ではなく、嘉定十七年中には、天童山に再上山していたことが認められよう。

そうすれば、宝慶元年五月までの間には十分な期間があり、たとえ禅師の再上山が同年に入っていたとしても、その間両度の嗣書拝覧は十分可能としうる。

惟一西堂との応接から見ても、やがて来るべき如浄よりの嗣書授受の機運は十分に熟していたことが知られるのである。

（一九九七年七月稿、一九九八年二月補訂）

第四節　「仏祖正伝菩薩戒作法」と永平寺蔵「嗣書」図について

「仏祖正伝菩薩戒作法」(以下「作法」)や永平寺蔵の「嗣書」図は、「宗旨」のみならず「宗史」の資料としても根本資料といえよう。

これに対し面山は、この「作法」をそこに見える「宝慶元年九月十八日」に「仏祖正伝ノ大戒ヲ禀受セリ、コレスナワチ西来相承ノ伝戒也」(『訂補建撕記』)とし、一方永平寺蔵の「嗣書」図については、「逸録」や「洞上室内三物論」で触れ、『訂補建撕記』の「増補」で、そこに見える「丁亥」から、「宝慶三年ニ当ル、嗣書ヲ浄祖ニ得ラレテ」としている。

したがって『曹洞宗全書解題』(一九七八)でも、前者には

道元禅師が大宋宝慶元年(一二二五)九月、天童山に於て如浄より戒脈を伝授された時に、その伝戒儀式作法をみずから記録されたものである

とし、後者には

道元禅師が南宋宝慶三年(一二二七)、その師……天童山景徳寺住持、天童如浄から伝承したものである。……明治三三年(一九〇〇)四月、国宝に指定された

とし、今日、「宗学」の基底資料となっている。

しかるに筆者は、当初それをうけながらも、疑念が入ってならなかったが、この際敢えて私見を披露し、大方の教示を得たい。

㈠「仏祖正伝菩薩戒作法」

その末に

大宋宝慶元年九月十八日、前住天童景徳堂頭和尚授二道元一式如レ是、祖日〔于時焼香侍者〕、宗端知客、広平侍者等周旋行二此戒儀一、大宋宝慶中伝レ之也

とあり、これは禅師が覚心に授けたという「戒脈」の奥書にも、

大宋宝慶元年乙酉九月十八日、前住天童浄和尚示曰……令レ付二法弟子日本国僧道元一、伝附既畢

とするから、信頼し得るものとなろう。

しかし、それに少しく討究を加えて見ると、『曹洞宗全書』の解題とは見解を異にせざるを得ないのである。

⑴成立の時期

従来、宝慶元年九月十八日の授式の日の記録のように採られて来たが、そこの「前住天童景徳堂頭授二道元一式如レ是」からは解し難い。

『宝慶記』に「先日謁二育王山長老大光一時、聊難問次」云々とあるのは、「仏性」巻からは宝慶元年夏安居中のことと見られるのに、『宝慶記』ではその後の記録でも如浄をさして「堂頭」とし、そこには「堂頭和尚云……今年六十五歳、至レ先弥堅」とさえある。

如浄の示寂は従来、面山の『天童如浄禅師行録』の「紹定戊子七月十有七日」が採られて来たが、佐藤秀孝氏・伊藤秀憲氏等の発表から、それが『建撕記』瑞長本等の「大宋宝慶三年七月十七日ニ寂ス」が採られるほかなくなった(『印度学仏教学研究』三十四巻第一号〈一九八五〉、『中国仏蹟見聞記』第七集〈一九八六〉)。

そうすれば如浄の遺偈の「六十六年」からは、如浄の六十五歳は宝慶二年のこととなり、如浄はこの段階でも「堂頭」であるから、その「前住」の記は、宝慶元年九月十八日には充当しない。

さらに「作法」書を読み返してみると、これは授式の際の記録ではなく、後日、先の授式の際の焼香侍者祖日を始め、宗端知客・広平侍者の周旋で、改めて記録して授与されたものと解するほかなかった。

それはそこに「当日粥前・或斎前・或斎罷」とあることからで、これがその日の授式の記録ならどれか一つのはずである。そのことはさらに、「教授師、或当二首座・或前住寺院之尊宿・或余之尊宿一」とか、「拝二謝和尚一、謂レ炷香、大展三拝・或九拝・或六拝」、また「此儀或当日・或一両日」云々からも窺え、それは他にも多い。

これからすると、この「作法」の授式は宝慶元年九月十八日であったが、この「作法」書自体はそこに「前住」とある限りは、如浄の退住後の授与とも見られよう。それは先に「宝慶元年九月十八日」とするのに、末に「宝慶年中伝之」とするのからもいえよう。その点、また後で触れたい。

⑵この「作法」書の性格

従来、単なる「伝戒作法」のようにとられて来たが、それはそれのみにとどまらず、「嗣書」伝授にも関係する感がしてならないのである。

そこに「血脈」授与として、

教授師展二血脈一度二献和尚一、移二取左臂上一、而召二受者一、燃二松燭一而教レ見二師資相伝之名字処一、次受者応レ召、合掌問訊、進到二和尚之右辺一、向二血脈一問訊、或速礼一拝、合掌曲身見二師資（嗣法）之名字一（「嗣法」、一本なし）

とある。

「仏祖正伝菩提戒作法」といい、「血脈」授与というが、上の傍点のものや、禅師が歴代祖師は「仏」ではなく「菩薩だ」という（「発菩提心」、『広録』六）主張にも、先の感がいよいよ強まるのである。

それはともかく、これを道元禅師伝であたってみると、『建撕記』瑞長本は、宝慶元年九月十八日「伝授相承畢」とし、それの何かは判然としないが、明州本他諸本は「大事授畢」としている。

この「大事」については「弁道話」に「一生参学の大事ここにをはりぬ」とあり、『建撕記』に「同年（仁治三年）五月初一日、義尹和尚授二大事一給」とある。

よってこれらから、この「大事」には「身心脱落」ということが強くとられている。現に『三大尊行状記』『伝光録』『建撕記』共、この伝授の前に「身心脱落」のことを叙している。しかし、この「身心脱落」については近時否定論が出て宗学界を賑わせているが、その「話」自体はともあれ、「身心脱落」については看過し得ないものと思っている。

それは「面授」巻に「わづかに身心を脱落するに面授を保任するありて」という禅師の語が無視し難いし、「無情説法」巻の「無情説法無情得」聞、この血脈を正伝して身心脱落の参学あるべし」から、「身心脱落」についてはさらに参学が必要と思われる。

それよりも、『伝光録』が「天童ノ印証ヲエテ一生ノ大事ヲ弁ジ」と、「弁道話」のそれをうけるかのようにしたあと、

吾汝ヲ得タルハ釈尊迦葉ヲエタルカ如シ、因（ニ）宝慶元年乙酉《（ママ）》日本嘉禄元年忽ニ五十一世（ノ）祖位ニ列（ス）

とするのは注目されよう。すなわち、この年「五十一祖ノ祖位ニ列ス」ということは、この年「嗣書」の授与のあったことをいうのである。

これが、これより古いと見られる『三大尊行状記』の伝では、そこに「遂以二洞上宗旨一付嘱、授二曩祖仏戒一」と、

ここに「宗旨」と「仏戒」と二つあげているのは見脱し得まい。

これでは古伝は宝慶元年には、「嗣書」の伝授と「伝戒」とがあったことを認めていたとみられよう。そして『建撕記』からは、それも「九月十八日」とし得よう。

そうすれば「仏祖正伝菩薩戒作法」というのは、「嗣書」授与に先立つ「伝戒」のものと採ってよいのではなかろうか。それは所謂の「得度」の際のそれとは見難い。

上のような見地に立てば、筆者は、禅師は宝慶元年九月十八日、単なる伝戒にとどまらず、すぐさま「嗣書」の伝授を得、ここに「五十一世ノ祖位」に列したものと解する。

もちろん、そこには次のような問題が残ろう。

第一は永平寺蔵の「嗣書」図の存在で、そこの「宝慶丁亥」の記からである。

第二は「作法」書に強く窺える「伝戒」の件で、先に少しく触れはした。

第三は、宝慶元年九月に「大事了畢」で「嗣書」を伝授したなら、なぜなお二年近く如浄下に滞留したかということである。

以下、それらについて項を改めて触れてみたい。

(二)永平寺蔵「嗣書」図

これは今日では国指定重要文化財で、信頼度の高いものといえよう。そこに「宝慶丁亥」(三年)とある限り、宝慶元年九月十八日の「嗣書」伝授と見る私解は、不当も甚だしいものとされよう。

しかし、この祖山蔵の「嗣書」図には、既に大久保道舟氏が「研究の余地のないものではない」(『道元禅師伝の研究』）とされるが、ただそれのみにとどまり、委細を説かない。

よって筆者は、敢えてそれに触れてみたい。

その疑念の一つは、そこに如浄の花押が窺えるのに、さらに朱印の二個も押印され、三宝印のあることからである。

道元禅師時代は花押の時代といってよく、個人の朱印など認め難い。『国史大辞典』は日本でそれの見えるのは弁円円爾からといい、しかも花押と朱印の両者併用は戦国時代から多い以上、この図は問題視されてよかろう。

これには、この「嗣書」は中国如浄からのもので、日本のそれで云々し難いし、円爾のそれも「宋朝禅林の印章の風を将来した」というではないか、と反論されよう。

しかし、それにしても第二点は、如浄の号印からである。一般には如浄の号は「長翁」で「長翁山」からくるとか、また『枯崖漫録』の「問二道号謂レ何、曰浄長」から、「浄長」が自称ともされるが、禅師の諸書からは、如浄の号と見られる敬称の全く窺えない以上は、やはりそれは認め難い。『曹洞宗全書』のこの「嗣書」の解題に、「如浄、自ら道号を称せず、長身かつ豪爽な人柄から浄長、長翁と称される」とある。

しかるに、そこに押印される朱印の一つが「長翁」とされるのでは、なんとしても納得し難いものがある。

そこで筆者は、この押印こそ後人のなせるものとすれば納得できないでもない。それには先般これを許されて拝覧したところ、その朱印がいかにしても解読し難かったのに、「長翁」と伝えるところに問題もあるからであるが、しかし一方では、かかる重要なものに後人の押印が果してあり得ようかとの思いもある。

次に、それはともかく第三点は、その「宝慶丁亥」とあるのに、そこに月日の見えないことからである。「作法」書の伝来をみると、広福寺本・大乗寺本・永平寺本等、すべて書写の年月日を記し、中には場所・年齢さえ見えるものからは、かかる性質のものにその月日の見えぬのはなんとしても不審にたえない。

国宝とも宗宝とも見られるものへ、かかる疑念は罪過弥天ともいえようが、筆者にとっては今のところ消し難いものなのである。

お断りしておくが、筆者の疑念は、現伝「嗣書」図へのもので、禅師に「嗣書」の伝授が無かったと主張するのではない。その伝授は『正法眼蔵』「嗣書」巻からも疑えない。

㈢伝戒との関係

宝慶元年九月十八日を「嗣書」伝授の日と見るなら、「伝戒」は一体いつになるのだろうか。「作法」書の成立を後のものとする筆者の主張からは、それでは「嗣書」が先で、「伝戒」が後になり、伝戒・伝法が相応しまいとの反論も出よう。

そこからは、『伝光録』が宝慶元年「嗣書」授与のように見えても、九月十八日が「伝戒」故、「嗣法」は同年でもその後のものとの主張も出来よう。しかし、それでは永平寺蔵のそれとは年時が相応しまいし、「五十一世ニ列ス」も理解されまい。それも「九月十八日」の伝戒をいうとすれば、「伝戒」のみで「五十一世」が許されるのだろうか。

それはともあれ、筆者は今伝来の「作法」書は後代成立のものとはしたが、「伝戒」が「嗣書」伝授より後になると主張しているのではない。この「作法」書に見える「伝戒」の儀式作法こそ、先に触れた「嗣書」伝授に先立つものと考えるのである。

この「作法」書の書写の聴許の容易でなかったことは、それを伝える諸本の奥書からも窺える。一面、大きな喜びであったとも感じられる。こうしてこれが許されて「伝戒」作法が行われ、そこに「嗣書」伝授になったと見られる。

『三大尊行状記』では、年月は偲ばれないが、「宗旨」と「伝戒」の授与を伝えるのに、『伝光録』は宝慶元年の「嗣書」授与を強く伝え、『建撕記』はそれを九月十八日の「大事」としても、そこに「嗣書」授与を窺わせるものがあった。

しかるに、それが後に、特に江戸時代には「仏祖正伝菩薩戒作法」の名目からも、「伝戒」のみが強くうけとられ、古伝の討究もないまま「嗣書」の伝授が別に求められて、ついには永平寺蔵のそれともなり、やがては「大事」の曲解へと発展したものではあるまいか。

(四)「嗣書」伝授以後

次に「嗣書」の伝授が宝慶元年九月十八日とすれば、これで入宋目的が一応達成されたことになり、そこでは早速の帰朝が考えられてよかろうに、何故にその後二年間も中国如浄下にあったかが考究されねばなるまい。

このようなことからでもあろうか、宗門では多くの伝授が帰国（宝慶三年）の際のように見、「芙蓉袈裟・自賛頂相」の付与をいい、後には「宝鏡三昧・五位顕訣」等多くのものを加えてくるが、「嗣書」図の「宝慶丁亥」の記も、先に触れたようにそれらの風潮からの産出とも解されよう。

ともあれ筆者は、禅師は宝慶元年五月一日「面授」を許されて入室し、「夏安居中」「仏祖」を頂戴し、「九月十八日」には「伝戒」と共に「嗣書」の伝授となったものと想定するが、禅師はその後も正師如浄の宗風をなおも究尽したく、随侍につとめたものと思われ、その一斑は『宝慶記』の随聞にも窺える。

しかるに、如浄は宝慶二年には「至レ老弥堅」といわれ、「行持」巻には

某甲今年六十五歳、老骨頭懶、不会坐禅なれども、十方兄弟をあはれむによりて、住二持山門一、暁二諭方来一、為レ
衆伝道なり

とあるし、「諸法実相」巻からは「宝慶二年丙戌三月のころ」の「普説」さえ知られるのに、宝慶三年にはそれらがほとんど知られない。

『如浄録』をみると、天童山景徳寺の上堂は、宝慶二年十一月上堂、仏成道上堂（十二月八日）、そして「退院上堂」で終る。

この「退院上堂」は先の二上堂と如浄の示寂日（宝慶三年七月十七日）からは、宝慶三年のものと見るほかない。そうすれば、如浄の宝慶三年はこれ一つとなろう。これらからすれば、如浄は宝慶三年に入ると老衰も甚だしく、早くに退住も考えられよう。

如浄が示寂前に退住していたことは、『仏鑑禅師語録』（巻一）から知られるし、禅師が中国を去るにあたって随行を願った寂円に、「吾師及二老極一　遷化不レ遠」（『宝慶由緒記』）というのに、如浄のそれが偲ばれよう。ところで、禅師の帰朝が宝慶三年八月（『建撕記』瑞長本）である限り、如浄は禅師が帰朝の途につくや間もなくの示寂と見られる。

そうすれば、その天童退山は禅師の中国を離れての後ではなく、天童在山中のことでなければなるまい。ここから、先の「作法」書の「前住」が理解されよう。当初、筆者はこの「前住」は後人の誤入と採ったが、今ではこの「前住」は捨ててはならないものと思っている。

如浄は宝慶三年に入ると不調を来し、退山をはかられたことから、禅師は随侍もこれまでと決意し、如浄もまたその帰朝を促し、日本での教化に期待されたものとうけとめるのである。

（『宗学研究』四十三号〈二〇〇一年三月〉）

（補記） 上記で花押と朱印のあることについて云々したが、『大日本史料』で「仏鑑禅師頂相」に次のようにあると教えられた。

嘉熙戊戌中夏

住大宋径山無準老僧　花押

印　印

嘉熙戊戌は日本暦仁元年（一二三八）にあたり、ここに花押と朱印があり（ただし『国史大辞典』の頂相別刷写真では、その花押ははっきりしない）、仲夏（五月）として日時の見えないことからも、道元禅師の「嗣書」の態と同じで、その上、この頂相のことは『聖一国師年譜』にも見え、現物（東福寺蔵）が国宝指定なことからも信頼性の高いものといえよう。

しかるに『国史大辞典』の「頂相」の項は宮次男氏の解説で、そこに次のように述べる。

（禅宗）初期の頂相では文応元年（一二六〇）に来日し、文永二年（一二六五）に帰国した無準師範の弟子兀庵普寧の自賛像（京都正伝寺）が最も古い

しかもそのあとにあげる例示でも、同『国史大辞典』が別刷で示す頂相写真（解説は古田紹欽氏）とかみあわないものの多いのはどうしてであろうか。宮氏は日本製作のものに限っていうのであろうか。

そうすればこの無準師範頂相は当時の宋朝の風を伝えるものとしては重要な参考資料となるのであるが、これで現伝の「嗣書」が納得され得るとは筆者には考え難いのである。

（二〇〇一年十月）

第五節　『正法眼蔵』「仏性」巻の六殊勝地と源実朝の舎利納骨問題について

道元禅師（以下「禅師」）は、宝慶元年の天童山夏安居中、阿育王寺へ出向いている。禅師はそこに「すなはち知客と予と、舎利殿および六殊勝地にいたるあひだ」として、「六殊勝地」を訪ねたことを述べている。

禅師は「安居」巻では、夏安居について、「四月一日よりは比丘僧ありきせず、諸僧の接待、および諸寺の旦過、みな門を鎖せり」とするのに、その間に禅師の他遊、そして阿育王寺の知客の接遇など不審なもので、杉尾玄有氏はそこでそれに疑念を懐き、その理由を探究されている。

そして、そこには宗学上の一問題を解決するものがあるかのようにもいわれる（『宗学研究』四十号所収論文・平成十年宗学大会発表要項）。

それらの発表について筆者の所感を述べてみよう。

㈠六殊勝地の問題

禅師が阿育王山で、舎利殿についで訪問したという「六殊勝地」については、古くこれについて触れたものを知らない。『続貂』は舎利殿について触れるものの、「六殊勝地」はあげていない。

これについて解説したものは、筆者の知る限り岸沢惟安氏で、昭和七年（一九三二）十月聴講という『正法眼蔵全講』の「仏性」巻で、

殊勝地、六ヶ処の名所だ、近江八景というあんばいだな

と述べている。

ついで『日本古典文学大系81 正法眼蔵』（一九六五）、『日本思想大系12 道元 上』（一九七〇）も、その頭註で、「阿育王山の景勝の六ヶ所」をいうもののように推定している。

これと見解を異にするのは、杉尾玄有氏が紹介した京都大学の阿辻哲次氏である。氏はこの「六殊勝地」とは、「六‐殊勝地」ではなく「六殊‐勝地」で、六つの特殊な条件を備えた勝れた地と解すべきものであると示されたというのである。

これから杉尾氏は、心地覚心が源実朝の頭骨を携え、これを阿育王山へ納めたという伝承をふまえ、その上、阿育王寺の住持が、その場所を「烏石奥にちがいない」といわれたという村上博優氏の記とを結んで、禅師が夏安居の禁足中にここを討得したのは、この「六殊勝地」への実朝の納骨準備のためで、「工事にかかわる用件で道元が阿育王寺に出向くことになったとすれば、現代流にいうと公務出張といった扱いで、夏安居中といえども如浄から出門を許されて不思議はなかろう」といわれる。

「これは現段階ではあくまでも推定でしかない」としながらも、その推定から宗学上の「身心脱落」の解明の一つにあてようとすることには、筆者は大きな疑念を懐かざるを得ない。

にもかかわらず、近く平成十二年八月の『傘松』誌は、「中国慕古の旅下調べ」の掲載写真の古阿育王寺旧蹟碑に「日本源実朝公の遺骨奉安した所ともいう（烏石奥）」として、上の主張を是認するかのような紹介なので、それら主張の基底と見られるものについて討究を重ねてみたい。

(1) 六殊勝地の意とその場所

筆者もこの六殊勝地とは、阿辻氏のいわれるように、六つの勝地ではなく、六つの条件を備える一地だったと解する。そして、それは阿育王山の舎利湧出といわれる地だったろうと見るのである。

それは『育王寺志』を見ると、インドの仏舎利が「六殊勝・八吉祥の地」へ飛んだが、後に阿育王山の鄮山からその舎利が湧出したことから、『育王寺志』は巻一で育王山の概要を述べ、「別論鄮山」下で、この地こそ「古称㆓六殊勝八吉祥㆒非㆑虚」と記すところからも察せられる。

しからば、それが阿育王山のどこかといえば、その湧出の地では、『育王寺志』から二か所見える。すなわち、舎利湧出と舎利塔湧出の地とである。

『寺志』では「為㆓鄮峰㆒、即舎利湧出之所、今上塔是也」とし、これを『寺志』に載せる「阿育王山図」で見ると、阿育王寺の右手の高山の上に「上塔」が見える。

一方、「去㆑亭（私注 仏跡亭）咫尺、湧現巌、及塔湧之所」とあるが、この地こそ烏石奥なのである。それを杉尾氏発表のものは「湧出巌」とするが、『育王寺志』からは「湧（涌）現巌」の誤りではなかろうか。

ここは『育王寺志』（巻一）に、

> 育王を去ること十里に烏石奥有り。相伝う。僧有りて阿育王に随って舎利塔を安ず。未だ道を得ざる者、地に堕ちて烏石と為る。石上に袈裟の紋を現わす。明顕にして観るべし（原漢文）

とある。すなわち、ここは舎利塔を護持して飛来した未得道の僧の堕ちた因縁地ということになろう。そしてまた「塔湧」の伝の地でもある。

ところが「上塔」は「舎利湧出」の所と伝え、場所を異にしている。しかもこれは「阿育王山図」で見ると、阿育王山の舎利殿に近い。そうすると禅師の「舎利殿および六殊勝地等」という記からすると、六殊勝地とはこの本堂（舎利殿）に近い「上塔」の地の感がしてならない。

湧現巌のある烏石奥は、阿育王寺の山外遙かである。先の記では「育王を去ること十里に烏石奥あり」とあったが、杉尾氏の記では、村上氏のものでは、阿育王寺の伽藍から烏石奥までは、歩行で約六キロメートルぐらいだろう、としている。中国の一里が六町というのに、ほぼ合致するようである。

この両地のいずれが六殊勝地にあたるかは、現地その他について精密な調査が必要であろうが、筆者には、禅師のいわれる「六殊勝地」とは、この上塔の地だったと思われる。

⑵六殊勝地の表示

杉尾氏は阿辻氏の説から「六つの特色を備えた地」として、「六殊‐勝地」とされる。

この「六つの特色を備えた地」とされるのには、先述のように筆者も同意見である。ただし、漢文にも中国語にも疎い筆者ではあるが、その意味の解説上、「六殊‐勝地」とされるのには直ちには賛同し難い。

それは『育王寺志』を見ると、この「六殊勝地」については「八吉祥地」と並称していて、そこにあげる多くの詩文や記録には、次のように見える。

目覩㆓吉祥㆒……躬逢㆓殊勝㆒（巻一）

古称㆓殊勝地㆒、常放㆓吉祥光㆒（巻十四）

吉祥・殊勝只在㆓本地㆒（巻二十三）

これらからすると、殊更に「六殊‐勝地」とする程のことはなかろうと思われる。阿育王山側では「殊勝」の地の表現でとられていたものと見られるからである。

㈡源実朝の頭骨奉安の問題

阿育王山には、果して心地覚心によって源実朝の舎利（頭骨）が奉安されていたのだろうか。これを確認しないで彼此主張しても戯論となるおそれがあろう。よって、まずそれを検討してみよう。

実朝の頭骨についての伝承は、あちこちに見え、杉尾氏のものからは、相模金剛寺、高野山金剛三昧院、由良西方寺、そして中国阿育王寺がいわれるので、これら諸寺の伝承にあたってみたい。

(1) 相模金剛寺

『新編相模国風土記稿』は、

寺殿ニ承久二年正月、将軍実朝討レシ時、武常晴（注略）其首級ヲ持来リ、僧退耕行勇ヲ導師トシテ村内ニ葬ス、……是ニ因テ当寺ヲ草創シ、行勇（注略）ヲ開山、実朝（注略）ヲ開基トセリ

とし、別に

源実朝墓　村ノ中程ニ在、塚上ニ五輪塔建リ、承久元年、武常晴、実朝ノ首級ヲ当所ニ持来リ……実朝帰依ノ僧行勇ヲ引導ノ師トシテ葬埋シ、五輪ノ木塔ヲ建テ印トス、其後木塔ハ金剛寺境内阿弥陀堂ニ移シ其蹟ニ今石塔ヲ建シト云

とする。

角川『日本地名大辞典』（神奈川県）は、秦野市の条下に次のように記している。

実朝が公暁に討たれたのち、三浦氏の従臣武常晴が波多野氏を頼って、実朝の首を東田原に葬ったという。実朝の御首塚として市の史跡となり、御首塚の上にあった木製の五輪塔が鎌倉国宝館に保管されている。

これらのことから、上の頭骨の件は歴史的真実を伝えるかのようである。よって杉尾氏は『吾妻鏡』に見える実朝と行勇の一話から、その親交の深さを強調し、この寺開創の波多野氏の実朝への思いを偲び、それをば波多野氏

一族の永平寺檀那義重、さらに禅師の永平寺開創にまで及ぶもののように想定するのである。

しかし同記稿は、その金剛寺の開創を、「建長二年（一二五〇）、波多野中務忠綱……実朝菩提ノ為」とし、角川『日本地名大辞典』は、「波多野忠綱は実朝三十三回忌供養のため首塚の近くに金剛寺を建立している」とし、これは後述の永正十年（一五一三）の碑にも記されている。

これでは、金剛寺は仁治二年（一二四一）没とされる行勇を開山とはし得まい。永正の碑では「開山普応国師」として、その何人かは知り難いものなのである。(註一) それよりも、建長二年（一二五〇）の開創では、これらから禅師の貞応二年（一二二三）の入宋とは、年代的に関係づけ難いものになろう。

角川『日本地名大辞典』では、金剛寺開山以前に「首塚」があったかのようにいうが、後に金剛寺を江戸小日向に移転し、そこに建立されたという石塔のことが、『好古一滴』に見える（『大日本史料』四―十四）。それに「維時永正十癸酉（一五一三）七月十日、金剛現住比丘実山叟記之」というのに、首塚の存在については何も触れない。

これでは永正十年頃、「頭骨」の伝承がなかったものと見られよう。というのは、実朝の「頭骨」に関しては後述したいが、ともかくこれらのことは後世の寺伝のもので、史実としては検討を要するものとみられる。

実朝縁故の武士等が、その主の供養として設けた塔婆等に、後代種々の付会が生れた可能性が十分考えられるからである。

⑵高野山金剛三昧院

嘉禎四年（一二三八）三月二十五日付の「足利義氏寄進状案」に、同院大仏殿には「奉二納故右大府大将軍並禅定比丘尼之御骨一」とあるし、同年五月十一日付の「関東御教書案」にも「奉二納右府大将軍幷禅定比丘尼之御遺骨一」とある。

さらに『明月記』（嘉禄元年〈一二二五〉十月十七日条）に、「二品骨送二高野一供奉多慕来云々」とあるから、両者の納骨はあったのだろう。しかし、右府実朝のそれが「頭骨」だったとは窺われない。

しかるに、これが後代の『高野春秋』になると、承久元年下に次のように記されてくる。

> 于レ時願性住山已来相二逢筑後入道西入一、而伝二得将軍之頭骨一来、憂切云々（巻八）

すなわち、願性の金剛三昧院住山中に、筑後入道西入が願性を頼り実朝の頭骨を携え来ったというもので、恐らくそれをここに奉安するとするのだろう。

しかし、この記述は本文のものではなく、その項下で「考」として示すもので、その上、その文中には「任二願性于別当職一」などとする首肯し難いものであるなど、問題を脱れない資料であることに注意を要しよう。

そもそもこの資料『高野春秋』は、江戸時代に輯録されたもので、吉川弘文館『国史大辞典』は、

> 出典も明記されず、懐英（私注 著者）の独断・誤解が多く……高野山史研究資料としては信憑性に欠ける点で第一級史料とはいい難く参考資料にとどまる

というものなのである。

先の「足利義氏寄進状案」や「関東御教書案」から見れば、実朝の高野山での「遺骨」は一部の分骨と見られ、それが後に「頭骨」と誤伝されるようになったと考えられるが、それについてはまた後に触れよう。

ところで、これを「秦野からいったん金剛三昧院に移した頭骨」と考える杉尾氏の論には理解し難いものがある。

一つは、その伝承では、金剛寺のものは武常晴所伝のものとされ、金剛三昧院のものは筑後入道伝得のものとして、それが果して同一のものかどうかに問題のあること。

二つには、「頭骨」という貴いものが、後にしばしば発掘されて移送されることが、果して考えられ得ようか。金

剛寺から高野山へ、高野山から西方寺へ、さらに中国阿育王山へである。それだけ貴人視されたとも言い得るかもしれないが、この点、後であげる「五体不具」を嫌った事蹟が全く無視されていると思うのである。これでは、果してこの移送が真の供養になるのだろうか。

⑶由良西方寺

葛山願性は実朝菩提のために由良に西方寺を開創しているが、肝心な願性の嘉禎二年（一二三六）四月五日付の「葛山願性書状案」には頭骨奉安のことは窺えない。

ただ『円明国師行実年譜』（以下『行実年譜』）の安貞元年下には、

芟㆓夷荊棘㆒、開㆓闢梵刹㆒、以安㆓源将軍頭骨塔頭㆒、祈㆓二品禅尼妙果㆒

とあるのを重視すれば、ここに頭骨安置を認めるほかなかろう。しかもこれより先、高野山金剛三昧院下で示したように、願性がそこに在住の折、筑後入道西入伝得の実朝の頭骨のことが見えるから、それがやがてこの西方寺へ奉安される経緯が考えられなくもないからである。

『紀伊続風土記』に至っては、永正年間の縁起に曰くとして、

（前略）入道西入、将軍の墓所に於て、御頭骨を取りて持来り願性に付与す。願性、当寺思遠塔の西に就いて実朝の石塔を建て、塔の火輪中に御骨半分を安ず（原漢文）

と、早くからの伝承をも伝えるのである。

そこで、杉尾氏は次のようにいわれる。

秦野からいったん金剛三昧院に移した頭骨を、さらに、海に臨む由良に新たにもうけられた「西方寺」へ移しかえること……西方寺への一時納骨の件について、『行実年譜』の記事に疑いをはさむ余地はなかろうと思われ

る。

しかし、筆者はかつて『道元禅師伝研究』続の中で述べたように、この『行実年譜』には失点の多いことから、これにも「疑い」を入れざるを得ないのである。

『行実年譜』の先の記からは、西方寺の草創は安貞元年（一二二七）であるから、その頃に「頭骨」安置があったものとされよう。

ところが、「足利義氏寄進状案」によれば、金剛三昧院大仏殿は政子十三回忌相当の建立というが、それは嘉禎三年（一二三七）で、そこに「奉㆓納右大府大将軍并禅定比丘尼之御骨㆒」とある。この両菩提のため美作国大原保があてられたもので、これは「関東御教書案」にも見られる。

そうすれば、これら文書発給の嘉禎四年には、ここになお、両者の遺骨が安置されていたと見ねばなるまい。それなのに『行実年譜』では、それに先立つ安貞元年の安置であるかのようなのは解し難くなろう。

そこでこれには、その移送は、この嘉禎四年後の移送との論もあり得ようが、それにしても奇妙なものがある。永正の縁起をうけるというものでは、願性は実朝の石塔を「思遠塔」の西に建立したとある。この「思遠塔」とは覚心の亡塔なのである。これでは覚心没（一二九八）後の建立となろうに、その建立者願性は覚心に先立って建治二年（一二七六）には没去しているのであって、この記事は信頼し難くなろう。

これにも、高野山奉安のものは「遺骨」で、西方寺のものは「頭骨」で両者は別個のものという論も出るなら、そこでは「頭骨」の移送説は成立しないことになる。

先の『国史大辞典』の葛山景倫下に、西方寺のものは「遺髪」としている。

安貞元年（一二二七）覚心に勧めて由良にある西方寺（のち興国寺）を建て実朝の遺髪を納めた。

これは『高野春秋』の安貞元年下に見えるもので、これでは「頭骨」の否定になるが、ここにも「覚心に勧めて」の西方寺開創というのは、年代上全く認め難い誤りである。

これはあるいは、『高野春秋』貞応二年（一二二二）下に、「奉㆘為㆓三代将軍追薦㆒経㆗営阿弥陀堂及三基五輪㆖」とし、その割註に「導説」として、「弥陀頭中奉㆑籠㆓納三将軍之鬢髪㆒」とあるものからの発展なのかもしれない。

しかし、ここの「三代将軍」とは、あとの「三基五輪」や「三将軍」の記からは、その鬢髪は三代将軍実朝のものとは採り得ないものなのである。

それらはいずれとして、実朝の「頭骨」奉安には多くの問題のあることを知らねばなるまい。

(4)阿育王山

道元ゆかりの心地覚心が一二五〇年に実朝の頭骨をたずさえて入宋し、翌年、その遺骨を阿育王山に納めた。そのことは高野山の記録に現われていて、疑えない。

これらが杉尾氏の記である。「高野山の記録」とは、恐らくは『紀伊続風土記』の記をいうのであろう。それには先に西方寺の項で示したように、頭骨の半ばを火輪中に納めたとしたあと、

師（私注覚心）、其の半分を以て実朝前生の国へ納めんと欲す云々……

覚心、高野に在りて願生と父子の契約を成す、其の資助に依り建長元年、師、御渡宋云々、師、宋淳祐十一年、明州育王山に掛搭す、寺は平坦なる山中に在り、爰に塔有り、是れ阿育王八万四千基の其一也、師此山に於て一宇の堂を建て、日本将軍実朝の遺骨を等身の観音像の肚内に安ず、凡そ実朝前生の雁蕩山に合せて納骨せられて此の山に安措す（原漢文）

と述べているのを証とされたのであろう。

『紀伊続風土記』は、文化三年（一八〇六）に編纂が発せられ、天保十年（一八二九）捧呈されたもので、江戸末期のものである。

古いと見られる「永正の縁起」でも、その不審な点は先にあげたが、他にも納得し難いものがある。それは覚心の伝では、『行実年譜』をはじめ、その古い諸伝に阿育王山納骨のことが全く見えない。

それ以上に不審なのは、覚心は中国に渡った後、当初径山の痴絶道冲に参じ、ついで道場山の荊叟如珏を訪ね、天台に遊んだのちに阿育王山に上っていることである（『元亨釈書』）。覚心はその間、実朝の頭骨を擁して転々としていたのだろうか。何故、阿育王山に早速に登らなかったのだろうか。

杉尾氏はその納骨処を阿育王山の「六殊勝地」と見、これを道元禅師が下検分されたかのようにとり、その上、そこへの実朝の頭骨奉安は、阿育王寺の住持によって確認されたかのように印象づけてもいる。

その点、肝心な村上博優氏の記を確認していないので、早急に云々し難いものがある。しかし、育王山住持は「烏石奥にちがいない」といわれたというが、それは住持がたまたま質問をうけたところから、私見で「それなら烏石奥しか考えられない」と応答したまでのものと、筆者は理解する。

阿育王寺側には、実朝納骨のことについて知悉していたとは考え難いものがある。『育王寺志』からもそれについては何も窺い得ないのであるから、阿育王山に古くからそのような伝承があったとは考えにくいのである。

もちろん、これは筆者の臆見にすぎない。現にそこにその伝承が厳存しているなら一考を要しようが、それでも、その伝承にこそ討究の必要があろうと思うのである。

それは次のように、実朝の頭骨については問題が見られるからである。

⑸実朝の頭骨について

建保七年（一二一九）正月二十七日、実朝は鶴岡八幡宮の社頭で公暁のために弑され、その首級が持ち去られてしまった。よって実朝は当初、その首級が不明のまま、翌二十八日、勝長寿院の傍らに埋葬されたのである。

『吾妻鏡』（建保七年正月二十八日条）に、

　去夜不レ知二御首在所一、五体不具、依レ可レ有二其憚一、以下昨日所レ給二公氏一之御鬢上用二御頭一、奉レ入レ棺云々

とあるのは注目されよう。

公暁はその首を懐いて雪下北谷の後見人備中阿闍梨の宅へ逃げ込み、膳を饗される間にもその首を手から放さなかったという。

その首級はその後、公暁の梟首されてのち、『愚管抄』によれば、「実朝ガ頸ハ岡山ノ雪ノ中ヨリ求メ出タリ」（巻六）とあるから、先の『吾妻鏡』の「五体不具」の「憚」から、そのあと先の勝長寿院の傍らの墓所に埋葬されたものと思われる。（註二）

しかし、実朝の首級の話は興味をもって伝承されやすいが、「五体不具」のこと、『愚管抄』の記録は一般の知るところとならないで、後世、頭骨にまつわる伝承のみが種々に横行するに至ったのであろう。

そうでなくして、それが武常晴であろうと、筑後入道であろうと、それらが伝得したものなら、それを勝手によそへ運ぶとは考え難いのである。その発見者は直ちにそれを幕府に提示し、その恩賞などを期するのが常套であろう。これを秘匿したり、私に護持するのでは、かえって公暁側加担とされる恐れがあろう。

その上、幕府側がそれを得たら、先の「五体不具」のことからも、これを先の遺体の側に埋葬するのが理というものであろう。

それなのに『紀伊続風土記』のように、それを筑後入道が「葬所に於て取り」というのは全く考え難い。そこで

「拾得」の誤りとしても、場所が『愚管抄』の記にもとるし、「葬所に於て」を採るなら、後に埋葬したものを取ることになって、これでは大罪となろう。

ここから筆者は、実朝の「頭骨」云々の資料は、鎌倉時代から遙かに降った時代の所生と見ざるを得ないのである。

現に相模金剛寺伝のものは、少なくとも永正十年の室町期以降と見られるし、『行実年譜』は南北朝期の編であるし、『高野春秋』『紀伊続風土記』に至っては江戸期のものである。

故に、これらの資料の討究もなしに、これを史実であるかのように見て、その上に構えんとする宗学論には、大きく懸念が懐かれるのである。

㈢夏安居中の他出について

『禅苑清規』を見ると、結夏後、勝手な他出は許されない。それでも、

結夏いまだ終らず、堂儀いまだ満たざるに、実に急幹あらば須く堂司に白して請暇すべし。擅にすなわち前み去ることを得ざれ。山門まさに重罰あるべし。もし請暇遊山せんに、もしくは半月を過ぐれば、須く祠部を呈して再び堂儀を守るべし（原漢文）

とあるから、禁足は絶対的なものではなく、理由によっては他出が許されているのが知られる。

禅師の『正法眼蔵』「安居」（一二四五）に、

四月一日よりは、比丘僧ありきせす。諸方の接待、および諸寺の旦過、みな門を鎖せり。しかあれば四月一日よりは、雲衲みな寺院に安居せり

とあることから、杉尾氏はこれを重視するのである。

しかし筆者には、これは禅師が安居の説明に『禅苑清規』の記をうけての一応の基準を述べたまでのものと解され、絶対的な主張とは見られない。

そうでないと、天童山での禅師の他出はともあれ、興聖寺での禅師の行動が理解できなくなる。禅師は「古仏心」の末に、「爾時寛元元年（一二四三）癸卯四月二十九日、在六波羅寺示衆」と記している。これでは夏安居中の他寺での示衆になり、他出となる。

もっとも、安居僧の身と堂頭としての差ともいえなくもなかろうが、ともかくこれで夏安居中の禁足は重視されても、他出の可能なことが知られよう。

しかし杉尾氏は、このように重視される厳粛な夏安居中に、禅師の他出の許されているのには相当の理由がなければなるまいと考究し、先のような主張となっている。

それは、阿育王山への実朝の舎利奉安という伝承を重視し、禅師の他出はそれに関する交渉のためのもの、いわば一種の公務出張のように見、それなるが故に、如浄より特に許可が得られての他出のように推考される。

だが筆者には、これを源実朝のことなどと結ぶのにはなんとしても首肯しかねるのである。先述の実朝の舎利の史実のことはともかくとして、それでは禅師の渡中には、実朝の舎利奉安準備のための「公務」が附随してのものとなろう。

『正法眼蔵随聞記』の、入宋前の明全下での協議のそれからしても、その渡中こそ禅師らの切なる求法心の発露と見られる。それ故にこそ禅師は「正師」を求めて諸山を遍歴していたのである。

もちろん、そこに禅師の渡中の求道心を認めても、ついでにこれらの依頼があっても不思議はなかろうとの主張もなろう。

しかし、禅師らに実朝舎利奉安に関する任が依頼されていたならば、なぜ禅師らは最初に阿育王山を討得しなかったのだろうか。それも禅師のこの夏安居中の阿育王山討得は二回目のもので、そのことは「嘉定十六年（一二二三）癸未秋のころ、はじめて阿育王山広利禅寺にいたる」、「のちに宝慶元年（一二二五）乙酉夏安居のなかにかさねていたる」（「仏性」）というのに明らかである。

それならば、第一回目の討得になぜにそれが窺われないのだろうか。それとも記述はないものの、二回共そのための上山と主張され得るのだろうか。

如浄は宝慶元年七月後の禅師の入室に際し、「不レ可レ親ニ近国王大臣一」（『宝慶記』）と示誡している態度からは、この夏安居中に、日本の右大臣源実朝のことにかかずらうようなことで、禁足中の他出を許すとは考え難いのである。筆者には、この他出を実朝のことなどとつなぐ主張には賛同し難い。

それならば、その夏安居中の阿育王山への禅師の他出を一体どう捉えたらよいのだろうか。筆者には、これという確かな資料の見難い以上、確言し難い。しかし、それに考察を加えた杉尾氏の提説を退ける以上、強いて一案を提示してみたい。

『正法眼蔵』「仏祖」巻に、

道元大宋国宝慶元年乙酉夏安居時、先師天童古仏大和尚に参得して、この仏祖に礼拝頂戴することを究尽せり、

唯仏与仏なり

とある。禅師はこの宝慶元年夏安居中の五月一日には如浄に「面授」を許され（「面授」）、その後、室中の堂奥に入ることも許容され（『宝慶記』）、先のように「仏祖」の礼拝頂戴さえ得たとされる。そうすればこの夏安居中、その

日時は明確にし難いが、面授し得た如浄こそ嫡々相承の仏祖であることを信受頂戴するものがあったことになる。

それならば、道元禅師が「仏性」巻で、嘉定十六年秋の阿育王山上山の節、東地三十三祖の変相図を拝覧しながら「領覧なし」だったのが、宝慶元年夏安居中の上山で、一見識を示していることは、そこにこの「仏祖」の頂戴があったからと見るほかはない。これを禅師が如浄との相見前に既に自悟自得していて、宇宙の声を聴いていたからとするのは、禅師の主張に照すと採り難い。

伊藤秀憲氏の研究によれば、禅師の如浄との出会いは、「嘉定十七年の二月から三月にかけてではないか」(『道元禅研究』)と推測している。

もし論者のいうようならば、禅師のその「宇宙の声を聴いた」のは、嘉定十六年秋から翌十七年の春までのこととなり、一体どこでそのようなことがあったのだろうか。そんな天啓的なものは禅師の記から窺えないどころか、禅師が如浄下で「聴教の徒」を脱し「旧窠を脱落」したことは、「嗣書」巻から明白である。ゆえに「弁道語」の「つひに大白峰の浄禅師に参じて、一生参学の大事ここにをはりぬ」を疑う余地はあるまい。

こうした「仏祖」頂戴の因縁から、相承の源祖釈尊の舎利湧出という阿育王山の舎利塔拝登を許されての他出ではなかったろうか。

禅師は「面授」巻で、釈迦牟尼仏因縁の八塔はその「道現成処」と言い、それを礼拝することによって「道果現感(成カ)」といわれている。

西天竺国のあまねき勤修として、在家出家天衆人衆きほふて礼拝供養するなり、これすなはち一巻の経典なり、仏経かくのごとし
ともいわれている。

これらをみれば、夏安居中ではあったが、その間に「仏祖」頂戴を得たことから、その報恩礼拝の他出が許されたものではなかろうか。

筆者には、史実不明の実朝の舎利奉安のことなどと結ぶよりは、こう見たいのである。しかも、禅師の阿育王山第二回目の討得が宝慶元年（一二二五）なのに、心地覚心の阿育王山上山が淳祐十一年（一二五一）では、その間二十五年も経過している。その間、杉尾氏の想定する事業は一体どんな経緯をたどっていたのだろうか。全く腑に落ちないからである。

道元禅師の仏法を窺うには、その資料『正法眼蔵』等の味読によるほかないと思うが、逆にそこに明記されるものさえ疑って、その来る所以を探ろうとするのも、あるいは学的一作業なのかもしれない。そうならば、そこでは寺伝上の伝承では殊更の討究が必要であろうに、この方は一方的に信じて、禅師の言句にはかえって疑いの眼をいれて云々するが如き姿勢では、果して「道元禅師の仏法の正しい研究」となり得るのだろうか。

近時、そのような風潮が感じられてならない。これ、参学力の乏しい筆者の一妄想にすぎないのだろうか。ここでかつて示したことがあるが、禅師が「自証三昧」巻で、大慧宗杲の「自証自悟」というのを評して次のごとくいうのは、宗学研究にとっての一つの箴誡とも思われるので、再びあげておきたい。

稽古はこれ自証と会せず、万代を渉獵するは自悟ときかず、学せざるによりて、かくのごとく不是あり、かくのごとく自錯あり。

（註一）『国史大辞典』の「国師一覧」に、鉄牛道機に「大慈普応国師（普応国師）」とあるが、これは『禅学大辞典』にいう如く、一六二八～一七〇〇年代の人物である。また、「普応大満国師」が見えるが、これは徹岫宗九のことで、これは天文二十二年（一五五三）三月十六日後奈良天皇の特賜というから、永正の碑（一五一三）のものとは相応しない。

（註二）『明月記』（寛喜三年正月十九日条）に、「午時許、出㆓南方㆒見㆓庭上㆒、堂前有㆓小人頭㆒、乍驚立、五体不具穢簡、令㆓取棄㆒之間」とある。

また『承久記』に、藤原範茂が承久の変で捕らえられ、鎌倉への護送中、やがては首をはねられるのを嫌って、次のように述べている。「五体フクノ者ハ往生ニサハリアンナリ、自水セハヤト宣ケレバ……」。これで当時「五体不具」のいとわれていたことが知られよう。

（二〇〇〇年十二月稿）

第四章　深草時代

第一節　「弁道話」の「激揚のとき」について

道元禅師（以下「禅師」）の『正法眼蔵』の真本といわれるものには、先般、永平寺発刊の『七百五十回大遠忌記念道元禅師真蹟集』に登載されるどれを見ても、そこには句読点が見られないから、本来、それが付けられていなかったと見てよかろう。

しかし後世になると、後孫はその理解のためにも、書写と共に句読をつけるものが出て来たのであろう。したがって各人の理解によって、その句読の打ち方に異なるものが出て、それによって後には宗学上の理解に問題が生ずることにもなる。

本山版『正法眼蔵』では「弁道話」の一節を次のようにする。

大宋紹定ノハジメ、本郷ニカヘリシ、スナハチ弘法救生ヲオモヒトセリ、ナホ重担ヲカタニオケルガゴトシ、シカアルニ弘通ノココロヲ放下セン激揚ノトキヲマツユヱニ、シバラク雲遊萍寄シテ、マサニ先哲ノ風ヲキコエントス。

ここでは、「放下セン」で句読せずに「激揚ノトキ」とつないでいる。

これと同じなのは本光の『私記』で、近代のものでは『古典日本文学全集』の『正法眼蔵弁道話他・正法眼蔵随聞記』や『日本思想大系』の『道元』のもの、近くは岩波文庫の新『正法眼蔵』などがそれで、鏡島元隆氏もそれを採られる（『道元禅師』）。

一方、それをつながないで、「放下セン」で句読するのは、『正法眼蔵蒐書大成』で見ると、龍定玉潭本や永福本に見られ、これも近代では『日本の名著 道元』や旧岩波文庫本で、提唱本では、西有穆山氏の『正法眼蔵啓迪』、岸沢惟安氏の『正法眼蔵全講』などに見られる。

このように、この句読如何によって、そこの文意、したがって禅師の意向の汲みとりにも異解が出るようになるので、ただ一点の句読でも一問題ともなるので、筆者が関心を懐く禅師伝の上からも、これについて討究してみたい。

㈠句読しない立場

(1)『私記』の主張とそれへの疑念

岸沢氏は「『私記』の御本文は通本で」といわれる（『全講』第一巻）。筆者にはそれを見ることができないので、句読の点は確かめ難いが、その提唱では次のようにある。

弘通のココロヲ放下セントハ、ナニトゾ弘通シタキモノトヲモフネガヒヲ、トゲヲヽセタルモノナリ、激揚ハ挙揚ナリ、弘通ノ心ヲ放下シ、大法挙揚ノトキヲマツナリ

としている。これを岸沢氏は、

本光さまは、放下せん激揚のときをまつゆゑに、と、放下せん、そこで句切らないで、つづけた意味にみておられる

と述べている。

『私記』は、「弘通シタキモノトヲモフネガヒヲ、トゲヲヽセタルモノナリ」と述べているから、「弘法救生ノオモヒ」がここに実現し、大法挙揚の時を迎えたと解するようである。したがって、次の「しばらく雲遊萍寄して、まさに先哲の風をきこえんとす」をも、「先哲ノ風ヲ群生ニキカシメントスルナリ」とする。これならば、「雲遊萍寄」を正法挙揚のための「一処不住」の遊説と見るかのようである。

その上、禅師がそのあと「貧道はいま雲遊萍寄をこととすれば」「真実参学のもの」「いづれの山川をかとふらはん、これをあはれむゆゑに」この「弁道話」の撰述とするのを、

雲遊萍寄ヲコトトスレハ一処ヲ不住ナリ、筆ニアラワスニアラサレハ、アマネクモノノ為ニナリガタシ

と解している。

これを見るに、岸沢氏もいわれるように、宗乗の拈提としては「一法究尽」態のものが見えはする。

しかしそこには、「しかあるに」とか「しばらく」の語が見える。「しかあるに」は一般には、前段に反することを述べる際のつなぎ語とみられる。そして、そのあとに見られる「ゆえに」は、その理由を述べるものととれよう。その「しばらく」も、一時的なものと解するほかなく、これでは大法挙揚の強調にはそぐわないであろう。ただこれには、それこそ語句にとらわれた教家調のものからで、「しかあるに」は反語のものではなく、禅師特有の「そうであるから」の意と反撃もされよう。事実、『私記』はそれに立つものといえる。

しかし筆者が『私記』の解に対して、どうしても納得し難いのは、その「弁道話」撰述の主張である。『私記』は

先のように、雲遊萍寄こそ弘法救生の願いの具現とし、大法挙揚としながら、それを「アマネクモノノ為ニナリガタシ」として、別に「筆ニアラワス」ものが「弁道話」と見るようである。

これでは弘法救生のための大法挙揚の行化よりも、「弁道話」の文筆の方が「アマネクモノノ為ニナル」ようで、教よりも行、口説よりも威儀を重視した禅師の仏法に背反するものではなかろうか。

⑵近代の諸説

日本思想大系　そこでは、放下とは、うっちゃってしまうことだが、「弘通のこころ」にすら全く捉われなくなるの意、「激揚のとき」は仏法のそれ、と注している。

これでは「弘通」の精神にとらわれずに激揚にあたる時、と解するようであるが、そのあとの文との関連も窺い難く、抽象的な感がしてならない。

古典日本文学全集　「この弘通の心を打ち出して、正法を力いっぱい説く時の来るのを待つために、しばらく雲遊萍寄して」としている。これは前者よりも理解し易く、これでは「放下せん」を「弘通の心を打ち出す」こととし、下の「激揚のとき」につなぐのである。しかし、その「激揚の時」は、その「時の来るのを待つ」としていて、これでは禅師もその挙揚に消極的だ、という見解がとられなくもないものとなろう。

新岩波文庫本　その註に、「弘法宣揚に力をそそぐこと、弘通の心を放下した時が宣揚の時である」としている。先のものとの関連からは、上の解釈でうけとめられるものであろうが、明確にはならない点がある。もちろん、ここにそれを要求するのは無理なことである。

これらのものには、語訳本ではないので、「弁道話」の一文をどう理解するかは把捉し難いものもあるが、そこではこの「放下せん」は先の「弘法救生」の決意を述べたもので、これは「激揚のときをまつ」と同時と解すべきで、したがってここで句読してはならない、という立場をとるものといえよう。

㈡句読を付するものの理解とそれへの批判

「放下せん」で句読するものの中で、提唱・解説にあたるものがあって、そこでは次のように見える。

啓迪　この法門の自然に時を得て、衆生の根機が自ずから嫡伝の真宗をきくことを渇仰するようになるまで、先ず暫らく見合せよう、という思召である。

全講　衆生の求めるこころが高揚するまで、しばらくその時節をまつことにする。

日本の名著　しかし今や、その心（私注 弘法救生の心）を捨ててしまおう。そして正法の興るときを待ちたい。

これらは、「放捨せん」を「捨ててしまおう」「見合せよう」等と解し、「大法挙揚のとき」を、衆生心の根機の熟する時とか、正法興隆の時などと見ている。

これを批判するのは鏡島元隆氏で、その著『道元禅師』で、直接的には先の『日本の名著』のそれに対し、禅師のこの記は

　やむにやまれぬ「弘法救生」の決意をのべたもので、社会状勢が熟するのを待つというような日和見的な意味ではない

といわれる。これには筆者も意を同じくする。

禅師が正法宣揚の決意を「重担を肩におく」ということからすると、その挙揚に「衆生心の高揚するのを待つ」などという、他人本位なものは考え難い。その「激揚のときをまつ」というのは、禅師自らの激揚のときと採るほかないと思うからである。

それならば、禅師自らが期する「激揚のとき」とは、いつなのだろうか。それについては、「放下せん」で句読したものでは、不当として排されるものとしてもその見解が一応示されているが、「放下せん」で句読しないものでは、「弘法救生」の心と「大法挙揚」を同一の時とはいうが、その時機についてはそれを明確に知らせてくれるものを見ない。その見地からすれば、これこそ、今この「弁道話」挙揚の時ととるほかなかろう。

筆者は、禅師の「弘法救生」の心を強く認めるのはよしとして、ここでは文を広く見て、この「激揚のとき」を把握しなければ、禅師の意向、ひいては「弁道話」撰述の主旨も窺われ難く思われてならない。よって、それについて愚見を披瀝してみたい。

㈢激揚のとき

禅師の「宇治観音導利院僧堂勧進疏」に次のようにある。

吾、入宋帰朝ヨリ以来、一寺草創ノ志願ヲ起シテ日久月深トイヘドモ、衣盂ノササウベキナシ。

これについては、その資料性について云々されるが（今枝愛真『道元―坐禅ひとすじの沙門―』、菅原昭英氏は「いずれの観点よりしても、この勧進疏は道元自身の述作とみて不自然でない」（『禅宗の諸問題』所収論文）といわれる。それはともあれ、禅師の興聖寺開創は否定できない。禅師のその一寺安住のことは、かの懐奘が禅師を訪うた際、「草庵ヲ結ハ即タツ子至ルベシ」（『伝光録』）と諭したのにも偲ばれ、それにより懐奘は文暦元年に興聖寺で参ずることになったのである。

そうすれば、禅師のいわれる「激揚のとき」とは、「雲遊萍寄」といわれる語からしても、正法開演の場を確立し、一処に安住しての『正法眼蔵』宣揚の時をいうと見るべきものなのではあるまいか。

こう解してこそ、この「弁道話」撰述の趣旨も納得され、それまでの一方便としてこれが開示されたものであって、その上からは、これが後の『正法眼蔵』の序論とも見らるべきもので、これは決して『正法眼蔵』の上から異端視され得ないものとなろう。

この上から筆者は、ここの文は、増谷文雄氏が、現代語訳『正法眼蔵』のもので、

しかし、いましばしの間は、法をひろめようなどという心はうち忘れて、やがて法幢をたかく揚げる時もあろうから、その時の熟するまでは、しばらく悠々自適の生をたのしもう

とするのを採りたい。

㈣句読への見解

「激揚のとき」をこのようにうけとめると、その句読は、上の増谷氏もそうするように、「放下せん」で句読して、禅師の意が十分受容できるものと思われる。

それは、この「弁道話」の後文に、「仏印によりて万事を放下し、一向に坐禅するとき」の「放下」にも通じ、その「句読」にも通じよう。

さらに「せん」の用法は、禅師には多用され、ここ「弁道話」では、「道念をさきとせん真実の参学あらん」もあるから、先のものにも連用が考えられようが、それはその一節ではどうともあれ、ここの文全体の上からは納得し難いものがある。それは次のようになろう。

重担をかたにおけるがごとし。

しかあるに、

弘通のこころを放下せん、
激揚のときをまつゆゑに。

これは、「弁道話」の後のものに

しかあるを、この見をならふて仏法とせん、瓦礫をにぎりて金宝とおもはんよりもなほおろかならん

に通じ、「夢中説夢」の

夢の菩提なる、たれか疑著せん、疑著の所管にあらざるゆゑに。

にも、その用法が偲ばれよう。

ここの「せん」では、「しかあるに」の後のものなので、「放下せん」は前段の「重担」の思いを抑える意に採ってこそ、ここの意味、したがってここの文段の意も素直に理解できるのではあるまいか。ただこの「放下せん」を漫然と「捨ててしまおう」と採って、禅師が「救生のこころ」をも放棄宣言したかのように見ることこそ、問題なのではなかろうか。

これは「重担の思い」の一時的な屈服を「放下」と表示したままで、以下にやがて来る開堂までの思いを述べたものと見られる。これをしも禅師が弘法救生を怠るものとはされ得まい。それは飛躍のための一屈であるのみならず、かえってここに「弁道話」の撰述の見られたことこそ、真実道念者へのとりあえずの熱い「救生のこころ」の躍動ではあるまいか。

その「激揚」とは単に「挙揚」の意のみではなく、禅師が開堂を見たならば、その「重担」の思いから、それを一気に高揚しようとする所懐が、この「激」の一字に盛られた感がする。興聖寺開堂後に相次ぐ『正法眼蔵』の各巻の示衆にそれが窺えよう。

禅師の仏法の理念には、人それぞれのものがあり、上の各々の主張にも禅師への熱い思いが感じられるが、「激揚のとき」を上のように解する上からは、ここの文は、「放下せん」の下で句読し、その上で解しても決して不当ではなく、文意の上からも、その後の禅師の行履の上からも十分意に適うものと思うのである。

禅師の伝に「深草閑居」と伝えるのは、この「雲遊萍寄」にも合し、大法挙揚は興聖寺開堂にあてられると見るならば、『私記』の解釈は、あまりに高踏的というか飛躍的と見られ、その上、その「弁道話」撰述の位置づけが納得し難く、敢えてここに愚見を披露する。

（二〇〇〇年十二月）

第二節　龍雲寺について

道元禅師（以下「禅師」）が入宋帰朝後、暫く滞在された寺（龍雲寺）が京都府綴喜郡田原村字南にあると知ったのは、昭和二十七年の『中外日報』紙に載った、好川海堂氏の「道元禅師並に曹洞禅と茶と茶道」の記事からである。第二次大戦中、ふとした縁から道元禅師伝にとりくんだ筆者であったが、敗戦時大連にあったため、引揚げが遅れて昭和二十二年春となり、引揚げ後も生活に追われて研究というものから遠去かっていた者にとって、これは全く耳新しいものであった。

しかし浄土門という好川氏でさえかくいう以上は、宗門にも知られていることと思い、詳細はいずれその方面からいつでも入手でき得ようと考えていた。ゆえに好川氏が、昭和二十六年七月に、河原書店の『茶道雑誌』や『京都新聞』に発表したという資料も、深く追究する気もしなかったが、その内容についてはいつも知りたいものと心にかけていた。

そのうち、京都の古書店で『拾遺都名所図会』をめくっていると、巻四の「巌平山龍雲寺」の割註に次のようにあるのを見た。

同郷（私注 田原郷）名村の民家北の方にあり、禅宗曹洞派にして、本尊は千手観音、立像七寸許、開祖は道元和尚、当時年久敷荒廃におよぶ、近世再興す、旧地は此処の巽の山上四丁ばかりにして奇岩あり、俗にこれを大岩原と号す、又、山上に経塚と号する所あり、いにしへ道元和尚経王を収めらる所なり。

かかる資料を知らなかった不明を恥じたが、これも宗内の識者の知るものであろうと思っていたところ、笛岡自照氏の『道元禅師旧蹟めぐり』(昭和三十六年九月)が出、またその後、禅師の旧蹟めぐりの記が多く出ても、これに触れるものがなく、不思議に思っていた。たまたま昭和四十八年十二月、東隆眞氏より「道元禅師の遺跡」という抜刷の恵与を受けた。禅師の遺跡を各方面から詳述したもので、従来見られないものもあったが、これにも関説されていないところから、その当否はともあれ、宗内には知られていないものと思い、ついに東氏にこの資料を伝え、その研究を訴えたのである。氏は各方面にあたって手をつくされたようであるが、反応はなかったかのようである。

昭和四十九年十一月、筆者の住む町の文化財調査委員の一人として、その視察旅行で宇治に一泊する機会を得たのを好機として、この地を訪問することとした。

尋ね尋ねて名村の龍雲寺に到ったが、頼む寺は無人であった。近くにいた人々に、あれこれ尋ねても要領を得ない。そのうちに捉えた一婦人が、「道元禅師さまの寺」云々と口走ったので、これはとばかりに追及すると、この寺は道元禅師開創の興聖寺の末寺で、今も大般若会の時には、そこから和尚さんが来るというだけの話で、こちらの求める話は聞けない。しかし、よく事情を聞くと無理のない話で、この辺はすべて浄土門の者で、龍雲寺は無檀という。ただ、近くに大川さんという人がいて、他宗ではあるが信徒として世話役をしているから、そこを訪ねられたらと教えてもらった。

東名村の宅を訪ねると、折よく同姓の古老が来ていた。世話人の大川氏は、それについては何も知っていなかったが、古老は、「先日、禅定寺さんからも問い合わせがありましたが、そんな話は若い頃聞いて承知はしていますが、それ以上のことは知りませんナァー。若い頃もっとよく聞いておくと良かったんですが……」と言うだけである。問い合わせとは、恐らくは東氏の依頼などからのものであったかと思われ、なおもあれこれ話題を運んでも、古老は耳が遠くて話が通じにくく、肝心の大岩原の経塚は〝破壊されて今はない〟と聞き出すのが精一杯であった。それも老人なので案内を請うこともならず、本堂拝登をお願いして辞するほかなかった。

本堂で古い位牌に目を向けたところ、開山は「興聖七世龍蟠松雲」で、ほかに二世蘭庭が「当寺前住中興円室宗通」（元禄十六年二月二十三日寂、七十八歳）、「義山祖勇上座」（二世弟子、宝永五年九月十七日滅、十六歳）のため、おのおの供養のため祠堂田を施入した旨記した位牌のあるところからすると、開山は拝請であろうか。ここでは禅師との関係を知ることを得なかった。寺の道の側に立つ五輪塔のみは古く、鎌倉時代の面影を残すもので、これに禅師の経塚を偲んだりして、帰郷するほかなかった。

ところが次の夏、『山城名勝志』で次の記事を得たのである。

宝光山 今田原郷荒木村《ノ》南《ニ》有二道元和尚《ノ》旧跡一土人其地呼二龍雲寺一、按是宝光山旧跡乎

正法山大休和尚語云、城州綴喜郡内宝光山安楽師《（寺カ）》者豊葦原洞上第一祖道元師《ノ》挿地也、主二厥《ノ》席一者諱曰レ悦、近頃就レ予求レ字、命レ之曰二怡雲一焉、盍《シ》滝上多雲持《ノ》以贈二君之頂一、怡悦也、仍賦《ノ》二伽陀一章一以祝《スト》二遠大一云太士応身今尚存、初歓喜地記二其根一、洒為二法霈一遍二天下一、刹刹塵塵甘露門

これを見ると、宝光山に怡雲悦なる者があり、そこは禅師の開創地と言われていたようである。正法山大休とは、妙心寺二十五世大休宗休であろう。大休は妙心に霊雲院を開き、また今川義元の帰依を受け、駿河に臨済寺を開き、後奈良天皇より円満本光国師の号を受けている。その寂年は天文十八年（一五四九）だが、年齢は八十二歳とも九十六歳とも言われる。どちらにしても室町時代の人物であるから、この資料が真ならば、興味あるものとなろう。

そこでその語録にあたったところ、『禅籍目録』で「大休和尚語」とか「見桃録」を知り、あるいは河村孝道教授を煩わして駒沢大学図書館蔵本を調べてもらったり、臨済寺蔵本を問い合わせたりしたが、共に載っていないということである。

『山城名勝志』を見ると、この寺は宝光山安楽寺というのが古名で、これを現在の龍雲寺かと見ているので、安楽寺を探ると、『卍山広録』（二十五）の「補陀落山観音妙智院禅定寺記」に次のようにある。

下村狭戸森有二安誓寺一、有二地蔵堂一、堂後名二桑在寺一、以レ在二桑在郷一也、建治元年移二其寺於水谷上村一矣、安楽寺・誓光寺皆属二此寺一、如三大国有二附庸一、

ここに安楽寺が見えるが、果して上のものと同じかどうか明らかでない。これでは桑在寺の末寺であったというが、卍山が上のようなことを知っていたら、何か触れられように、それがないのは求めるものと関係がないのだろうか。

禅師の帰朝は、『建撕記』の「安貞元年秋（八月）」説が有力であるが、「大宋紹定のはじめ本郷にかえりし」（「弁道話」）からすると、帰朝は安貞元年であるが、翌二年「春入レ都寓二東山建仁一」（『紀年録』）として、この「本郷」を「本貫地（京都）」（『紀年録』）と見るかのような説がある。

そうすれば、帰国してから入洛するまでの間の居住地が考えられることになり、ここに九州滞在説や西方寺寄寓説さえ考えられているが、これらに較べれば、この龍雲寺滞在の資料は面白いものと言えよう。

しかしそれは、筆者の、禅師は安貞元年帰国後直ちに建仁寺に入ったという考えを変えさせるほどのものではないが、宗内には未知の資料と思われるので、敢えて紹介の筆をとった。

（『傘松』一九七八年十月号）

第三節　道元禅師の「宇治県」について

道元禅師（以下「禅師」）の『正法眼蔵』「一顆明珠」のあとがきに、

爾時嘉禎四年四月十八日　在雍州宇治県観音導利興聖宝林寺示衆

とあり、この「宇治県」は「洗浄」「仏祖」「看経」「嗣書」等にも見られる。

しかし、日本では県制は行政上は明治四年に入ってからのもので、古くには見えない。もっとも大化改新前に「あがた（県）」というのが知られるが、それは「古代の地方行政の区画、地方官の任国」（『広辞苑』）といっても、後の県とするものよりは範囲は広く、いわば後の国に相当するもので、ここに言う「宇治県」のそれに相当するものではない。

禅師の言われる「県」は単に「宇治県」にとどまらず、越前に入ってからの吉峰寺・永平寺のものにも「吉田県」と見える。

そこで、この「県」は禅師独特のものと見られよう。

㈠禅師の「県」の所以

『国史大辞典』を見ると、中国では「わが郡に相当するのが県である」（四巻「郡」下）とする。よって古くは、日本でも郡をとって県としたものが見える。

『玉葉』（治承四年三月五日条）に「巳刻摂政被ㇾ向㆓宇県㆒」とあり、『民経記』（寛元四年十月十五日条）に「大相国始宿二宇県水閣一」とある。

よって『永平広録事考』は、「古郡県互称、故曰二宇治県一」としている。

特に禅師は、「仏祖」巻では「日本国雍州宇治県」とし、同様なものは「説心説性」に「日本国越州吉田県」が見える。

これらから思うに、禅師は住居を示すのに、日本国と首書した以上、次の山城国・越前国を「国」としては「日本国」と重なることから、中国では州が「日本では国にあてる」(『広辞苑』)ことから、それを雍州・越州とし、そこからは次の郡に「県」をあてて表記したものではなかろうか。

中国帰朝の禅師に、中国の知識の気負いが見られなくもないが、それは先の『玉葉』等のそれからは、当時の知識層のそれらを承けたものと理解してよいのではあるまいか。

この宇治県については、一方で「宇治郡」(「即心即仏」「心不可得」「阿羅漢」「栢樹子」「夢中説夢」「葛藤」)があるし、「吉田郡」は建長二年の「洗面」の再示衆のものに見られるから、上のように理解したい。

(二)宇治郡深草

禅師が「宇治郡」をとって「宇治県」としたのは上のように解して一応よしとしても、問題は興聖寺のあった深草が果して宇治郡だったかどうかということである。

これを史書等で見ると、次のようである。

日本書記　　山背国紀伊郡深草里

日本紀略　　山城国紀伊郡深草郷

延喜式　　山城国紀伊郡深草郷

これを『倭名類聚鈔』で見ても、山城国紀伊郡下に「深草不加乎左」とし、宇治郡には見えない。『平安遺文』や『鎌倉遺文』の古資料を見てもすべて「紀伊郡深草郷」なのである。よって禅師がこれを「宇治郡」としたことについて、守屋茂氏は「或は永久になぞの一つといえないわけもあるまい」（『中外日報』平成元年五月二十九日「道元禅師伝問わず語り」）とされる。

ここに、しばらくその謎にあたってみよう。

(1)『菅家文章』に極楽寺について上表文があり、そこに「占二山城国宇治郡地一、有レ意レ欲レ建二立極楽寺一」とする。これからは、極楽寺は宇治郡に建立を見たと解されよう。それでは当時、深草は宇治郡とされていたのだろうか。『山城名跡志』は、「深草、古宇治郡歟、今ハ紀伊郡也」（巻十二）とする。

(2)しかるに、先の『延喜式』はさらに、延喜七年（九〇七）六月六日、宇多天皇中宮温子（基経女）が没し、後深草陵に葬られたが、その後深草陵について次のように記している。

在二山城国紀伊郡深草郷一、守戸三烟、東限二禅定寺一、南限二大墓一、西限二極楽寺一、北限二佐能谷一。

この陵が西を極楽寺に接していることからすると、その極楽寺も「紀伊郡」と見るほかないようである。極楽寺は基経の発願とはいえ、生存中は完成を見ず、その子息時平が志を継いで完成させたようで、昌泰二年（八九九）には定額寺にされるよう願い出たのが先の『菅家文章』のもので、『貞信公記』の延長二年（九二四）十月二十日条に、定額寺になっているのが確認される。

そうすれば、『菅家文章』の「宇治郡」というのは、当初ここに建立しようとしたものと解されなくもないが、極楽寺がその後変更されたような記録もなく、道元禅師の「宇治郡」理解の資料となるには、なお研究の必要があろう。

(3)次に、以上のものを補足すると見られるものに『日本紀略』がある。そこに「昭宣公……葬二於山城国宇治郡一」とある。極楽寺開創の昭宣公（基経）は「宇治郡」に葬られたというのである。しかも『古今和歌集』に、

堀川のおほきおほいうち君、身まかりにける時に、深草の山にをさめてける後に詠みける　僧都勝延

として二首が載せられる。これなら先の記と照らして、この深草山が「宇治郡」ととってよかろう。

さらに『山城名勝志』は「按、深草山今属二紀伊郡一、昔者迄二宇治郡一曰二深草一歟」（巻十六）とし、先にあげたように『山州名跡志』は「深草、古宇治郡歟」とする。

こうしてここに有力な資料を得たかのようであるが、そこにも問題があるようである。

(4)それは、昭宣公の墓は藤原一門の墓所木幡の地で、深草山ではないというのである。

『国史大辞典』は、上に深草山に葬ったというのは、『西宮記』に「昭宣公薨時柩先至二小野墓所一」とあることからであろうという（十二巻二二六頁）。すなわち、ここで火葬にし、その後、木幡に埋葬されたと見るようで、これなら「小野」は宇治郡なのである。

さらに『京都市の地名』は、先の深草山とは特定の山をいうのではなく、深草の地にある山を漠然とさしているとし、基経の墓は「宇治郡（現宇治市木幡）にある」としている。

こうして「深草山に葬る」にも種々の見解が出て、深草の宇治郡には決着がつけ難いことになる。

(5)いずれにせよ、禅師が極楽寺跡といわれる興聖寺について、数回にもわたって「宇治郡」とするのは、一体何によったのだろうか。

「謎」解きにあたったが、解けそうもない。

それでも『国史大辞典』は、中世の郡について、

中世の郡数は、普通『拾芥抄』の六百四が挙げられるが、正規のものだけを数えたものであろう（『神皇正統記』は五百九十四郡とするが、具体的に郡名を挙げているわけではない）。

とするのを見ると、ここでは郡数だけであるが、郡の境界等についても時代による変遷も考えられ、この問題については、さらに追求の余地があろう。

（二〇〇一年三月稿）

第四節　隆禅上座は北条時房の養子
――法燈国師覚心禅師は隆禅の弟子法禅――所感

熊谷忠興氏は、細川重男氏の『鎌倉政権得宗専制論』の一書から、道元禅師（以下「禅師」）の記に見える「隆禅」は「北条時房の養子」とする資料のあることを紹介された。その上、禅師に戒法をうけたとされる覚心は、この隆禅の弟子である法禅と同人であると論述され、「批正を得たい」と述べられた（『傘松』平成十三年六月号）。

筆者はかつて西方寺や覚心について調べ、従来の発表のもの、特に『高野春秋』によるものには不信を懐いていたことから、ここにおこがましいことながら、その所感を述べてみたい。

ただ細川氏の高著を一読していないもので、熊谷氏の発表による所感であることをお断りしておく。

先にも記した通り、時房下の系図に「隆禅養子中納言法印」とあるというのは、興味ある資料の紹介で、薄学の者として感謝にたえないものがある。

しかしこれが、禅師の「嗣書」巻や『宝慶記』、また『随聞記』に見える「隆禅」や「五眼房」に充当するものかどうかは、さらなる研究が必要であろう。

それはともかくとして、そこに紹介された法禅という人物がこの隆禅の弟子であるのはよしとして、これが覚心と同人物という論には疑念を懐かざるを得ないのである。

筆者は先にも触れた通り、『高野春秋』の資料性には不審を懐き、その援用には十分留意する必要を感じていたと

ころ、『国史大辞典』で、『高野春秋』は

出典も明記されず……懐英（筆者注 著者）の独断・誤解が多く……高野山史研究資料としては信憑性に欠ける点で第一級史料とはいい難く参考資料にとどまる

と知らされ、ますますその感を深くした。その実例はあとで触れることになろう。

熊谷氏もあげるように、『鎌倉遺文』の第三十巻所収の「金剛三昧院文書」の「道舜保務職証文寄進状」から、その所領継承を摘記すると、次のようである。

隆禅僧都別当補任御下知 延応元年四月十七日
隆禅法印譲法禅状 宝治三年正月十六日
法禅阿闍梨譲明舜状 弘安二年十月五日
明舜律師譲道舜状 永仁四年七月十三日

これらから、金剛三昧院内大仏殿領の美作国大原保の伝領は、

隆禅（一二三九）――法禅（一二四九）――明舜（一二七九）（一二九六）――道舜

と知られる。しかも、道舜のこの徳治二年（一三〇七）五月の記文の「彼証文等自二隆禅一至二道舜一四代内雖レ令二相承一……」と、先の「隆禅僧都別当補任御下知」とから、先の四代はそこの別当職の継承をいうのであろう。

これを『高野春秋』で見ると、覚心が正嘉元年（一二五七）、隆禅の後をついで金剛三昧院三世に就任したという記録が見える。すなわち、正嘉元年下の記事に「考」として、次のように記している。

今春年譜失月日来山、書覚心師落手、帰宋已後継二踵於金剛三昧院一前年行勇入二鎌倉一之已後隆禅替住二職之一、又禅之後覚心住二持之一

すなわち、行勇後に隆禅が継ぎ、そのあとを覚心が継いだとし、永仁六年下十月十三日にも「金剛三昧院三世法

燈国師入寂」としている。この三世というのは、もちろん行勇、隆禅、覚心と採るからである。

ところで、これを先の大原保の保務職相承に照らすと、隆禅のあとを承ける者として、「法禅」と「覚心」が見られ、ここから同人説が浮んでくる。しかも、それを裏づけそうなのが、やはり『高野春秋』の康元元年下（一二五六）二月十三日の記事である。

覚心法禅在二禅定院門一、送二信書於大宋国護国仏眼両大和上一、

よって熊谷氏は、ここの「覚心法禅」を「二人の人物と見るより一人として、金剛三昧院では覚心は法禅とよばれていたことがわかる」として、覚心、法禅の同一人をいわれるのである。上の記事を参照し信頼する限り肯定されなくもない。

しかし、この『高野春秋』の見解は問題が多いのである。

「覚心法禅在二禅定院門一、送二信書一……」は、覚心が金剛三昧院から書信を発したとするものでよしとするが、先の記では「帰宋已後継二踵於金剛三昧院一」とし、その割註からもここの住持であったと見るのは、懐英の誤解である。

覚心が宋に送った書信には、「紀州高野山禅定院首座比丘覚心」とあり、宋よりの返書にも「紀州高野山禅定院首座心公」（『日本仏教史』中世編之二）とあって、覚心は禅定院の首座であって住持ではなかったのである（傍点筆者、以下同）。

しかも「大宋国護国仏眼両大和上」とするのは、本来の書信には「護国禅寺仏眼禅師大和尚」と見えるのを、「護国禅師仏眼禅師」かと誤読し、本来同一人のものを両人と見たのであろう。

これからして筆者は、覚心の金剛三昧院住持には疑念を懐くのである。

先の信頼し得る大原保務職相承には、法禅の隆禅よりの相承は宝治三年正月十六日（一二四九）とあるのに、『高野春秋』の「考」は覚心の相承を正嘉元年（一二五七）とするのでは、両者は相応しなくなる。

これでは、覚心は金剛三昧院の相承で、法禅は保務職相承との論もなろうが、それでは金剛三昧院の継承と、その保務職の継承とは別だったのだろうか。筆者には理解し難い。

さらに、大原保務職相承では、法禅が明舜にそれを譲ったのは弘安二年十月五日（一二七九）と見られるのに、『高野春秋』は正嘉二年下（一二五八）に「覚心禅師罷㆓退禅定院㆒」と、これまた相応せず、両者は別人となろう。覚心は金剛三昧院退住後も大原保は継承していたもので、両者の継承は別のものだったともいえよう。

それに類することは他にも見える。

『高野春秋』は文永元年（一二六四）に、

　願性入道以㆓西方寺又号興国寺鷲峰㆒、永譲㆓与手（ママ）覚心禅師㆒、師起㆑自㆓金剛三昧院㆒、移㆓住於由良㆒也

とあるのに、大原保については、熊谷氏も示されるように、その後でも

　建治二年（一二七六）の法禅阿闍梨

　弘安二年（一二七九）の法禅阿闍梨

の資料が見える。

しかるに、熊谷氏はこれについて、

　覚心は正嘉二年春に西方寺に移っても、実際は金剛三昧院と西方寺を兼ねていた（別当職）というべきで、大原保領の横領について領家職の足利家時と争っている

とし、「覚心（法禅）は金剛三昧院に勢力を及ぼしている」ともいわれる。これでは西方寺へ移ったというまでで、

金剛三昧院主として大原保の管理にあたったかのように見るらしい。

それらはともあれ、覚心法禅同一人説で不審なのは、「法禅阿闍梨」の資料からである。

覚心の伝では密教との関係が深く、そこに禅密兼修が知られるが、覚心が「阿闍梨」という資料を見ない。密教的要素の見える正応五年四月（一二八九）の「誓度院勤行規矩」の末には「入宋沙門覚心」とするが、「阿闍梨」は窺えない。

もっとも熊谷氏は先の「覚心法禅」から、覚心は禅宗側からのもので、法禅は高野山側の称かのように見られるとするから、その「阿闍梨」も禅宗側には残らなかったのかもしれない。

しかしそうならば、この高野山側の『高野春秋』には「法禅」とし「阿闍梨」とする資料が示されてよかろうに、そこでは「阿闍梨」も見えず、「法禅」はこの「覚心法禅」の一条のみなのが解せない。と共にこの『高野春秋』には、この大原保相承の資料が採用されていない。そうすれば、この「覚心法禅」は先の大原保相承に見える「法禅」からのものではなく、なんらかの誤記から来るものと見るほかなく、筆者は当初この記に接した時から、その感を懐いていた。

『高野春秋』を見ると、そこでは覚心を叙するのに「覚心師」とか「覚心禅師」としている。「禅師」であって「阿闍梨」ではない。以下、その資料をあげよう。

安貞元年十月十五日下

覚心師法燈国師遭レ招二請願性叟一

建長六年下

六月上旬覚心師法燈国師帰レ自レ宋

正嘉元年（大宋宝祐五年）割註
　覚心師送レ書、今年報書到山
同下「考」
　覚心師落手
正嘉二年下
　覚心禅師罷二退禅定院一
文永元年下
　願性……永譲二与覚心禅師一
同考
　覚心師者
建治二年下
　願性……遺二附覚心禅師一

これらから見ると、先の「覚心法禅在二禅定門院一」は、「覚心法師」か「覚心禅師」とかの誤記・誤植の感がしてならない。

その「法禅」はたまたま大原保相承次第に見える「法禅」に相一致するところから、ここに討究の眼が向けられたのであって、それも一つの学習ではあるが、この『高野春秋』では、先の大原保相承の知識はなかったと見られるので、この「法禅」はそこからのものではなく、なんらかの誤記・誤植と採るほかないのである。

（二〇〇一年六月）

第五節　道元禅師の越前下向の真相について

筆者は先の『道元禅師伝研究』（一九七九）第七章五節で、道元禅師（以下「禅師」）の越前移錫の原因を「叡山」からの圧迫のものと捉え、かつその直接原因は「古仏心」の六波羅蜜寺での示衆からであろうと想定した。

しかるに、守屋茂氏は『宗学研究』第三十号（一九八八）の「道元禅師の北越移錫の真相―禅師の決断と白山天台の影響―」で、叡山僧の圧迫や「護国正法義」のことは必ずしも事実を正確に伝えたものとは考えられないとし、その真相は結論的には、

> 叡山側の安黙の諒解の下に、……白山天台と平泉寺、更には日本達磨宗と波著寺とが相互にかかわり合って、円滑且つ早急に推進されたものと考えねばなるまい

といわれる。その「護国正法義」の読解については教えられるものがあるものの、その論考には納得し難いものがあり、その点について触れてみたい。

㈠白山天台と平泉寺

平泉寺は北越に庄園を有し、確かに白山信仰の一拠点をなしたが、白山とのかかわりはそう古いものではなく、白山は当初園城寺の支配下で、後に白山が叡山の支配となっても、平泉寺が主とも見られず、したがって「白山天台」などといわれるものには究明の必要があろう。

そもそも「白山天台」なるものは、今枝愛真氏の首唱で（『中世禅宗史の研究』）、果してそういう実体があったかど

うか問題であろう。白山の周辺に天台（叡山）の有力寺院があっても、それらが果して一体となって独自のものを有していたのだろうか。禅師の入った志比庄近くに平泉寺があったが、志比庄はその支配下ではなかった。

志比庄は当時最勝光院領で、仁和寺系の支配とも見られるのに、今枝氏はこれを園城寺の支配と見、今枝氏のいう「白山天台」とは、天台といってもそれは園城寺系で、禅許容の立場に立つものとするのである。

筆者はその誤りを『道元禅師伝研究』で触れたが、守屋氏はなお「白山天台」といい、しかもその中心が平泉寺であるかのようにしている。こういう立場のものはほかにも見られるので、以下、白山と平泉寺の関係について、管見に入ったものからあげてみよう。

『園城寺伝記』によると、

北国白山事　園城寺覚宗之私領也、山門度々彼白山雖二所望一代代御門敢無二勅許一

とある。その「私領」はともかく、叡山のそれは間違いなく、『百錬抄』（久安三年〈一一四七〉四月七日条）に、

天台僧綱以二越前白山一可レ為二延暦寺末寺一之由訴申無裁許、五月四日、覚宗入滅之後、以二白山一可レ為二延暦寺末寺一之由被二仰下一歟、仁平二九覚宗入滅

とある。『本朝世紀』に治承の頃、加賀守師高が白山を焼払ったことから、延暦寺衆徒の訴えが見えるから、白山が延暦寺下になっていたのは争えないが、平泉寺下かどうかは窺えない。

源平合戦では、木曾義仲の勢力下の燧城に平泉寺長吏斎明の在ったことが見える。しかし、彼が平氏に内応しその城が落ちたため、同じく同城にあった連中のうち、なお平氏に背く者はここを去って「白山河内」にひきこもる、という。

倶利伽羅谷で平氏は大敗し、内応の斎明も捕らえられ、「木曾殿余りの憎きに『其の法師をは先づ切れ』とて切ら

れにけり」とある。

このあと、奥州から駿馬二頭贈られたので「白山の社へ神馬に立てられけり」という。

その後、義仲は諸社に祈願し神領を寄せている。白山へ横江・宮丸の庄を与え、平泉寺へは藤島七郷が寄せられている（以上『平家物語』巻七）。

この藤島七郷については『門葉記』（巻九十一）は、本来平氏没官地で頼朝が「白山平泉寺」へ寄進したものとし、『玉葉』（建久六年九月二十三日条）は、

自二今日一座主（慈円）於二無動寺大乗院一被レ勧学講一、以二平泉寺領藤島年貢千石分一給二山上一、上人師等勧二門弟子等一行二八講一

とし、その一部が叡山支配となっている。

これらを見ると、「白山平泉寺」とあるから、「白山」と「平泉寺」の関係（平泉寺の越前登山馬場支配）は偲ばれても、平泉寺が白山社を管理したとは見えず、その寄進が平泉寺と白山社と別々なこと、またあとにあげる資料からも、平泉寺が白山に大きく関係したのは、後の室町時代になってからの感がする。

『天台座主記』承円下によると、建保二年九月に、梨本と青蓮院両門で不和を起こし、青蓮院門徒僧綱以下ことごとく離山となった。それには「凡不和之根元者平泉寺長吏相論云云」という。すなわち、両門で平泉寺長吏を争ったことからである。これから見ると、平泉寺は叡山支配のもので、平泉寺が叡山に抵抗しうる勢力とは見難い。

『明月記』（嘉禎元年閏六月三十日条）に、

南京叡山又蜂起、白山加賀又神輿京上、可レ擲二入座主宮一云々

と見える。これは加賀の白山とあって、越前側の平泉寺のそれではない。

また後のことであるが、『太平記』(巻二十四)に、幕府側建立の天龍寺供養に叡山が抗議し、示威運動のため末寺三百七十余箇所へ触書を回しており、それに「剣・白山・豊原・平泉寺・書写・法花寺・多武峯(以下略)」等とし、「白山」と「平泉寺」とを別にあげている。

一ツ瀬に平泉寺の役所が設けられ、山札銭の徴収や白山の管理をしたのは近世といわれる(角川『日本地名大辞典』白山禅定道下)。

『国史大辞典』によれば、白山の山岳信仰にあたっては、白山寺、平泉寺、長滝寺がおのおの登山馬場を管理し、ついにはその嶺頂の管理権について正別当の争奪をくりかえし、いずれも独自の白山修験の教団組織は発達せず、中世・近世における御師の活動も美濃馬場以外は著しくない、とある以上、遠く禅師時代、「白山天台」などといわれるものが考え難くなるのである。

しかるに以上のことにつき、角川『日本地名大辞典』(福井県版「勝山市」項)は次のように記しているので、参考にあげてみよう。

平泉寺長吏斎明は白山諸社の武士団と語らい、木曾義仲に味方して今庄(南条郡)の燧城にこもった。越中に入った義仲は白山権現に戦勝を祈願して藤島七郷を平泉寺へ寄進したが、すでに斎明は変心して平氏の陣にあり、加賀篠原合戦で源氏に捕えられ、首をはねられた(平家物語)。頼朝は藤島七郷を没収(玉葉)、平泉寺は鎌倉期を通じて幕府から冷遇された。

元弘の変が起こると平泉寺衆徒は……鎌倉方の地頭淡川時治を滅ぼし宮方への旗色を鮮明にした。平泉寺衆徒は南北朝の内乱では新田義貞を援け……転戦したが、建武五年・延元三年(一三三八)寝返りし足利方斯波高経につき……平泉寺は藤島七郷を回復した。

先の棒線の部分で、『平家物語』『玉葉』をあげながら、原資料と相異のある点は注目してよかろう。平泉寺は室町期になって斯波氏・朝倉氏の保護をうけて全盛期を迎え、平泉寺四至は一里四方に及び、天文八年（一五三九）の「平泉寺賢聖院々領所々目録之事」によれば、同院だけでも近隣の二十か村、大野市域の十四か村、藤島荘などを所領したというから、このことで鎌倉期の支配を考えてはなるまいと思うのである。

要するに、禅師時代の平泉寺は厳とした叡山下のもので、白山と関係はあったものの、白山社を支配するほどの大きなものとは考え難く、当時の白山社にはそれを離れた独自の勢力のあったことが偲ばれるのである。

(二)禅師と白山との関係

平泉澄氏は『父祖の足跡』で、

之を（越前に）案内したのは義重であつたが、之を招いたのは白山権現であつたろう。道元はかねてより白山の神を信仰し、「仏法擁護の大統領」と称してゐた

とされるという。それをうける後人も多いが、これは果して史実なのだろうか。古い資料には、禅師には白山のことは全く窺われないといってよい。

①入宋の時、白山に祈願したというのは、面山の『訂補建撕記』に、

芸州応龍山洞雲寺ノ室中ニ、左ノ三十四字ノ真蹟アリ、渡宋ノ祈願ニ書セラレシナルベシ、

仏法大統領白山妙理大権現、貞応二癸未年二月二十四日沙門道元、二十四歳、入宋（已上）

とするが、古本の『建撕記』に見えないものである。

大久保道舟氏は、これは『金岡用兼禅師行状記』からのもので、史的事実ではないと否定している（『道元禅師伝

の研究』)。

②『建撕記』延宝本に、禅師が宋を離れる際、『碧巌録』の書写にあたり「白山明神」が助けたとある。

これも古本の瑞長本・明州本では「大権修理菩薩」とし、瑞長本は「此助筆ノ事伝説多レ之、本記録ニ不二分明一、至二後来一能々可レ尋」とするものなのである。

この助筆者を「白山明神」とするのは江戸期の資料からで、面山の『訂補建撕記』から宗内で定着した感もあるが、そのこと自体、問題になるものである。

③『建撕記』明州本に、寛元二年二月十八日、開堂説法のあと禅師が義重に「這一片地……東岳連二于白山禅廟」云々と語ったとある。瑞長本は「禅廟」を「神廟」とする。

これから、禅師が白山を遙拝したもののようにいう者もあるが、これは開闢地の四至について述べたまでのもので、これを禅師の「白山信仰」と見るのは、先に述べたようなことをつないでの誤ったうけとりといってよかろう。

④面山は『訂補建撕記』に、越前妙覚寺に「禅師ノ真蹟」があるという。それは妙覚寺の鎮守十神のもので、末に「第十白山、右所奉勧請如件、天福元年四月日」とする。

その真蹟は今見られないが、面山の鑑識眼には、ほかの資料のそれからも問題があろう。

それよりも禅師の仏法からして、かかる記が禅師にあったとは考え難いものがある。面山はそこで「波著寺ノ懐鑒徹通等ノ請ニテ書セラレタルカ」としているが、この推測にしても理解し難いものがある。

それは、懐弉の禅師教団への帰入が文暦元年（一二三四）というのに、それに先立つ天福元年（一二三三）に、禅師が北越の波著寺教団と接触があったとはうけとり難いからである。

以上からすれば、禅師には古伝からも、その著からも「白山」を窺わせる何もなく、それら伝承はすべて江戸期に入ってからのものともいえよう。宗門に「白山信仰」の見られるのは、瑩山禅師からである。この点からも、宗門と「白山信仰」とのかかわりは、改めてその史的研究が要望されよう。

㈢波著寺・吉峰寺・禅師峰・地蔵院等の考察

今枝氏は、平泉寺・波著寺は「白山天台」のものと見、禅師峰・吉峰寺は、「平泉寺波著寺に関係する子院であったろう」とした。

これからか守屋氏は、波著寺は「白山天台の一翼となっていたであろう程に」といい、「平泉寺」は「禅師王子など」を「保有し」、「元真言天台宗とする地蔵院（のちに大仏寺）もその支配下であり」、「吉峰寺もその傘下であったに違いなかろう」と、すべてそれらを平泉寺下のそれ、すなわち「白山天台」のものとする。

よって、それらの寺坊について触れていても、その前に、その主張は江戸時代に生れた檀家制度等を背景にする感がしてならない。

寺院は古くは檀那の建立で、その発意で帰依の僧が請ぜられたもので、その僧の属する宗旨とは直接には関係しなかったのである。

これを禅師時代で見ても、文覚は院に請うて廃寺同様の高尾寺を再興したが、彼が遠島に処せられたあと、院はこれを東寺の延杲に付嘱した。実朝の妻本覚尼は帰洛してその邸を夫菩提のため寺堂とし、その供養には叡山僧を請していたが、のち真空に帰依して真言の大通寺へと発展した。かの大乗寺は、真言僧澄海が檀那と図って義介を請したのである。

すなわち、寺塔は檀那中心のもので、したがってその没落によって放置もされ、その放置の堂宇は後にその地を所領した者の支配にもなったようである。(註一)後代の檀家制度下のように、在地の信者が護持したものではない。

故に、すべての寺院がある宗に登録されねばならないものでもなく、その入寺には檀那の諒解は必要でも、「檀信徒の諒解の下で同寺に止住し」たものでもない。

また、寺院は檀那に護持され、その維持のためには荘園があてられなどしたので、教線を張って信徒獲得の積極的な運動の必要もなかったろう。

故に、近くにいかに大寺があろうと、その教線下に入っていたとも見られまい。そう見るのは、のちの宗教制度の一面観からではなかろうか。

よって、次に禅師の拠ったとされる寺院等について討究してみたい。

波著寺　今枝氏は禅師入越の根拠として、ここを重視した。すなわち、波著寺を「白山天台」の中核の一つと見た。北陸には天台旧弊革新に動いたものがあったらしく、その中心がこの波著寺で、ここへ大日能忍系の禅一派を受け入れたものとする。

守屋氏も、この波著寺を「白山天台の一翼となっていたであろう」とするのであるが、果してこれは天台下の寺院であったのだろうか。

早く面山は『訂補建撕記』で、直接には何宗寺院とはいわないが、妙覚寺の願文について、

妙覚寺ハモトヨリ真言宗ノ伽藍ナレバ、波著寺ノ懐鑒徹通等ノ請ニテ書セラレタルカ

とするところから見ると、真言系と見るかのようである。しかし上の推測に問題があり、江戸期の面山のそれを鵜

呑みにし難いのは当然である。

しかもここで参考になるのは、栗山泰音氏が波著寺で見たという位牌の記である（『嶽山史論』第三章）。次のようにあったという。

法燈大阿遮梨法師澄海

（左側）

当寺越前にて波着寺先住大乗寺開山徹通和尚師匠也　九月十五日

この解読には問題があるものの、とにかく澄海は波著寺で義介と子弟関係にあったことを窺わせるものといえる。そうすると、澄海の「大阿遮梨」は『三大尊行状記』でも「本願澄海阿闍梨」とするのみで、天台・真言いずれとも取れるが、『三大尊行状記』に「改二真言院一為二禅院一」とあるから、澄海は真言系の人物と見られる。そうとすれば波著寺は真言寺院であって、そこに大日一派が寄留を許されていたと見られもしよう。したがって、それが禅許容のものであっても、これが天台系の寺院だったとは、一概に見難くなってくる。

ほかにも、守屋氏のものに疑点のあることに触れておこう。

摂津三宝寺にあった「能忍が此処（波著寺）に遷って多くの徒弟を養っていた」とし、「一時、懐奘など多くの門弟は、多武峰の覚晏（能忍の嗣）下にあったが、後波著寺に帰止していた」というのも解せない。

能忍の伝は不詳な面が多く、建久五年には在京中と見られるが、同六年（一一九五）頃没したともされる。それならいつ頃、能忍は波著寺にあったのだろうか。

懐奘は当初、叡山下多武峰に在った覚晏下にあったが、多武峰の焼打ち（一二二七）後、文暦元年（一二三四）禅師下に入った。それならば懐奘は焼打ち後に波著寺へ移り、その後ここから禅師の許に参じたのだろうか。

ともあれ、氏がその波著寺にあったのを「檀信徒の諒解の下の止住」としたのも諒解し難いものである。

吉峰寺　『越前名蹟考』は「影響録云」として、養老中泰澄が「吉峰」に登って、弁財天・富士・白山を勧請し、麓下は七堂伽藍の霊場となったとするが、北条時頼がここへ廻遊して桜を植えるなどしたとすることからも、これは所謂の「縁起」の域を出ないものであろう。

角川『日本地名大辞典』(福井県)は、

鎌倉初期には吉峰に平泉寺末の円了坊と宗玄坊、竹原の午谷《ひろたに》川右岸の山麓に多珍坊・東輪坊・辰ノ坊、その奥に福千坊・多繁坊、谷の口に地蔵坊と多くの末坊があり

とし、「吉峰では円了坊が坊をあげて道元の修道生活に協力するなど、白山天台系の在地諸坊の援助があった」とする。

この資料が「白山天台」ということから、今枝氏のそれを背景にしているとうけとめられるが、ともかくその資料の出処を念じていたところ、二谷正信氏の「吉峰寺に関する論考」(『傘松』平成十三年八月〜十月号)で、吉田森氏編『上志比村史』からのものと諒解した。

それに、吉田郡志比庄光明寺のことについて記している。これは『越前名蹟考』では、光明寺村下で、そこに「勢至堂」をあげ、これは「昔は平泉寺の一坊なりしに、一乱の時、本尊光明を放って此処に飛来し給ふにより村名を光明寺という」とするにすぎない。

『永平寺町史』は、この勢至堂が明治になって白山神社となったが、その由緒に、寿永二年(一一八二)、木曾義仲が平氏追討のため当社の白山大権現に祈願したと伝えるという、としている。

それが『上志比村史』では詳述される。

光明寺は、平安・鎌倉時代は平泉寺（白山）登頂の関門で、波多野志比地頭の花谷館もその安全性の一部を光明寺で守り得た。平安時代の末治承年中（一一七七〜八〇）、平清盛が平泉寺に志比庄を寄進したことが見え、その後平泉寺の第一関門とし、それ以後光明寺の白山神社は平泉寺の支配下となり、毎年例祭をつとめ、光明寺はその別当寺になった、と。

『平泉寺史要』では、清盛寄進の志比庄について、「（清盛）吉田郡志比の庄三里を寄附したる時、光明寺は一の関門を置かれし所にして、現今の上志比・下志比村は平泉寺領たりしなり」としているという。

これによるなら、禅師入越時の志比庄は、平泉寺領で白山社も祀られ、禅師の入ったのはその一坊のようでもあり、諸坊の応援があったとすることから、守屋氏の主張をあとづける資料ともなろう。

しかし、上の資料には首肯し難いことが多い。

一つは、『吉記』の承安四年（一一七四）二月二十六日条に次のように見える。

奏最勝光院御庄々事

桧物庄……

嶋末庄事……

志比庄事　不分明

これは清盛の寄進以前、志比庄が最勝光院領だったことを知らせる。ただそこに「不分明」とあるから、あるいは清盛などに押領されていて、これが平泉寺への寄進となったのだろうか。ともかく、その清盛寄進の資料を知りたいものである。

それにしては、その後、志比庄が最勝光院領から東寺領へとなっているのに、叡山のこと、そこに一騒動あって然るべしと見られるのに、その資料が残されていない。やはり、最勝光院が早くから領有しつづけていたと見られよう。

二つは、その光明寺の伝承で、古い資料には窺われない。義仲のここの白山神への祈願も、義仲は「白山」へ寄進もしているが、その戦勝祈願には『平家物語』では、覚明の書で「八幡神」への一項がわざわざ見られる以上、ここには後の白山信仰との混交があるとも感じられる。

三つは、『建撕記』の記からである。

『建撕記』には、禅師下向について義重が「越前吉田郡之内、深山ニ安閑ノ古寺アリ、某甲知行ノ内也」と述べたとある(註二)。

「安閑」の字義は「安らかで静かなこと」(『広辞苑』)とするが、筆者はそこに「古寺」とすることから「空き寺」と解したい。それには『三大尊行状記』によれば、義介は吉峰寺で典座をつとめ、「寛元元年冬、殊雪深、八町曲坂担二料桶一供二二時粥飯一」とあるのを見れば、吉峰寺には既に天台僧などがあって円備した寺とは見難い。典座寮を別所にせねばならないほどのことからも、そう受けとめざるを得ない。

しかも『建撕記』に「同(寛元元)年閏七月十七日……吉峰茆舎此地移玉」というのも、これが本来は廃寺であったからであろう。

その天台僧の支援の考え難いことは、のちに触れたい。

要は、その平泉末というのは、古くからの記録によるものとは見難い。

禅師峰　面山は先のように、禅師峰とは「山師峰」で、したがって「山法師ノ居スル峰カ」とし、叡山僧の請待かとしている。

しかし『越前国名蹟考』は、これを「禅師王子山」とし、「俗に前生王子共、又、禅師峰路《ゼゼホウヂ》とも……平泉寺四天の内」とする。これからか平泉澄氏は『明治の源流』で、「禅師王子の鎮座によって山を禅師峰と呼んだのであり」とする。

これでは、禅師が「禅師峰」とするのは、既にここが平泉寺領で白山の地であったことを物語るものといえよう。岩井孝樹氏も『大法論』（平成元年十二月号）で、『霊山平泉寺大縁起』『越前地理指南』『越前国大野郡大矢戸村明細帳』などをあげて、禅師峰を白山のものとすると紹介している。

しかしそれらの資料は、すべて江戸中期以前には遡らないものの上、そこに古い資料の提示もないから、南北朝から室町期になって隆盛となった白山信仰や、それにともなう平泉寺僧兵の活躍などによる末寺化などからで、その四至も後世のものからなのではなかろうか。

ただ、岩井氏は禅師峰寺の背後に白山修験の伝承のある行人窟を踏査し、その伝承を裏づけるものを見出したとし、さらに「建保五年正月」の刻銘をも紹介している。

これでは、禅師時代に既にここに行場があったことを認めざるを得ないようである。

しかしそれにしても、それら行人の行場で禅師が果して示衆にあたったのだろうか。その行場の近くに禅師峰があっても、それを直ちにそれらと結んでよいのだろうか。

白山修験の行者と禅師の示衆は、どうも結び難くなる。あるいはそれら行者の中には、たまたまそこに在住した禅師の示衆の席に侍ったことは考えられても、これら行人共が禅師を請して示衆を請うなどは、修験者の行状からは納得し難いのである。

地蔵院　守屋氏は、面山のそれを承け「元真言天台宗とする地蔵院（のちに大仏寺）もその（私注 白山天台）支配下であり」というが、それはおかしい。

面山は「今ノ地蔵院ハ弘法大師ノ開闢ニテ自作ノ地蔵尊アリ……真言天台家ノ寺アリシ旧跡ナルベシ」とするので、この「真言天台家」は「真言・天台家」で、本来、弘法の開闢だが、当時は真言宗か天台宗かの旧寺として残っているもの、と見たようである。それを氏は「真言天台家」を「天台家」ととるのか、それともそれを「台密家」と見るのか、ともかく「白山天台」と見るのは問題であろう。「地蔵院（のちに大仏寺）」もおかしい。

豊原寺　守屋氏は触れないが、今枝氏は「白山天台」の有力な一つとしてあげるので、ついでにここで触れておきたい。

その基本的資料を知らないが、平凡社『福井県の地名』は次のように記している。

園城寺に属し、あるいは興福寺について教法定まらなかったが、寛喜元年（一二二九）延暦寺末となり、長吏に京都妙法院より管領するところとなった

とある。これでは、禅師下向時は園城寺系ではなかった。

寺跡調査では九～十世紀後半の土器等が出土しているので、寺伝のように古い開創であろうが、これも鎌倉後期から隆盛となり、『太平記』等によれば、その兵乱に衆徒が軍事的に活躍しているのが知られるが、禅師時代の衆徒は知られない。

以上、「白山天台」といわれる諸寺について見たが、古い資料の見難いものもあって推論のほかない。したがって、種々の論があって当然であろう。

そこで、すべてを「白山天台」よりのものと見る諸氏の論に対し、これらすべてに疑問を呈する筆者の見も、こ

れまた一辺倒とされ得よう。

しかし筆者のいいたいのは、今枝氏の論がその基底を誤認に置くとして否定されるのに、後の説がそれを再吟味した上での所論でなく、その一部の「白山天台」のみをとって、すべてをそれに近づけようとする感がすることである。それも「そうであろう」の積み重ねの上で、ついに「そうだ」という論法さえ窺われる。

誤っていると見られるものへの反省がなく、ただそれに乗っていこうとするのでは、ますます「真」から離れる懸念を覚えるところから、敢えて各寺の再吟味をし、その思いを表示したまでである。

識者の適切な研究をお願いしてやまない。

(五)円滑かつ早急な下向

氏は禅師下向の諸寺を「白山天台」のものとし、日本達磨宗の勢力を過大視し、そこから禅師の越前移錫は、「叡山側の暗黙の諒解の下に……白山天台と平泉寺、更には日本達磨宗と波著寺とがかかわり合って、円滑かつ早急に推進されたものと考えねばなるまい」といわれる。

その「早急」は筆者も認めるが、「円滑」というのは解せない。

かつても触れたが、もし氏の理解のような状況下なら、大仏寺の建立完成を待っての下向があってよいのではあるまいか。それなのに上で述べたように、二時の食を別所から、それも八町曲坂という苦労を重ねねばならない古寺に入寺するほかなかったのは、どう理解したらよいのだろうか。

そこには、とりあえず移錫せねばならない、さしせまったことがあったと見るほかない。そして、そこに叡山の圧迫を考えるほかあるまい。確かに「護国正法義」には、従来の読み取りのようなものには再考を要しよう。

しかしこの資料は、この直後のものとは見られず、かつてのそれの聞書などを叙したものと見られるから、その内容も心して読む必要があろう。それにしても、これは禅師圧迫の何かがあったことを偲ばせるものと見るほかない。今のところ筆者にはそのほかに、その早急な下向の原因を考え難い。

次は叡山僧の援助である。面山が叡山僧が聞法のため請待したかのように見ていることからであろうか。確かに、近くに叡山僧があったら、あるいは問法の者があってもよかろう。

しかし、伝えるように多くの坊があって、それらが積極的に禅師を支えたものとは考え難いのである。『正法眼蔵』で吉峰寺や禅師峰示衆のものを見ると、「三界唯心」「諸法実相」「仏経」「法性」など、天台の教相の名目が偲ばれる。またその所説でも、「説心説性」に「説心説性にあらざれば転妙法輪することなし」といい、「仏経」で「経教はながくみるべからず、もちゐるべからず」と説くのを排しているし、「法性」では「仏果菩提にいたるまで経巻知識にしたがふなり」と見え、「密語」では「有言の仏説は浅薄なり、名相にわたるがごとし」とするのを聞いて真訣とするのを憐れんでいるし、「自証三昧」では「或従知識或従経巻するなり」として、教宗を排撃する所謂の禅家の主張を否定するのは、教宗への対応と窺えないこともない。

しかしそれにしては、そこにはそれをいう教証はあげられず、ほとんど仏祖のもの、所謂の禅家祖師のものである。しかも、それらには次のような厳しい言句が見られる。

○たとひ千万年より習学すること聯綿たりとも、嫡々相承にあらすは嗣続しがたし（無情説法）
○仏祖に参学するのみ正命なるべし。論師の見解もちゐるべからず（菩提分法）
○この日本のごときは、仏儀祖儀あひがたくききがたかりしなり、而今まれにきくことありみることあらば、ふかく髻珠よりおもく崇重すべきなり（大修行）

そして「面授」巻を説いて、自らの「正伝の仏法」のよりどころを示している。これこそ「仏々祖々嫡々相承」で、正伝の仏法は人格相承のもの、すなわち人間本位の仏法として、『法華経』や『大日経』など経巻を本位とする教宗とは全く別個のものと説いている。

しかし、ここではこれを逆手に取って、そこにこれを受容するものがあって、その援助による入越という論もされ得よう。事実、今枝氏はそれをいわれたのである。

だが今枝氏のそれは、志比庄の領家最勝光院の支配を園城寺と誤認し、それと連繋する「白山天台」を主張し、それは「延暦寺との間には思想上の対立」があり、禅許容のものとしたのである。しかし、その基調になる志比庄の園城寺支配が明らかな誤認である以上、その「白山天台」なるものの性格に再考の必要が認められよう。

それなのに守屋氏はその「白山天台」のみを採り、しかもそれらを「叡山」側と見るのでは、氏の採る「白山天台」には問題があろう。すなわち、叡山側の「白山天台」にも禅許容があったかどうかである。この点について、全く触れるのを見ない。

岩井孝樹氏も先の『大法輪』のもので、今枝氏の「同じ天台とはいえ、白山天台と延暦寺との間には思想上の対立があり」とするのを注目すべき提説とするが、ここで今枝氏が「同じ天台とはいえ」というのは、前提に園城寺と叡山とを考えてのものなので、これを平泉寺側の白山と叡山と採ってはなるまい。その「白山天台」は、今枝氏のいうのとは異なって来ている。

氏らのような「白山天台」の認識なら、平泉寺に禅許容のものがあったとして、果してそれが叡山によって許容されるものなのだろうか。

先に見た白山平泉寺の藤島領は、建久年中には、叡山勧学講の資にされていたほどなのに、禅師入越の頃には叡山に対する抵抗勢力となり得るほどのものがあったのだろうか。そのいう「白山天台」の究明こそ先決なのではなかろうか。

禅師は「さらに邪魔外道に帰依せざれ」（「受戒」）と説いているが、多くは「白山天台」という魔物にとり憑かれている感がしてならない。

（註一） 織豊時代であるが、伊勢国田丸に食封された稲葉氏が、そこに禅宗天長寺を建立して菩提寺としたが、まもなく移封したため、後に伊勢を領した藤堂氏が、これを伊勢一身田高田派門主に寄進し、以後三縁寺となっている。（『田丸事蹟抄』）。

（註二） この「古寺」を、禅師が当初に入ったとも伝える「禅師峰」だと主張もされようが、筆者は禅師の入越では当初、吉峰寺に入ったものと見る。これは旧著『道元禅師伝研究』の第八章二節で触れておいた。

（一九八八年八月稿、二〇〇一年十二月補訂）

第五章　越前時代

第一節　朽木興聖寺開創考

面山の『訂補建撕記』（一七五四）によると、その補に、「後嘉禎・仁治ノ比、江州朽木ノ城主、佐々木信綱、法名鉄道居士、師ニ帰依シテ、興聖寺ヲ郭外ニ建立スト云フ」と記している。寺伝は開創を「嘉禎三年」（一二三七）、信綱が京都で禅師に謁し、一族菩提の供養のため拝請建立したとする（「同寺縁起」）。

しかるに面山は別に、『面山瑞方逸録』で、「朽木興聖寺宿偶題」として「芸祖昔年従レ隠レ越、洛南興聖徒ニ斯郷一法燈不滅室中盞　一点霊明五百霜」とする。これでは仁治頃開創してあった所へ、深草引揚げ（一二四四）後、興聖寺が移ったとするのだろうか。

『高島郡史』を見ると、

元は上柏村（現在は朽木村）指月谷に在り。寛元元年八月、道元北国下向の途次、この地に到りしに、山岳の地あたかも城州宇治興聖寺に酷似せるを賞して、自ら指月谷の地を選み、領主佐々木信綱に勧めて一寺を創立せしめて興聖の号を与えたりとして、開創年代も開創事情も異にする。角川『日本地名大辞典』も、この説を記している。よって、この両説を考えてみよう。

禅師は嘉禎の頃は、深草興聖寺の整備に追われていたし、仁治の頃には『眼蔵』の示衆も相つぎ、ほかへの下向は考え難く、また、それを伝えるものもない。したがって、それを採るなら、寺伝の京都での帰依と「拝請建立」ということとなろう。

『高島郡史』によれば、禅師越前下向の際に指月谷を見て信綱に創立せしめたというもので、『面山瑞方逸録』の一詩は、ここから諒解されなくもない。

しかしここで問題なのは、越前下向の道筋と、その日数である。道筋については別稿で示したいので、ここでは日数を考えてみたい。

懐弉の深草での眼蔵書写は「葛藤」の寛元癸卯解制前日（七月十四日）が最後で、禅師の越前での示衆が「三界唯心」の同年閏七月一日であるから、その間半月にすぎない。

この間に深草出発の準備、越前到着後の処置などを考えれば、旅程は大まかに見ても十日以内としか考えられまい。『建撕記』によると、禅師の舎利が京都から永平寺へ還った際は、九月六日に京を出て十日酉刻（午後六時）着というから、その間最低でも五日を要しており、先に考えた旅程上からは、下向途中での滞在教化などは考え難くなろう。

この点は、佐々木信綱の資料からも難が出る。『金剛三昧院文書』には、信綱が同院へ毎年拾弐斛月別一石寄進の旨の文書（仁治元年十月）があり、これは信綱が嘉禎の頃高野山に参籠したという『吾妻鏡』（寛元元年十一月一日条）の記と関係あろうし、また、その父定綱は建仁寺造立にあたって、僧堂の壇を築くのに自らの手で車を曳いてこれを築いたとあるから（『帝王編年記』二十二）、その家系が信仰心に篤かったことが偲ばれるが、禅師との関係ではかえって反証となるものが多い。

それは上にも記したとおり、『訂補』がいう嘉禎の頃交渉のあったとする頃は、信綱は金剛三昧院に参籠していたので、交渉には難が出よう。また『尊卑分脈』では信綱下に、「仁治三・三・六死去（六十二歳）」（一二四二）とあるから、仁治時代はともかくとして、越前下向の寛元二年（一二四四）には、信綱はもはやこの世になかったのである。これでは、両者は交渉のしようがない。

加えて面山の「鉄道居士」の戒名は、それ以前からの寺伝を受けるのではあろうが、『尊卑分脈』によれば、「同（天福二（一二三四））年七・廿六出家、本仏改経仏、又改虚仮仏」とあり、『吾妻鏡』にも嘉禎二年（一二三六）九月五日条に、「今日、近江入道虚仮辞二評定衆一、俄以上洛、是潜有二遁世之企一云々」とあり、仁治二年（一二四一）六月八日条には「佐々木近江入道虚仮遁世」とあり、『金剛三昧院文書』にも「虚仮阿弥陀仏」とするから、禅師との交渉を伝える「嘉禎・仁治」前に既に出家遁世していて「虚仮仏」と称しているから、ここで今更「居士」でもなかろう。したがってこの寺伝の称は、信綱の経歴を忘れ去った遙か後世の追名であろう。

信綱は承久の乱の功で朽木荘の地頭となったが（「佐々木頼綱譲状案」）、所領はほかにもあったし、先の金剛三昧院での遁世からも、朽木荘常住かどうかは疑問である。

『尊卑分脈』の系譜では、嫡男重綱が大原を継いでいるから、ここが本拠とも見られる。多くの所領は子孫が相分かれて相続したようで、朽木荘は信綱の二男高信で、その孫義綱がここに任ぜられたのは弘安十年（一二八七）とする（「近江朽木文書」弘安十年二月二十八日文書）。しかし、京都大学所蔵「明王院文書」には、正応五年（一二九二）、なお佐々木出羽守（頼綱）を地頭としているし、そこの本所は青蓮院（山門）だったのである。

これらから考えると、興聖寺が後代になって朽木氏の領主を考え、その祖とつないで、その開創を古くするに至ったのではなかろうか。

しかもそれは、京より北陸へ若狭道が開かれ（鎌倉から室町という）、ここ朽木が往来されるようになると、興聖寺というその名からも禅師との因縁が偲ばれ、その関係が縁由づけられ、上のような開創譚となった感がする。

このように越前下向に伴う伝承は多く、その因縁を伝えるものは『道元禅師旧蹟紀行』（一九八〇）に詳しい。しかし、そこで忘れられているのは、禅師の越前下向の目的である。波多野義重等の拝請の下、正法開展のための新しい拠点設置のための下向であって、宣教教化のための巡教の道程ではなかった。

その間、宿泊等もあるから、その接触の間に帰依者が出ても不思議はなかろうが、そこではとても寺院開創の「時」は考えられまい。あるいは、その時の帰信が縁で、のちに寺院の開創が考えられるとしても、これを禅師の立場からすれば、自身による開山教化は考えられず、あるとするならば真弟子等の派遣ではあるまいか。

それなのに、それらにはその伝承は皆無で、直下禅師とつなぐところに、教線確立後の観念を基底にしていることが窺われ、それらの伝承の後代に生れたことを知らせるものと思われるのである。

熊谷忠興氏の紹介によると、『宝慶寺古文書』中に、元禄五、六年頃、興聖寺住持夷徹（〜一七〇六）の指出に、次のようにあるという。

一、先之我寺朽木興聖寺者、

道元大和尚従二山城宇治県一、越前江御透（通カ）之節、被レ懸二御腰一候と聞候間、道元御開山被二成被一下様、与二旦那監物一并拙僧願状指上申候処、御先住晃全禅師尊意被レ成、其道元開山者不二相成一、二世懐弉開山可レ仕之旨被二仰渡一候、

禅師下向の砌、休憩との伝承から、禅師を開山として勧請方請願のところ、晃全（一六二四〜一六九三）の時、それは叶わなかったが、二世懐奘の開山が許されたというのである。

流石に本山側は、知るところがあったと言うべきではなかろうか。

しかもそこで、宝慶寺側が「如二先規一当山十八代祚球和尚ヲ開山ニ仕之様ニ」と主張したのは、何を物語るのであろうか。この経緯前には、ここの開山は祚球とされていたようであって、これこそこの寺開創の年代を偲ばせるものと見られよう。そこに「先規」とあるのである。

これでは朽木興聖寺は、宝慶寺の軌範を脱して、直下永平寺へ鞍替えし、二世開山とされたもののようであるから、これでその歴史を云々してはなるまい。しかし、こうして作られた虚構も、伝承の上では強固なものとなり、なかなか修正され難いもののようであるのはともかく、歴史を誤る大きな要素となるのは、厳に警戒せねばならないことである。

（一九八二年稿）

第二節　越前妙覚寺について

この寺が宗門に知られるようになったのは判然としないが、『永平寺史』の年表によれば、享保四年（一七二九）下に、「この年承天則地、越前妙覚寺を中興、道元自作の尊像を奉安す」とある。

(1)面山「傘松日記」（一七三四）

面山がここに立ち寄ったのは、享保十九年九月十一日のことで、次のように記している。

晡時到二古松邑妙覚寺一、伝謂、此寺本密場而吾祖初入レ越時寄二宿于此一、而之後改レ密為レ禅、彫二刻祖像一而安焉、其像今在焉、

つづいて、それを批判して言う。

其様与二承陽尊儀一太別、伝謂二高祖之所二手造一者難レ信、暫時喫レ茶而出、

(2)面山『訂補建撕記』（一七五四）

つづいて『訂補建撕記』では、その祖像について、「マタ祖像トテ一木像アレド、コレハ真言八祖ノ一箇ト見ユルナリ」と述べ、禅師の自像作説を明確に否定するのである。

しかもここでは、禅師開創のことさえ述べない。ただ「傘松日記」で記していなかったものを紹介している。

コノ年（私注 天福二年）ノ真跡ニテ、左ノ六十九ノ細字ヲ十五行ニ列書シ、横板ニ彫付タルガ、現今越前ノ妙覚寺ニアリ、筆痕ハマキレヌ祖師ノ真蹟ナリ、余参詣シテ拝見ス、天福ノ比ハ永平未開已前ナレドモ、コノ妙覚寺ハモトヨリ真言宗ノ伽藍ナレバ、波著寺ノ懐鑑・徹通等ノ請ニテ書セラレタルカ。

その真蹟は次のようであったという。

妙覚寺鎮守奉勧請、十箇所権現、第一熊野山、第二日照、第三金峰山、第四賀茂、第五八幡、第六祇園、第七赤山、第八日吉、第九貴船、第十白山、右所勧請如件、天福元年四月　日

これでは、禅師が一書を恵与した因縁の寺というにとどまるというのだろうか。

(3)『二六新報』(一九〇二年八月二十七日)

栗山泰音氏の紹介によれば、それには次のようにあったという。

越前南条郡王子保村字小松妙覚寺は高祖大師越前行化の際、永平寺より先きに開かれた道場にして、同寺に目下自身等身の木像を安ず、

これは、面山の「傘松日記」に記す伝聞と同じものを伝えている。

(4)栗山氏の主張(一九三九年『總持寺史』)

栗山氏はそこで、

永祖がこの(注越前下向)途次の幾日かを越前今庄の東方なる小松の妙覚寺に錫を留められたであろうと考えるとし、それは

妙覚寺は、祖師が永平寺より先きに開かれた寺ではあり、且つ禅師峯にて御着の用意の整ふ間をしばしこの寺で過されたものであろう

と推測している。要するに、『二六新報』の記事からして、永平寺より先に開かれたとするなら、天福二年頃にこの寺にお越しになるはずがないから、その開山は「この入越の途次より外にないわけである」というのである。

(5)小倉玄照「祖蹟を歩く」(『傘松』一九七七年)

氏は、この寺の伝承として次のように紹介している。

禅師はここに一ヶ年住したが、谷浅く、里が近いというので、志比庄へ移ったが、その別れに際し、梅の木で尊像を作って残されたもので、後、明治時代、その尊像は寺号と共に、今の誕生寺へ移されたのである。玄透禅師（私注一七二九〜一八〇七）が中興開山である。

これらの記には、自ずと変遷のほども窺われるが、ともかく禅師との交渉を語るものは、第一は天福元年四月（一二三三）の「勧請文」である。面山はこれを禅師の真筆によるとしているが、現物は現在伝えられないので考証の便を欠くのである。しかも面山は真筆と見たが、面山のほかの文書の鑑定眼からいえば、全幅の信を置き難いものがある。

その一つは、これには禅師の署名がないから、禅師書とは一概に言い難い。さらには、勧請の十権現は、禅師の仏法の立場からは理解し難いものがある。面山は、これは懐鑒・徹通らの波著寺系の請によるかとしているが、禅師と懐奘との接触は、この天福元年前にありはしたものの、懐奘の随従はその後であったことからしても、この頃、波著寺との交渉があったかどうかは、にわかに決定し難い。大久保道舟氏はその『道元禅師全集』で、これを真偽未判の部に入れるものなのである。

第二は、そこにあった禅師自作という祖像であるが、面山は禅師の自作と認めないばかりか、真言八祖像の一つと見ている。栗山氏は、面山の見解には「少しく疑問がある」とし、その理由として「祖像と真言の像とは、その相好は兎も角、第一法衣の様式が違ふはずである」と非難しながら、「尤も小松の妙覚寺から現に洛南誕生山に移したる尊像が偏祖右肩でないところに些か疑問がないでもない」と、衣法の一部に差をあげている。それのみか、昭和十五年、筆者が誕生山で見たこの祖像というものの法界定印が、宗門とは違って左掌が右掌の下となっていた。

この限り、『普勧坐禅儀』で示すものと較べると、これを禅師自作とするのに難があり、面山のようにまさしく真言系のものと見てよいのではなかろうか。

このように、禅師と因縁づける材料には、共に問題があると言えよう。

さらには、その越前下向の際の開創である。

面山は、禅師の下向時の寄宿・尊像自作のことを伝えているが、その尊像自作を否定した。ただ天福元年の勧請文を認めているので、この寺との因縁は認めたものと言えよう。

栗山氏は『二六新報』の記事から、その留錫を認め、開創を許すようである。

ここで面白いのは小倉氏の紹介文で、当地では、禅師は当初ここに一年も住み、後に志比庄に移ったと伝えているというのである。自作尊像というもののある以上、短日の滞在は考えられまいから、当然の主張かもしれないが、全く歴史的認識を欠いている。

そこには、禅師の伝も、のちの『正法眼蔵』の示衆も全く考慮されていない。それに目を向ければ、ここでの長期滞在は全く首肯し難いものであるが、そこにこそ伝承の面白さと特色が窺われよう。

要は、先に朽木興聖寺の項下で触れたように、禅師の越前下向の目的や旅程・日数から考えると、ここ妙覚寺に宿泊くらいは考えられるとしても、またここで教化にあたったとしても、木像製作などの日程は全く考えられないのである。

これらの寺が禅師と結ばれてくるのは、法孫の永平寺上山が多くなり、その途中として宿泊・休憩が求められてくるようになってからのものではあるまいか。

あるいは禅師も留錫されたかというのが、いつしか留錫したとなり、その証として、そこにあった勧請文が禅師の記とされ、なにがしかの木像が自作の尊像とされていく過程が想像され得よう。

このようにして、先には承天則地を中興としたというのに、ついには玄透即中（一七二九〜一八〇七）が中興開山となったということにも、この寺開創の歴史的不明瞭さが窺えよう。

（一九八二年一月稿）

第三節　名越白衣舎考

㈠、まえがき

道元禅師（以下「禅師」）の鎌倉下向については、『吾妻鏡』等に見えないところから、これを否定する論もあり、近く柳田聖山氏の主張したところでもある（『中外日報』「日本宗教史—タブーへの挑戦—」一九八〇〜八一）。

しかし、禅師の『永平広録』の宝治二年三月十四日上堂に「昨年八月初三日、出レ山赴二相州鎌倉郡一、為二檀那俗弟子一説法」とあり、また「因在二相州鎌倉一聞二驚蟄一作」に「半年喫飯白衣舎」とある以上、禅師の鎌倉下向は否定すべくもあるまい。

『永平広録』をば後代の成立として、資料的に問題視する者もあるが、後段のものは、中国僧無外義遠の序（一二六四）をもつ、いわゆる『永平略録』にも見えるから、資料的にも認容できるものである。

ただ下向召請の主体者を、『三大尊行状記』が「宝治元年丁未鎌倉西明寺殿奉レ召二請師一、受二菩薩戒一」とするところから、以来それが広くとられ、今日なお、それを主張する者が多い。

にもかかわらず筆者は、権力者への接近を拒む禅師の主張、また当時幕府側では貴僧召請を休止していたこと等から考え、その上禅師のものに「為二檀那俗弟子一」とある限り、当時禅師にとって「檀那」と称されうるものは「永平寺檀那」であった波多野義重しか考えられないところから、その下向を強く勧めた者は、義重であろうと見、そこからその下向勧請の主体者を波多野義重としたのである。

その上、その偈に見える「白衣舎」は、その主体者である義重の邸であろうと見、しかも『宝慶寺文書』の「名超白衣舎」より、義重の邸は鎌倉名越にあったものであろうとしたのである。もとより愚僧の一提示にすぎない。これに対し郡司博道氏は、先に『傘松』(一九九六年四月号)に、その召請者は従来通り北条時頼とし、その宿泊先は「大倉奥御所」の「毛利入道西阿」の旧宅であったと発表された。

筆者の見解とは異なるにせよ、それも一研究であるから、筆者はこれについて敢えて云々するつもりはなかったが、後に仄聞するに、この説を基調として禅師の鎌倉下向の記念碑建立の計画があるとかで、ある方面からそれについての筆者の見解を求められたことから、郡司氏の発表を見て筆者がその疑念をメモしたものがあったので、それを提示したのである。

それが発表され、郡司氏の反論をうけるところとなって、論争のような態になり、筆者の好まざる方向に走った嫌いがある。

筆者は、記念顕彰碑建立に異をはさむ所存はない。禅師の鎌倉下向の記念顕彰碑であれば、それが鎌倉内のどこに建立されようと、あれこれ言う筋合いのものでない。しかし伝えられるように、郡司氏によって提示された地を確かなものとして建立するのであれば、その論証に疑念が多々ある以上、建立前に再検討が必要と思うのである。そこで、筆者のささやかな学習から生れた疑念であるから、それ自体に誤認も脱れまいが、ともかくその解明を願ったのである。

これに対し、そこにはその地について明確な別地の提示もなく、いたずらに他人の提唱を批判するのみでは始まるまい。まずそれを示せ、といわれるかもしれない。不学の筆者には、それについては先のように推測するのが精一杯で、特定の資料の提示が出来ない現情である。

しかしそれでも、「大倉奥御所」であった西阿入道旧宅と主張する郡司氏の説には、多くの疑念の残るところから、それを提示するのも一研究であって、これがこの度の浄業への一老衲のささやかな賛助にでもなればとも思いつつ、一文を認めたのである。

もちろんそこには、もしそれらの解明もなしに、多くの疑点を残したままの建立であったら、後代にその非を問われかねまいし、それでは、文化都市鎌倉に汚点を残すのみならず、かえって宗門人の学識を問われるようなことになってはと、つまらぬ老婆心があったからで、いささか思い上がりもあったかと、今となっては老いの一徹が悔やまれもする。

しかし乗りかかった船で、この度、郡司氏がさらに新資料を提示し、「ナコへ」説を唱道したことから、筆者も改めて、なお晴れやらぬ疑点を掲げ、思うことを述べてみたい。しかし老耄の今日、以後、これに関する論考には筆を擱きたい。

(二)『鳳来町誌』の資料について

郡司氏は先にその論の基底となる資料として、角川『日本地名大辞典』(愛知県)のものを提示された。そこには次のように見える。

建長二年鎌倉幕府の地頭職にナナシノコンボと書いて提示したところ受理されなかったため、侍所の地名である名越の名をもって報告し、地名となったという。

これに接した筆者は、これこそ「根拠なき伝承にすぎない俗説」と述べたところ、氏はこの度、角川『日本地名大辞典』の編集者より、その批判は「甚だ心外」という「要旨」の回答を得たという(傍点筆者、以下同)。

たい。

その要旨の内容が確認し得ないので、筆者のうけとりに誤解も脱れまいが、ここでまずその編集者に反問を呈し

(1)「記述」への編集者の態度

筆者は、その地名の由来について、その地名紹介自体について云々したのではない。その記の内容から、それが現地で「根強く信じられている伝承」にしても、「史実」とは採り難いものと見て、先のように「俗説」と述べたのである。

編集者が、その記の内容そのままが「史実」と認め、筆者の「俗説」としたのを「心外」というのなら、編集者がその「名越」の項下でとった記述の編集自体が問題で、それこそ「心外」といいたいのである。

先の記録が「史実」とされるなら、なぜそこに「中世」の項を設け、それを記述させなかったのか。その記述は「近世」から始まっている。その中に、徳雲寺に永禄三年再興の記事が見えはするものの、この記述者は鎌倉時代からとする伝承は、採るべき資料と認めなかったからと見るほかなかろう。

筆者には、そう読みとるほかなかった。それは筆者の理解力の不足からだといわれかねまいが、それよりもそのような認識を与えるような編集のあり方にこそ問題があるのではあるまいか。

因みに、平凡社の『愛知県の地名』の名越村の項では、上のような伝承を全く記していない。

(2)その資料の内容上の問題

筆者がそれを「俗説」と見たのは、そこに「侍所の地名である名越の名」とあることからである。この「侍所の地名」というのが理解できなかった。筆者の不学からか、鎌倉に「侍所」という地名が知られていないからである。郡司氏はそれを「侍所のあった所の地名」と解し、「侍所は御所の中にあった」とも述べているから、それなら上

の「侍所の地名である名越の名」というのは、「侍所のあったところの地名の名越の名」と理解できる。

それならば、建長二年の段階での鎌倉御所（幕府）は「若宮御所」であったから、当時の侍所は若宮大通の廓内にあったはずなのに、ここにそれを「名越」というのは、どう解釈しようと、これが「史実」とはなるまい。

筆者はこの点から、上の記を「俗説」ととるほかなかったのである。

それなのに郡司氏は、「愛知県鳳来町にある『名越』という地名が侍所『大倉御所』の地名、別称『名越』に由来するという歴とした証拠を示すものである」とし、「名越」とは地名としてのものではないと強調する。

すなわち氏は、侍所は大倉御所にあったので、そこの地名の別称（名越）で、その地の地名にしたように述べ、「要は、侍所の地名である『名越』が御所の別称ということであった」としているが、そこからは「御所別称」など全く窺い得ないもので、私意的な読み方ととるほかない。

にもかかわらず、郡司氏はその資料を証として、「大倉奥御所に名越の別称が存在したことは何人も否定できない史実とせねばならぬ」と言うに至っては、その「史実」というのに納得がいかず、その「名越」の「御所別称」を証する史実資料の教示が願わしかったのである。

㈢、「名越村地名の発生由来」の発表

郡司氏は『傘松』（平成十年一月号）で次の資料を発表し、これを先に教示を問うた筆者への反論資料とされる。

建長の頃……「ななしのこんぼ」と呼ばれているのはおかしな地名だといわれたので初代源兵衛字源蔵が、「然らばナコへと名付けよう」と答えた、役人は鎌倉の後（御カ）家人であったのか、「名越なら鎌倉にもある地名で良い名だ」と速座に受理した。申請はナコへだったが漢字の表記名名越が村名と定められた（筆者注　一部略）

これには、「建長のころ」とか、「ナコヘ」等とあって、前の資料とは少異があるが、そこにも肝心な「御所別称」を窺う何物もない。それのみか、前の資料では大きな要素をなした「侍所」の記の見えないのは不審で、「抜粋文」ともされるので省略されたものなら、肝心なものの省略で遺憾に堪えない。

これでは少しも反論資料にはなり得まい。しかも、ここでも「名越なら鎌倉にもある地名で良い名だ」とある以上、「名越」がかえって「地名」であることを証する資料となるのではなかろうか。それなのに、このような明瞭な記を「地名」でないと否定し、ここでも読みとることが出来ない「御所の雅称」を主張し、これを反論資料にされる姿勢が、筆者には理解できない。

もっともこの度は、先の「名越」の主張を退け、しかもそれを採ったのは筆者の提示からの過失であるかのように弁明し、新たに「ナコヘ」であると訂正し、さらに『宝慶寺文書』の「名超」と関係づけられるが、その論旨は前説を基調とするもので、筆者には依然として疑念は晴れない。

その問題点を要約してみよう。

(四)、郡司氏説への疑点

(1)ナゴへの御所雅称説

氏はこの度、新たな資料を提示され、「ナコヘ」説を述べるが、先にも見た通り、そこにもそれが何も述べられていない。氏はそこから自説を読み取るらしいが、それが読み取れないのは、無能な筆者だけに限るまい。

氏は「西の京都御所に特別な別称があったので」、「鎌倉の将軍御所にも相応の別称があって然るべきであると思われる」と言い、また「頼朝の将軍御所にも別称があり、代々の将軍御所の別称として引き継がれてきたと考えられないだろうか」と言われ、そこから仮説を立て、推測を加えていくのは、研究上全くの自由で許されねばならない。

しかるに、それを「証する資料として入手することが出来た」として提示したものに、その仮説を裏づける何物もないのに、その資料を証としてあげ、

筆者の立てた名越・将軍御所別称説は此の資料に拠り「仮説」の域を脱して史実であることを確認したとして、以後、これを「史実」として主張の基調にするのは、果して真正な研究態度と言えようか。

(2)侍所の理解

先の資料では大きな意味を持った「侍所」について、今回示した氏の認識に多くの疑念がある。

侍所が幕府の一機構として設けられた以上、それが幕府（御所）内に設けられて当然であろう。『国史辞典』（冨山房、一九四三）は「鎌倉の御第の中」とし、氏も先には「侍所は御所の中にあった」とし、この度は「侍所は御所の廓内にあった」とするが、ともかくそれが御所の一廓と認めている。しかるに、他方では次のように言われている。

> 源蔵の父朝盛から祖父義盛の侍所の実体は行政機構ではなく、義盛邸の呼称でもあり……その侍所が御所の廓内にあり、御所の雅称がナコへであったことから、祖父義盛の嫡孫の安住地の地名としてふさわしいので要請したものと思われる。

この「御所の雅称がナコへであったこと」の究明が望ましいのに、それには触れずに、それを「あったことから」として論を運んでいくのである。

さらに上にあげた、侍所が「義盛邸の呼称でもあり」というものの証にするのか、

侍所という文字は『吾妻鏡』の中で拾ってみますと、大体建物のことをいっているのです。ですから侍所に職

員がいたかどうかというと、そういうことはどこにも出てこないのです。侍所とは侍所別当義盛の居住した館

の名とも見える

というのを引用している。

『吾妻鏡』治承四年十二月十二日条、頼朝の新造大倉亭移徙の記事に、

入二御于寝殿一之後、御供輩参二侍所一十八ヶ間、二行対座、義盛候二其中央一、着到云々、凡出仕之者三百十一人云々

とある。この「十八ヶ間」を『国史辞典』は「御第の中の十八箇の間」とするが、松尾剛次氏は「侍所は貴族の邸宅のそれの二倍の大きさの一八間（約三七・八メートル）であった」とする（『中世都市鎌倉の風景』）。

これでは、侍所は義盛の邸宅とは見難い。

侍所の職掌は、「非違の検断・罪人の決罰・幕府の宿直警衛にあたる」「戦時に際しては軍奉行となり御家人を統轄した」（吉川弘文館『国史大辞典』）というから、単に建物の称とも見られず、職掌柄、義盛一人では手に負えまい。義盛はこれより先、十一月十七日に侍所別当に補せられたが、そこに「義盛望二申此職一之間有二御許諾一、仍今日、閣二、、上首一被レ仰云々」とあるから、侍所は義盛一人のものとは見えない。

永原慶二氏は「景時を侍所の所司に任命し、義盛の女房役をつとめさせた」（『太陽』一九六九年十月号）とする。『国史大辞典』は、別当職は義盛と梶原景時が「交替で就任した」というのは、建久三年（一一九二）頃、義盛が景時の策略でその職を奪われ、景時追放（一一九九）後、復活した（安田元久、講談社『日本歴史全集』7）のをいうのだろう。

これには、『吾妻鏡』建保元年五月五日条に、「今日相州以二左衛門尉行親一被レ定二侍所司一云々」とあり、同六年七月二十二日条に「被レ定二所司五人一」とも見える。所司とは次官である。

そうとすれば、職員の記が見られないといって、宿直警衛の番の配属指示ひとつをとっても、これ皆別当自らの差配とは見難かろう。

これにも、建保の資料は、年代的には義盛滅後の任命故、その後の和田家の裔の認識外との主張もできようが、ここに提示された資料からは、それが建長時代のこととして提示される以上、そのいう「侍所」は一応その時点での認識で捉えるのが普通なのではあるまいか。

それにしても、その資料は朝盛からの聞書のように見えるが、その朝盛の義盛邸についての認識が果して史実に近いのだろうか。

(3)和田義盛邸

郡司氏は、義盛邸が「侍所」と称されたように見ながら、一方で「侍所は御所の廓内」ともするから、義盛の邸宅が「大倉御所の廓内」にあったと見るようでもある。

『吾妻鏡』建仁元年三月十日条に、次のようにある。

卯尅地震、未尅、若宮大路西頬焼亡、懐嶋平権守旧跡（私注 大庭景義旧跡）・土屋三郎・和田左衛門尉等宅以南、至㆓由井㆒人家、片時之間数丁災、

現在、鎌倉では「和田義盛屋敷」は鶴岡八幡宮のごく近い地に措定されているといい、角川『日本地名大辞典』もそれを「鎌倉史跡地図」で若宮大路の北に示している。ただ同辞典は解説の項では、『吾妻鏡』の上の記事から、それを八幡宮のごく近くの地にとるのを問題視している。

しかしいずれにせよ、義盛邸が若宮大路にあったことは争われなく、これでは大倉御所の廓内とはならない。それなら「義盛邸の呼称でもあり」というから、「御所内の侍所」とは別に、義盛邸をも「侍所」と称していたのなら、

鎌倉幕府の「侍所」とは、まことにまぎらわしい呼称というほかない。

これも建仁元年（一二〇一）の資料故、義盛邸がその後、御所の廓内に造立されたのだろうか。

建保元年（一二一三）の和田の乱を『吾妻鏡』で見ると、その二日条に、義盛がその一党を邸宅に集結した際、義盛宅の近隣にあった筑後左衛門尉朝重が、義盛宅への軍兵の競集と、その装束の態を見て驚き、これを大江広元に報知している。広元はたまたま客人と酒宴中だったが、客人を置いて直ちに「奔㆓参御所㆒」という。

義盛の邸が御所の廓内なら、朝重さえその異常を知ったのに、将軍実朝の感知せぬはずはあるまいし、そのような軍兵競集中の所へ、広元の奔参も叶うまい。

三浦義村は当初義盛に加担していたが、中途変心して、義盛の出陣を義時に報じたので、義時は「装㆓束水干㆒参㆓幕府㆒給」とある。

これでは、義盛邸が幕府の廓内にあったとは理解できない。

その合戦でも、

（義盛）相㆓分百五十軍勢於三手㆒、先囲㆓幕府南門幷相州御第小町上西北両門㆒……次広元朝臣亭……義盛大軍競到進㆓門前㆒

とある。これでは、御所の廓内からの蜂起とは見られまい。

これらを郡司氏は、

和田秀文氏の提供した朝盛や、その子孫に関する資料が『吾妻鏡』等の公式の資料よりははるかに史実性に富んでいることが分る

と主張するのである。筆者からはそこに問題があることになるが、それは第三者の判断に任すほかない。

⑷大江広元邸

『吾妻鏡』では、その後に将軍、義時、広元等が火災を避けて法花堂に脱れ、のち広元は御文箱警固のため法花堂から政所へ還ったとある。三日条には「自二法花堂御所一」相州・大官（大江広元）が連署して御教書を発している。四日条には、「将軍家自二法花堂一入二御東御所一尼御台所御第」として、ここで勲功等を調べていて、その間、大倉奥という広元邸など全く窺えない。

五月六日、ようやく「将軍家入二御前大膳大夫広元朝臣之亭一、是依二去二日御所焼失一也」となるのである。当初から広元邸に避難していたのではない。

広元は和田蜂起の報で直ちに御所へ奔参したとあり、その邸宅も攻撃され、先の酒宴客も難をうけているから、広元邸は御所の近辺にあったことを偲ばせよう。建保七年正月七日条の、「御所近辺、前大膳大夫入道覚阿亭以下四十余宇焼亡」からも知られる。

郡司氏は、避難先はこの広元邸ではなく、「大倉奥」にあった広元の別宅のように見るが、そこが明王院地近くなら、御所からはほぼ二キロメートル近くにもなり、緊急避難の地にしては遠すぎるし、のちに広元が政所へ還ることもかなうまい。

それよりも『吾妻鏡』からは、その避難先が御所北方の「法花堂」と確認される以上、氏の強調する「まぎれもない」という大倉奥の広元邸は、不思議な存在というほかない。

郡司氏は、ここでも自己の主張が「まぎれもない」というから、あるいは『吾妻鏡』より史実性があるというのだろうか。

⑸毛利入道西阿邸の問題

将軍が先のように、やがて広元邸に入り、そこが「御所」と称されたことは誰しも認めるところである。しかし、これをとって云々する氏の論点には、多くの疑念が残るのである。

第一点は、そこが御所だが、果して「ナコヘ」と称されたかどうかで、最初に触れたが、なんら解明されていない。

鎌倉で「御所」と称されたのは、『吾妻鏡』に多く見られるのに、一つもその「ナコヘ」の雅称の残らないのも不思議といえる。

第二は、毛利入道西阿は広元の子息であるが、果してその邸宅を受領していたかどうかも、この際精査する必要があろうというまでで、その的確な資料を知りたいのである。

第三は、毛利入道邸が今の明王院の辺りにあったということへの疑念である。ここでの最も主要な問題である。

筆者は、明王院の地は「毛利入道西阿領」とする資料はあるが、そこに居館を示すものがないので、この解明がほしかったのである。

もちろん、そこに領地のあった以上、近傍に邸宅もあったろうとの推測は許されよう。しかし、それが確認される資料が得られるまでは、あくまでも「一推測」にすぎなく、「史実」とはいえまい。

筆者はそれを『神奈川県の地名』、角川『日本地名大辞典』等も明王院の地に「西阿領」の資料を示していても、「邸宅」の資料を見ないところから、それを強調する郡司氏にその資料の教示を願ったのである。

しかるに氏は、再びここに「所領も居館もあった」とし、その「関係資料」という紛らわしい語を使ってあげるのが、筆者がかつてこれを「領地」の資料としてあげたものにすぎない。これでは「居館地」の資料にはならないから、もちろん反論資料とはなり得まい。

ただここに、『神奈川県大観』を明示され、その間、筆者も一、二の資料を得ているが、それでも疑いが晴れるどころか、ますます混迷を加えるのである。

それら資料はいずれもそこに「居館」のことを示してはいるが、すべて近代のもので、拠り所の古い資料をあげていないから、先に示した「領地」からの曲解とも取れるのである。

それにもましてこれら資料には、その邸宅地について相矛盾するもののあることである。

『神奈川県大観』では、「五大堂明王院の西。頼朝の頃はこの地に大膳大夫広元が居た」とし、「この堂地にまで屋敷の地先がかかっていた」というから、この『神奈川県大観』は西阿の邸を「明王院の西」と見るのであろう。

しかるに、学習研究社刊の『日本と世界の歴史』(9)に載せる「鎌倉時代前期の鎌倉」という附図では、大江広元邸を明王院より東南の地、それも六浦道を隔てのもの故、とても隣地とは言えないし、方角も異なる。

さらに『鎌倉物語』（小丸俊雄、一九八〇）によれば、明王院について本文では「毛利蔵人大夫西阿の領地」とするが、註記に次のように記している。

「現在十二所公民館近くに」、鎌倉青年団の建てた毛利入道邸跡とする碑があるという。諸種の案内書に「大江広元屋敷跡」とするのはここで、先のものとは同一地なのだろうか。

もし毛利入道西阿邸を探るなら、これこそ一物証であろうに、郡司氏が討究したようには見えない。しかし小丸氏は、「そこには武将の住宅地とは考えられぬ」と一蹴している。

それでも小丸氏は、別に「十二所バス停の近くに」「クロダ屋敷」と称する地があるので、これが「クロウド屋敷」の訛ったものなら「これが毛利蔵人の屋敷跡」ではなかろうかと述べている。もとより不確定なものからの一推測であるにしても、一資料である。

このように、毛利入道西阿の旧跡がこの「大倉奥」であるとしても、その伝えるものが多く、一提示のみを取って云々してはならないであろう。

⑹三浦の乱と関連して

この項は当初のメモの中にあったが、発表の際に省いたものである。

筆者の一推測の面が強く、戯論の恐れがあるからである。しかし毛利入道西阿邸を考える場合、忘却し難いものと見るので、ここにそれをとりあげ、いささか当時を知る参考になればと思うまでである。

先に毛利入道西阿邸がどこにあったかを問題にして来たが、それと共にそれがどこにあったにせよ、そこが禅師の居住所にされたという主張には、当時の状況からして疑念のもたれるものがある。

時頼の妻室は、この毛利入道西阿の女であった。『吾妻鏡』延応元年十一月二日条に、「北条五郎兵衛有㆓嫁聚之儀㆒、毛利蔵人大夫西阿息女也」とある。しかも寛元四年正月十日条に、将軍が方違いのため、この毛利西阿邸に入り、その甲冑着始式には、波多野義重も伺候しているから、まことに縁のある邸ともいえよう。そこには時頼との関係も見られようが、これを過大評価するのには問題があろう。

それは、禅師の鎌倉下向に先立ってあった三浦の乱からである。西阿の女が時頼の室として関係が深いのに、その西阿の妻が三浦泰村の妹であった関係から、西阿はその乱では三浦方へ加担し、長子、二男、三男らと共に討死してしまった。

時頼はその後、泰村後家（鶴岡別当定親妹）・光村後家（匡王能茂女）・家村後家（嶋津大隅前司忠時女）を皆落飾させ（五月十四日条）、鶴岡別当定親（内大臣通親卿息）を籠居させ（同十八日条）、その上「若州以下亡卒後家等可㆑有㆓活命御計㆒之由及㆓御沙汰㆒、具不㆑可㆑居㆓住鎌倉中㆒可㆑召㆓仰彼輩㆒云々」（二十五日条）と、鎌倉から追放しているほどである。それならば、西阿の女（時頼室）はどうあったかは全く知られないが、その許を退けられた感がする。

この事件から一年ほど経った宝治二年五月二十八日の『吾妻鏡』の記事に、「左親衛妾幕府女房男子平産」と見えるから、この妾室三河局は、この三浦騒動後に入れられた感がするからである。

このような時、鎌倉招請が時頼にせよ義重にせよ、かかる因縁のつきまとう邸宅に、禅師を擁するとは考え難くなる。しかも禅師の在鎌中でさえ、宝治元年九月十六日条（『吾妻鏡』）に、相模原毛利庄の山中で、毎夜田楽の粧いをした者が現われると、土民より言上があったとあるが、これが毛利入道西阿の旧領であった。

そこでこれを、その残党の庄内に隠れての所業か、と見る者もある（『鎌倉物語』）。

このような悪夢がなお尾を引く時節、その由縁の邸宅に時頼が停留させるとは考え難いし、況んやその主体者と見られる義重に至っては、それを取り計らうとは一層考え難い。

そこで筆者は『傘松道詠』に見える「北ノ方」とは、そこに資料上の問題はあるが、それでもそれが認められるならば、それは西阿の女であった人物ではなく、かえって後に入嫁したとはいえ、重時の女ではなかったかと提唱したのである（『宗学研究』三十四号）。

㈤名超と名越の問題

禅師の宿泊地を「名超（越）」と見たのは、確かに『宝慶寺文書』（阿闍世王示誡）による。しかし同文書のものには、「宝治二年戊申二月十四日、書二于相州鎌倉郡名超白衣舎一」とある。大久保道舟氏は『曹洞宗古文書』で、この「名超」を「名超（越）」とするところから、一般に「名越」と取られて来たのである。

今般、郡司氏は「名越村地名の発生由来」から「ナコヘ」説を強調し、それをば『宝慶寺文書』の「名超」になぞらえ、従来の「名越」の主張を撤去するに至った。

すなわち「名越」の地名を認め、「ナゴヘ」(名超)こそ御所の別称と見るようで、「御所の雅称がナコヘであった」と述べている。

ここに「名越村地名の発生由来」の「ナコヘ」はしばらくおき、『宝慶寺文書』の「名超」について述べてみたい。

①宝慶寺文書

元来、この文書には問題が見られる。大久保道舟氏が『曹洞宗古文書』で「伝道元筆法語」と紹介し、筑摩版『道元禅師全集』(一九七〇)で懐奘筆写本とされ、近く岩井孝樹氏はこれを道元禅師筆とされている(『大法輪』一九九五年二月号「道元の鎌倉行化」)。

これらによれば、この資料は一応信頼に足るものといえよう。

しかるに書道研究の上から、角紀子氏はこれを禅師真筆とするのに否定的である(『曹洞宗参禅道場の会会報』第二十四号〈一九九六年三月〉)。これに対し、岩井氏は反論している(『傘松』一九九六年十月号)。

しかもこれには、鏡島元隆氏はこの資料を内容面から検討して、「虚構の作品であると考える」(春秋社『道元』一九九七年九月)と発表され、これこそ時頼招請を言わんとして捏造された資料であると主張された。氏の烱眼には啓発されるものがある。

そうとすれば、この文書には検討の必要があろう。筆者は古文書学に疎いものの、それでもやはりこれを禅師筆とするのには疑念を懐いている。

それにしても、そこに「曇希護持」とするところからは、曇希時代にあったもので、あるいはその頃捏造されたものとしても、その捏造の頃、禅師が「半年喫飯白衣舎」といわれた「白衣舎」は「名超」にあったという認識が伝えられていたのではあるまいか。

そうでないと、これは全くの創作で、架空から生れたものとされるからである。文書自体は捏造であろうと、この「名超」には拠るものがあったと考える。

②地名

さてその「名超」であるが、郡司氏はしばしば触れる通り、これこそ「ナコヘ」で御所の雅称（別称）とする。そして「名超」とあって「名越」ではなく、「鳳莱町」のものではその証として「ナコヘ」とあるという。

先に見たように、これが禅師からのものでないとすると、この「名超」には後人の誤記が考えられなくもないが、筆者はこれを同訓から来るものであろうと見る。

当時の文書にあたっても、鎌倉の地名について『吾妻鏡』は「大倉」とするのに、「大蔵」とするものもあれば、「由比」には「由井」「由伊」さえ見られる。当の『宝慶寺文書』のほかのものでは、「最明寺入道」を「西明寺入道」としている。

しかもこの「名超白衣舎」とするのを、禅師が御所の雅称から記したものと取るなら、これは「御所内の白衣舎」となろう。それなら「御所内」の「白衣舎」とは一体いかなるものか、理解に苦しむ。

そもそも、これが禅師の記を承けるとするなら、禅師の『正法眼蔵』の奥書の記載方法からも、「御所別称説」からというのは、ひとり異質のものと言えよう。『正法眼蔵』の奥書からは、この「名超」こそ地名と見るほかないのである。

例せば、「宇治県観音導利院」「越州吉峰精舎」「吉田県吉峰精舎」「越宇禅師峰下」、また「越宇大仏寺」「越宇永平寺」等々、その住居の上の修飾語はすべて「地名」を冠しているのである。

郡司氏はまた、禅師が「名超白衣舎」としたのは、幼少時代に学習した「ナゴヘ別称」の知識からであろうとされるが、「有識故実」上からは、そのようなことは全く知られない。それは今のところ、郡司氏の発想以外には見られない。それなのに、これを禅師の学識に寄せるのは、禅師の学識を讃えることにはならず、かえって冒瀆する恐れがあるのではなかろうか。

（一九九八年二月五日）

（附言） 先の論稿執筆後、『傘松』一九九八年二月号で、さらに郡司氏の論稿に接した。従来、さかんに強調して来た「名越」の「御所別称説」から、「ナコヘ」の「御所内辞説」への訂正など、論の進展ともいえようが、変転とも見られる。

このように、時々変転する主張にはとても対応しかねるので、論を措くほかないが、ついでであるから、この際、一言だけ触れておきたい。

『ナコヘ』とは、もともと内辞（隠語）であるから文献資料には載らないものである」といわれるから、氏が従来主張して来た「史実」とされる資料は、「文献資料」でないことを認めるのであろうし、そこでは今後ともそのような文献資料が認められないことを自認したことにもなろう。

それでも、この度主張の「内辞説」から、筆者の批判に対しては、「それが見られないからといって批判は当らない」と述べ、「御所という語ももともと内辞であった」といわれる。

それなら「御所」の名は「内辞」であっても『吾妻鏡』の文献資料に頻出するのに、「ナコヘ」のみは、よくも七百余年、和田家のみに「隠語」で伝えられて来たものと驚嘆のほかない。しかし、そういうものが果して歴史的徴証とされ得ようか。「確かな史料」とし、「史実」と言い得るのだろうか。

氏は高柳光寿氏を「高名な歴史学者であるが『ナコヘ』のことなど全く御存知なかったものと思われる」と批判し、先に示したように、『吾妻鏡』よりも和田家の伝承資料の方が「はるかに史実性に富んでいる」と言うほどであるが、それは氏一個の見識で、とても採るべきものとは思われない。

（一九九八年二月十五日）

（補記） 毛利季光（西阿）第について、その後知り得た資料をあげて一考しておきたい。

『新編相模国風土記稿』に「長井甲斐守泰秀宅蹟」として「毛利秀光《ママ》宅ノ近隣ナリ」とあるように、『吾妻鏡』宝治元年（一二四八）六月五日条に「于時甲斐前司泰秀亭者西阿近隣也」とある。ところが『鎌倉攬勝考』は、長井泰重《ママ》第について、「五大堂の北寄にあり、毛利季光の舎兄時広《大江》の家なり」としている。泰秀はこの時広の子なのである。これでは、毛利西阿の邸も五大堂近辺にあったことになろう。しかし先の『風土記稿』は、両者が近隣であったとするが「五大堂辺」とは述べていないどころか、そこにあげる例示からは、それが解せないことになる。

『吾妻鏡』仁治二年（一二四一）三月十五日条に、将軍頼経が永福寺一切経会聴聞を終えて、晩頭還御の次で、甲斐前司邸に入御したとある。

時の将軍御所は若宮大御所であり、永福寺は今の鎌倉宮の北方にあったのであるから、泰秀の邸はその間の近くにあったと見られるのに、もし五大堂北寄りに在ったとするなら、将軍は晩頭にもかかわらず、東方遙かに回行したことになろう。

さらに『吾妻鏡』は宝治元年六月の三浦の乱につき、五日条に先のように両者の近隣をいい、「泰秀者馳二参御所一之間雖レ行二逢西阿一不レ能二静留一」とつづけている。

西阿は三浦の陣に入ったのであるが、三浦氏の邸は、これまた『吾妻鏡』の六月四日条に、

若狭前司并一族等之郎従眷族、彼是自二諸国領所一来二集彼西御門宿所一

とあるように御所近くで、角川『日本地名大辞典』は、三浦氏屋敷跡を「鶴岡八幡宮と大倉幕府跡との間にあったと伝える」という。

これでは泰秀・西阿の邸が「五大堂の北寄り」近辺なら、両者は西の御所方面へ共に馳せ参ずるはずで、「行逢」とは考え難い。これは単に「見かけた」ことをいうのだろうか。

それにしても、当時物情騒然たる中に、『吾妻鏡』は四日条で、西阿の妻が夜中（子刻）、「著二白小袖、褐帷一、僮具二従女一人一」、「泰村西御門宿所」を訪ねたとする。これでは、西阿邸は泰村の宿所とそう遠いものとは見られまい。それが五大堂地からのものでは、大変な道程になるまいか。

これらからも、泰秀の邸、したがって西阿の邸も「五大堂」辺りとは首肯し難くなるのである。

（二〇〇一年十一月）

第四節　伝心寺過去帳にみる「高祖仏法禅師」の記事についての覚書

二〇〇一年五月号『傘松』誌に、高橋秀栄氏が「伝心寺過去帳にみる『高祖仏法禅師』の記事」を発表された。伝心寺は横浜市金沢区所在の寺院で、そこに所蔵する「過去帳」に、道元禅師（以下「禅師」）が鎌倉下向の際、ここに半か年逗留されたと記していると紹介された。

高橋氏はこの記事について種々の思いを叙し、「この記事がはたして歴史的事実を伝えているかどうかは、今後の考察問題にしたいと思う」とされている。

しかるに、教育実習打ち合わせのため一時帰郷した孫娘が、私は受けていないが、高橋先生の講座受講の友人が、従来の所説を改めなければならないような貴重な資料が発見されたと話していたよ、と興味ありそうな口調で報告してくれた。

筆者はすぐに先の『傘松』の記事を思い出し、それがそのことであるなら、その聞き取りには誤りがあるようだと話したことである。高橋氏の先の記からは、この記が討究の必要のあるものと紹介しているものの、これが従来のものを訂正せねばならないほどの貴重なものと認められたとは言えないのに、聴講の学生に早合点させるような言及があったのだろうか。

宗内では、このようにとかく誤ったうけとり方が少なくなく、時にそれが誤って伝播し史実とさえされかねなくもないので、とりあえずその資料に接して懐かされた我が所感を述べて、大方のその資料への討究を望みたい。

㈠「過去帳」の記事の年代考

この「過去帳」は表紙に「天保十一庚子／過去帳」（一八四〇）と二行書にされているといい、裏表紙に「三十一代大安叟」とあるという。

大安は大安全明で、翌天保十二年十月、本堂再建というから、その頃寺史にかかわる諸記録の収集・保存への尽力もあったのだろう。そして「過去帳」は、そのあとの三十三代中興東山慧杲の略歴事蹟の次に「旧記録留扣」と記されたものが、今、問題の次の記事なのである。

高祖仏法禅師、宝治元年未八月十五日ヨリ北条道崇入道招請ニ依テ、当坊へ三月十二日迄滞在、御説教被為在道場也、法蓮坊大永院看住

この「過去帳」は三十一世によって初めてすべてが調製されたものではなく、それ以前の古記録や伝承を改めて清書して成ったものと理解されよう。

当寺は文政二年八月大火に遇ったというが、その後焼失以前の記も幾分かあったろうと見られるなら、そこに古い伝承をも記した新しい過去帳の作出も考えられれば、これらを基として天保十一年の「過去帳」が成ったと見られもしよう。

しかし、上の記事は「旧記録留扣」とあるが、それらは文政頃にあったものを天保十一年の調製の際に記したものとは見られない。それならば、ここ三十三代のあとに記すのは変で、「過去帳」の冒頭などに記すべきものであろう。

その記事の箇所は砥の粉のような白土色で塗りつぶされた上に記されていたというのでは、それが三十三世の事蹟のあとの記である以上、その処置は三十三世後の処置と見るほかあるまい。

三十三世東山慧杲については、そこに「明治十六年三百五十回忌、三十三世東山相務也」と見えるから、明治初めの人物といえる。三百五十回忌とは当寺の開山のそれで、寺伝とも相応する。

そうすればこの記は、少なくとも明治十六年（一八八三）以降、その寂後の世代によって記されたものともされよう。

その書き出しに、道元禅師を称して「高祖仏法禅師」とある。仏法禅師としたのは確かに早くに見られるが、「高祖」とするのは、筆者は不学にしてその古いものを知らない。

これが宗内で示されたのは、明治十年十月二十日の示達で、以来、道元禅師を高祖、瑩山禅師を太祖と称号するとしてからのものである。それでもこれに対しては当時反論もあったというから、定着まではやや時を要したものと見れば、この記事こそ、まさしく先の明治十六年を降ってからのもので、先に触れたように、三十三世後の世代によるものといえよう。

また、『永平広録』では「説法」とあったのに、ここに「説教」とあるのも、近代のものであることを偲ばせる。もっともこれらには「旧記録留扣」とあるが、それは旧記そのままでなく、そこに近代語（高祖・説教）をもって記したものといえなくもなかろうが、ともかくこれが明治時代の記と見られる以上は、その史実性についてはとくと吟味の必要があろうと思われる。

㈡寺伝上の問題

当寺の開創については、そこに「当寺創立大永元年ニシテ小田原北条氏繁公伝心寺殿開基也」とある。ここに大永元年開創とはいえ、禅師滞在の伝の上からは、その前身は古く鎌倉時代の草庵等の跡を受け継ぐものと見ないと、禅師滞在の伝は肯定し難い。

それなのに、その寺伝にそれ以前の存在を窺わせる伝承が全く残されていないのは不審である。すなわち、大永以前の伝承がないのに、禅師滞在の伝のみが伝えられるのは、そこに庵号が伝えられていても、ここが曹洞寺院となってからの伝承と見ないと理解できない。

鎌倉時代、何宗であったかは不明としても、それらが全く伝承を失って何もないのに、ひとり道元禅師の滞留のみが詳しく、それも旧記云々としても、古い天保十一年の寺記にも見えず、明治時代と見られる記に初めて窺われるのである。すなわち、この寺伝は寺伝上からは偏頗であって、この記を史実と採るには問題とせねばなるまいと思うのである。

㈢当「過去帳」伝の内容

高橋氏は禅師の鎌倉下向に、「墨染めの高僧が檀那とはいえ、在家の邸宅内に半年間もの間、同行の弟子たちと居続けるなどということは考えられないことである」とし、「私は……『坊』とよばれるような道場に数人の弟子たちと共に行住坐臥の日を過ごしていたのではないかと、推察したい」といわれる。その推察は確かに一考に価し、この法蓮坊などを認容したくなる。

そこでは、禅師の記に「名超白衣舎示誡」が伝えられ、久しくここが滞留地と見られて来たが、これも氏が触れるように、ある宿坊の一庵からここへ出て、これが示誡されたものと解されなくもなかろう。

しかし禅師の白衣舎滞留は、『永平広録』に「半年喫飯白衣舎」とある限り、一庵滞留にこだわる必要がないのではあるまいか。もしその記事を楯とするなら、『永平広録』のそれは後人の妄作とするほかなかろう。

また、この記には次のようにもある。

八月十五日ヨリ北条道崇入道則招請ニ依テ当坊へ三月十二日迄御滞在、御説教被為在道場也

『永平広録』には「八月初三日出レ山赴二鎌倉郡一」とある。十五日ではその間十二日間で、その行程も偲ばれよう。それなのに「三月十二日迄御滞在」では、『永平広録』の「宝治二年戊申三月十四日上堂」はどうなるのか。鎌倉から永平寺までたった三日ほどの帰還とならざるを得ない。

さらにこの記事では、この寺の前身を「御建立五月、嗣法山法蓮坊ト名称シ」と細註し、当時の坊名のように述べている。

しかるに、これは伝心寺開基二代の「大永院殿法蓮嗣公大居士　大永五年七月十五日　源能登守氏勝也」の法名と関連するように見える。

もしこれが、前身地の「嗣法山法蓮坊」や「大永院法蓮坊」の跡を承けての付名というなら、これこそ伝心寺の開基（初代）に与えられてよかろうに、二代のそれと関係するようなのは問題とせざるを得ない。

問題といえば、坊舎に山号を採るのも異様というほかない。

その記述にあたって見てみれば、上のようにあまりにも問題が多く、その記の明治時代と窺われることからも、とてもまともな資料とは見難かろう。

（『傘松』二〇〇一年七月号）

（補記）筆者は上の論稿に、『高祖』とするのは、筆者は不学にしてその古いものを知らない」としたが、これについて補記しておきたい。

『続曹洞宗全書』講式の部に「永平高祖報恩講式」とするのが収載されている。この講式は、本来宝暦三年（一七五三）面山作のもので、明治十四年（一八八一）大内青巒氏によって校訂されたというものである。

これのみでは、宝暦のものが知られないので、この標題が面山のものを引き継ぐものなら、「高祖」は面山の頃からあったことになろう。

しかるに筆者は、熊谷忠興氏の好意によって宝暦三年版のものを既に取得しているが、それによると、それは本来のものからではない。

そこでは「永平開山報恩講式」となっている。これでは「永平高祖」は大内氏の改訂からのもので、やはり明治十年の示達を背景にした改訂と見られよう。

なお、そこで『道元禅師伝研究』続（第一章第五節）で述べた問題も、この改訂から来ていると知ったが、その点は本書の第六章第九節下に譲る。

（二〇〇一年十月記）

第五節　道元禅師自賛の「帝郷正令」について

郡司博道氏は、その草稿本『永平道元禅師正伝明決抄』（一九九二）で、『永平広録』巻十にある自賛の「帝郷正令」は、禅師が久我家の正嫡を示す語句と強調し、通具実父説の証とするだけでなく、通具が久我源氏の正嫡だという証にしようとする、前人未発の論である。

これ恐らくは、『永平広録註解全書』に示される古註の一つに、「帝郷」に註して「村上天皇九世ノ末孫ヂヤ」に触発されての発展ではあるまいか。

道元禅師伝に関心を懐く筆者としては納得し難い点が多く、以下それを吟味してみたい。

この自賛の六句は、おのおの対句となっている。「帝郷正令」は「喚㆑你作㆓村僧㆒」を承けている。したがって、ここは両句を土台に討究する必要があろう。

氏は「帝郷」には、禅師の鎌倉での偈に「帝郷春色桃花紅」（輪本）とあるのをとって、この「帝郷」を京洛と主張する。しかし禅師は、それと同義語として、『普勧坐禅儀』では「大都不㆑離㆓当処㆒」とし、「酬㆓思首座来韻㆒」で「跉跰錯㆓旧都㆒」とし、『広録』巻一の歳旦上堂に「世界華開是帝郷」としているから、帝郷は京洛のみに解されないことになろう。かえって、仏法上の「本来の地」に解しても良いのではなかろうか。

現にほかの自賛に、「喚作㆓村僧一枚㆒」としたあとに、「仏祖是祖宗　仏祖是児孫」とするのは、この自賛と同じ消息と見られ、それならば、この「帝郷正令」は「仏祖是児孫」と対応して考えてよかろう。

その「正令」を諸橋轍次氏の『大漢和辞典』にあたってみても、「令」には多義あっても「嫡」の意はみられない。

氏の主張のものに似合わしいものとして、わずかに「姓」がある。そこでもしこれを採るとしても、それでは「正姓」で、「正しい家柄」くらいにしか採れまい。古註はそこで「村上天皇九世ノ末孫ヂヤ」とするのだろうか。

それにしても、これは「正嫡ヂヤ」とは言っていないし、それなら「通具正嫡」説の証にはならない。

それのみか、諸橋氏は「正令」を㈠政令に同じ、㈡複正」とし、『禅学大辞典』『佛教語大辞典』共、「正令」をば「正しい仏教の教え」としている。『大覚禅師語録』（中）にも「正令当行不分彼此」とある。

そうすれば「帝郷正令」は、仏教側のものとして理解すべきものなのではあるまいか。筆者にはそういう基盤に立ってこの自賛を解さないと、理解し難いもののように思われるのである。

筆者は、この自賛を次のように解する。

覩面出身　瞎驢頂顙

目前に現身しているものを見ると（自らの影像に対していう）、頭は瞎驢のそれに似てまことに醜い姿だ。

横二行天下一兮作二馬牛一　霹二靂大虚一超二人境一

（此奴が）馬牛となって世間を横行し（異類中行して救生にあたり）、世間に雷を落して、迷情超剋に奔走している。

雖三喚レ你作二村僧一　真箇帝郷正令

こんな姿を、（世間では）田舎住いの卑俗僧と言わばいえ、これこそ仏教の本来地に立って正法を説くのにつとめている姿なんだ。

それこそ「迷訳」かもしれないが、それはともかく、あとの二句を「田舎和尚とあなどるなよ、おれこそ京洛生れの（村上源氏の）正嫡だぞよ」というように解したら、一体、上の句との関連はどうなるのだろうか。

『光湯』に「アルヒハ俗姓ヲイフベシトイヘドモ」とあり、「古註」の一つに先のようにあっても、筆者はそう解するのは、「種姓を見ることなかれ」と説かれた禅師の意を受け継ぐものとは、うけとり難いのである。

ついでに、政権返上を寓したなどとも解釈される鎌倉での偈に見える「帝郷」について触れておきたい。

これは、如浄禅師の台州瑞巌寺語録末のものと酷似するのである。そこにある「帝郷春色杏花紅」は、鏡島元隆氏が「浄慈寺のある都の春景色はいまや杏の花盛りであろう」（『天童如浄禅師の研究』）というように、「都」と解されるものである。浄慈寺は、如浄がこれから転住する南宋の首都臨安府のものだからである。

故に、この上堂語を真似たとも見られる禅師のそれも、これに準じて解するのが普通であろうが、如浄のそれに較べて、禅師のそれには「京都」を指す必然性が感じられない。

禅師はそれを習ったにしても、その意は次のようでなかったかと推測するものである。

半年喫飯白衣舎

とうとう半年も在家の中で暮らしてしまい、（したがって、あれこれ取り沙汰もされていることだろう）。

老樹梅花霜雪中

しかし私には、老梅が霜雪の中で花をつけるように、（在俗の家にあっても）清冷そのものの生活だ。

驚蟄一雷轟霹靂

本日、突如、大地が振動してゴーゴーとなりわたり、俗界は大騒動である。

帝郷春色桃花紅

でも、正法に立つ本来の風光地は、桃花紅に萌えて春色一杯、まことにのどかなものである。

「鎌倉は地震で大騒ぎしているが、京都は春色一杯で桃花が咲いてのどかなことだろう」と解されなくもなかろうが、禅師には「京洛」が偲ばれるよりも、越前の山色が浮ぶのではなかったろうか。永平寺帰山の上堂語からも、それが推察される。その点からも、「帝郷」を「京洛」とのみ解するのに疑念を懐くのである。

これ、筆者一箇の異解にとどまるのだろうか、叱正を得たい。

（一九九三年四月）

第六節　伝道元禅師「尽未来際不離吉祥山示衆」について

『建撕記』明州本に次のようにある。

師九《ママ》初十日示衆曰、従㆓今日㆒尽未来際、永平老漢、恒常在㆑山、昼夜不㆑離㆓当山境㆒、雖㆑蒙㆓国王宣命㆒、亦誓不㆑出㆓当山㆒、其意如何、唯欲㆘昼夜無㆑間精進経行積功累徳㆖故也以㆓此功徳㆒先度㆓一切衆生㆒、見仏聞法而落㆓仏祖窟裏㆒、其後永平打㆓開大事㆒、坐㆓樹下㆒破㆓魔波旬㆒、成㆓最成覚㆒、欲㆓重宣㆓此義㆒、以㆓偈説㆒曰、古仏修行多在㆑山、春秋冬夏亦居㆑山、永平欲㆑慕㆓古蹤跡㆒、十二時中常在㆑山（以下「誓約示衆」とする）

これについて『宗学と現代』第二号で、石井修道氏がこれを「重視」していて、かつてこれを批判した鏡島元隆氏とで応酬のあったことを知った。その上、石井氏のこの発表のあとでは、これについての反問は松本史朗氏以外窺われないから、一般には了承されたのだろうか。

これに関し筆者は学生時代、確か村上専精氏のものであったと思うが、道元禅師（以下「禅師」）が療養のため上洛し、「尽未来際不離吉祥山」の誓願を破る「そしり」をうけることになったというのを読んで、それをその当時の伝で探り、『訂補建撕記』で見出した。

その後、禅師伝の討究にあたるうち、この資料は採るに足らないものと見て、かつての研究書にも取り上げなかったが、以上のことを知った今、それについての愚見を述べてみたい。

(1)「誓約示衆」の資料的価値

石井氏がこの資料を重視するのも一見識で、この資料と「弁道話」の「浄禅師に参じて一生参学の大事ここにをはりぬ」とから、ここに禅師において思想上変化のあったことをいわれるのである。確かに、これを同一線上におくなら、その主張にも理があろう。

「弁道話」については、かつてこれを偽撰視した人もあったが、正法寺本の出現からは、禅師の親撰のものからと見るほかなかろう。

しかし「弁道話」の「参学の大事」については宗学上の論題で議論もあるので今は措くとして、禅師は「面授」巻で、如浄に面授を得、正師に相見し得た喜びを感激をもって記し、「仏祖」巻では如浄の仏法の釈尊よりの嫡伝を信得し、「嗣書」を得ての帰朝であった。その「嗣書」巻の示衆から窺えば、その授受は「仏の印証」を得たものとされる。

「礼拝得髄」巻に、「修行阿耨多羅三菩提の時節には導師をうることとかたし」といわれるが、興聖寺での『学道用心集』では、「参禅学道可レ求二正師一事」を強調し、当時の日本には邪師が多いとし、それらは「自解未立以前、偏専二己我之心一、濫教二他人招墜二邪境一」者であるとしている。

ここからは、禅師には自分こそ正伝の仏法を伝える者という「正師」の自信のあったことが偲ばれよう。それなのに、先の資料がその後の禅師の真実語とされるなら、それ以前の禅師の「示衆」は、それこそ「自解未立以前」のものと化し去ろう。

近頃、これに類する主張が多い。すなわち、禅師はかつて示衆した七十五巻眼蔵の誤謬を訂正しようとして、新たに十二巻本にとりかかったかのようにいうのは、先に『秘密正法眼蔵』「八大人覚」の奥書の誤読からと見て、これを示したことである。

さらにいえば、仏法は学問でもなく思想でもない。衆人を安心立命すべきものである。自らの「安心立命」なくして教線に立ち得ようか。そのための『正法眼蔵』の示衆を、思想の面からのみで云々してはなるまいと思うのである。そうでないと、「仏法」を「教宗」ととるのを嫌った禅師の立場に背くものではあるまいか。

この「誓約示衆」とは、瑞長本に

開山和尚五百年之際、此吉祥山不離ヲト云御誓約之アリト、古今ニ伸伝フ、雖レ然本記録未二見出一、此御法語其カト覚ウ

と示したものである。

すなわち、『永平広録』にも見えない示衆である。

よって「本記録未二見出一」態のものなら、この「誓約示衆」は一応疑義のあって然るべきもので、ほかの禅師の記録と照合する必要のある資料といえよう。『永平広録』にも見られないのに、それを簡単に採って、宗学問題の一基底にすることには問題がなかろうか。すなわち、かかる資料を重視して、『正法眼蔵』等の諸資料よりも、これを優位に見ようとするのは、資料の扱い方として納得し難いものがある。

かえってこの際は、ほかの資料から見て、「弁道話」の記をこそ採るべきと思うのである。まま資料の十分な討究もなく、それを簡単に採って、宗学上の問題解決の一資料とする風潮が見られる。

(2)「誓約示衆」と禅師伝上の問題

建長五年（一二五三）八月、禅師が療養のため上洛したことは否定し難い。よってその「誓約示衆」が事実なら、確かに禅師に「誓約」破りの「そしり」があって当然であろう。

しかし、そのような公言があったら、義重の療養勧請も考え難いし、禅師がそれに応ずることもあるまい。そう

いえば、禅師を聖人視して護教的だとの反論もあろうが、上の資料はそれほどまでに重視すべき資料なのだろうか。建撕には懸念されるものがあったのである。

既に鏡島氏の触れるように、「弁道話」に先のようにあるのに、後の永平寺下で「大事打開」など考え難いことで、これでは禅師の入宋は成果なくしての帰朝ともなろう。

また、「面授」の許容、「嗣書」の伝授など、その示衆内容さえ問題視されようし、先述した通り、それまでの説示は一体なんであったのだろうか。全くの「空華」か。

宗学上では、この資料の後段のみをとって云々する嫌いがあるが、資料上は前段のそれを見逃してはなるまい。すなわち、その資料の性質は前文からも判断すべきではなかろうか。

よってこれは、禅師のほかの資料や古伝から見て、とても採用し難いものと見るのである。

（『宗学研究』四十二号〈二〇〇〇年三月〉、二〇〇一年一部補記）

第七節　『正法眼蔵』私考

わずかに「道元禅師伝研究」が精一杯の筆者には、「宗学」をいう資格はないものと自認している。それでも宗門人の一人として、それに関心がないわけではない。

特に「道元禅師伝」の研究を通して学んだことを基として、現在『正法眼蔵』（以下『眼蔵』）に対する諸見解を見ると、先に懐いたのと同様な思いを懐かされる。よって、筆者のその思いをここに述べてみたい。

道元禅師伝研究の上で古い『建撕記』の諸本を提示された河村孝道氏の『諸本対校 永平開山道元禅師行状 建撕記』の刊行は、道元禅師（以下「禅師」）伝研究史上特筆すべきものである。

これによって、今まで唯一の拠りどころとするほかなかった『訂補建撕記』の誤りが指摘されることになった。

しかし、この古本『建撕記』の出現をもって、これで禅師伝が解明されたとはいえない。そこには、その拠りどころとされる『三大尊行状記』に対しても、建撕なりの解釈が見られるし、やはりその後の伝承も見受けられ、十分の討究なくしての使用は問題となるのである。

同様に『眼蔵』でも、本山版の板行は、これによって宗門一般が親しくそれに参究できるようになって、その功や大というべきであるが、しかしこれを過大評価してはなるまい。

確かに各巻を年代順に配列したり、禅師の識語のみでなく、懐奘所写の識語をも載せ、不十分ながら他本の対校も見られる。その上、その板行の経済上の労など、大いに讃すべきものがある。

しかも各系統本を参照し、七十五巻が主体のようでもあるが、「八大人覚」の末に載せる懐奘の識語は、所謂の「秘本」からのもののようで、そこに禅師の『眼蔵』に対する意図が窺われる。それは「旧草」を改め、それに「新草」を加えて一百巻にしたいというもので、この「八大人覚」はその「当ニ第十二」としていることを記している。しかし、その「十二」がいかなるものか久しく知られなかったが、それが明確になったのは、永光寺蔵の『十二巻本正法眼蔵』の発見による。これは「二〇世紀の『正法眼蔵』研究史上の最大の成果と言ってよいものであろう」とされる（石井修道「四馬考」）。

この点、先の古本『建撕記』の出現同様のものがあり、これに学界の関心が集って不思議はなく、ついにはこの十二巻本が過大評価され、旧草と対比の論が発表されて、宗学上大きな論点の一つともなった。

これには、古田紹欽氏の『正法眼蔵の研究』（一九七二）が前提とされている。それは、本山版『眼蔵』の「彫刻永平正法眼蔵凡例」の誤りからであるが、氏は禅師の『眼蔵』は未定稿のもので、懐弉によって編集されたものと見、その命名さえ懐弉によるように示された。

この研究が十分の精査もなく宗門に入れられ、「八大人覚」の懐弉の後記をもって、禅師は旧草を捨てて新たな『眼蔵』にかかり、ここに十二巻本が生れたという主張さえ生れ、そこでは旧草と新草との思想的変化さえいわれるまでに至っている。

十二巻『眼蔵』への取り組みは嬉しい限りであるが、宗門では自らは『眼蔵』の味読もなく、先の新知見をそのまま受容して、その上でなおあれこれいう者を見る。

すなわち、十二巻『眼蔵』の誤った評価からの発展で、この点、筆者の捉えた『眼蔵』への視点、および十二巻本についての思いを披瀝してみたい。

㈠『正法眼蔵』の基点

『眼蔵』の諸研究の中で、『眼蔵』の述べる資料を探る、いわゆる出典の研究は江戸期よりなされて来たが、鏡島元隆氏の『道元禅師の引用経典・語録の研究』（一九六五）の功績や大で、その後も引き継いで討究されて、近く石島尚雄氏・池田魯参氏によって『法華経』や『止観』のものが多く発表され、禅師の天台学素養の深さを知らされる。

叡山で六年もの研学にあたられた禅師であれば、それも一応考えられて当然で、筆者も一時その考究に入りかけたこともあった。もっとも池田氏のそれは、中国天台へのものなのは確かに注目に価し、貴重な研究である。

この天台学のことから、早くには、禅師は『法華経』を「経王」とし、京都で入滅前に『法華経』を誦し、その一句を柱に書したという伝などのことから、禅師は「天台僧」としてその生を終えたかのように見る者さえある（柳田聖山〃タブーへの挑戦〃「道元」『中外日報』一九八〇年十一月〜一九八一年一月）。

しかし、それらにとらわれるのでは、禅師のいわれる「経師論師の見解」とされるのではあるまいか。

確かに、禅師は多くの諸経典をあげ、また禅者の語録等をとって提撕されているが、それが『法華経』『止観弘決』等をとっても、天台学の見解で説くものではなく、『華厳経』をとっても華厳教学のそれを述べるのではない。禅師の基底は「大白峰の浄禅師に参じて一生参学の大事ここにをはりぬ」に始まる。これは「弁道話」の一語のみではない。『眼蔵』諸巻に窺われる如浄より受容した「正伝の仏法」の立場からの主張である。

この基点を忘れて、天台の語句が多いとか、華厳がどうとかというのももちろん一研究であるが、それにとらわれて天台とか華厳とかいってはなるまいと思うのである。

衛藤即応師のいわれた「宗学」は、禅師のその基点に立っての研究であれというものとうけとめられるが、もちろん末学の徒としてその理解に不安がないではない。

『眼蔵』には、哲学面からも科学面からの討究も入り得るものの、我々宗門人は『眼蔵』を宗教面からうけとめなければ、禅師の立場を外れるのではあるまいか。

旧草と新草の間に差異が認められるという。それは否定し得ない。そこで、年月上からして、これを「思想上の変化」とする。

だが、その差異は既に「旧草」自体にさえ見られるものであって、それは僧団開設早々の一時期のものと見られる『随聞記』の説示にも数多い（『道元禅師伝研究』第七章第四節参照）。

今、その一例を坐禅の説示でみよう。

○実ノ得道ノ為ニハ、只坐禅功夫、仏祖ノ相伝也（二）

○学道ノ最要ハ坐禅是第一也、大宋ノ人、多ク得道スルコト、皆坐禅ノ力也（六）

○タダ仏法ノ為ニ仏法ヲ行ジユク也、タトヒ千経万論ヲ学シ得、坐禅トコヲヤブルトモ、此心無クバ仏祖ノ道ヲ不レ可二学得一（六）

○不レ可レ執二此身一、縦ヒ窮二古人語話一、雖三常坐如二鉄石一、著二其身一不レ離者、万劫千生不レ可二得道一（五）

この一時期のものを「思想の変化」とは捉えられまい。そうすれば、ここでは禅師の立論の不徹底さを笑うか、または『普勧坐禅儀』のそれからは、後者は後人の筆と採るほかないことにもなろう。

そもそも『眼蔵』をどう捉えるか。九十五巻をそれとしてその間の差異を云々するのももちろん「学」であろうが、一巻一巻が『眼蔵』であると説いた古人がある。そうすれば、その一巻がなんのための説示なのか、そして時に差異の感じられる点の究明等こそ「宗学」の「学」なのではなかろうか。

「出家在家にかかわらず」といい、「男女を論ぜず」と説くのに、「在家成仏」「女人成仏」を否定して、これを「正伝」とする。また、時に「因果不落」といい、時に「因果不昧」というのは、経師論師の立場からは確かに問題であろう。

禅師は古人の語話を示して提撕にあたるが、それは巻目の素題にそってのものであるから、その「不落因果」は「大修行」へのもの、「不昧因果」は「深信因果」に向けてのものと捉えるほかあるまい。

教相にとらわれる者には古仏の語話を説き、語話にとらわれる者には打坐を示し、その坐に執する者には執着心の捨離を説く。これは、度衆生の大慈悲心からの展開であろう。

「現成公案」にいう。

仏法をならふといふは自己をならふなり、
自己をならふといふは自己をわするるなり、
自己を忘るるといふは万法に証せらるるなり、
万法に証せらるるといふは、自己の身心、および他己の身心をして脱落せしむるなり、
悟迹の休歇なるあり、
休歇なる悟迹を長々出ならしむ。

これ既に天福元年（一二三三）中秋の頃のものである。これを「建長壬子」（一二五二）に拾勒して七十五巻の巻頭に配したところに、禅師の思いを知るべきではなかろうか。その思いをほかにして七十五巻を云々し、禅師の思想を批判するが如きに至っては、全くの増上慢といえよう。

仏道は無限の「仏向上事」である。一処にとどまってはならない。しかし、それならばこそ「思想の変化」はあ

ると反論されようが、それは先の「休歇なる悟迹の長々出」を忘れたものなのではなかろうか。そうでなくては、「一生参学の大事ここにをはりぬ」は虚言となるからである。

これにもあれこれと、禅師が天籟の声を聴いたからのようにいう論者もあるが、それでは『眼蔵』を一貫する「正伝の仏法」の「正伝」はどうなるのか。それでは「伝」になるまい。『眼蔵』の「面授」「嗣書」巻を外して『眼蔵』は成立しまい。そういうことを排撃するのこそ禅師の仏法であり、『眼蔵』の精神とうけとめられるのである。

(二) 七十五巻本と十二巻本

「八大人覚」の後に記す懐弉の識語の読解には種々のものが見えるが、筆者の見解は『道元禅師伝研究』続所収（第五章第六節）のものに譲る。要は、両本には差異は認められても、取捨さるべきものではないというのが基本的態度である。

今、その差異と思われるものについて考えてみたい。

(1) 清書本と草稿本

世の論者の中には、この二本でいえば、七十五巻本は禅師の捨てたもの、十二巻本こそ禅師の真を伝える改訂本と考えた者もあるが、それは先の識語の誤読からであろう。

この両本は筆者から見れば、七十五巻本は禅師の清書本であり、十二巻本は草稿本にすぎないともいえるものなのである。

先の識語に「前所〻撰仮字正法眼蔵等、皆書改」とある。これは「先の『眼蔵』を皆書き改めよう」ではなく、「皆書き改めり」と読むべきものと思うのである。そうすれば、七十五巻本は禅師による清書本でなくてはなるまい。

ただ、現在伝えられる七十五巻本『眼蔵』中、どれが「書改」本を承けるのか、またはその「草稿本」だったのかは、討究の必要もあろう。

十二巻本の「帰依三宝」巻に懐弉は、

以㆓先師御草本㆒書写畢、未㆑及㆓中書清書㆒、定御再示時有㆓添削㆒歟、於㆑今不㆑可㆑叶㆓其儀㆒、仍御草如㆑此

とし、「四馬」に「以㆓御草案㆒書㆓写之㆒畢、懐弉」としている。ほかの諸巻では、建長五年、建長七年の書写というのみで、先のような記を見ないのもあるが、上と同様のものと見てよいであろう。

よって筆者は、禅師の最終的な『眼蔵』は、七十五巻の清書本と十二巻の草稿本とがその主体と見るほかないのである。少なくとも、この観点から両本を見ないで云々するのは、妥当性を欠くに至ると思うのである。

(2)両本の説相

両本の改訂をいうものの中には、旧草から新草への改訂として、次のような関係を想定するものがある。

伝衣 ──→ 袈裟功徳
発無上心 ──→ 発菩提心
出家 ──→ 出家功徳

これには「出家」巻の「秘本」の奥書に、「有㆓御龍草本㆒、以㆑之可㆑書㆓改之㆒、仍可㆑破㆑之」とあるのが有力な証ともされよう。しかし、ここでの「御龍草本」とは、いわば「出家」巻の中書本清書本をいうもので、後の「出家功徳」巻ではあるまい。

よって、この両巻の関係から触れていこう。

①「出家」と「出家功徳」

要をいえば、「出家」巻は出家者に対する出家の意義の強調であるのに対し、「出家功徳」巻は出家の功徳の強調で、いわば出家を勧めているものと見られる。それでは出家者に対する説示とはされ得まい。そうすれば、それは在家人への説示と見るほかなかろう。そこには次のようにある（傍点筆者、以下同）。

○世人もし子孫をあはれむことあらば、いそぎ出家せしむべし。父母をあはれむことあらば、出家をすすむべし。

○出家をすすむる果報、瑫魔王にもすぐれ、輪生にもすぐれ、帝釈にもすぐれたり。……在家戒かくのことくならず、ゆゑに出家すべし

○しかあればすなはち、衆生は親疎をえらばず、ただ出家受戒をすすむべし

これでは「出家者」に対する説示とは見難く、出家勧誘のものと取るほかない。

これには「出家」巻で『大般若経』を引用して出家を強調するのに、「出家功徳」巻では「捨二国位一成二正覚一結二法輪一度二衆生一しましまず」と、出家の功徳を唱揚し、また「出家」で大論を引いて「出家破戒猶勝二在家持戒一、以二在家戒一不レ為二解脱一」と厳しいものなのに、「出家功徳」では「出家功徳無量、以レ是白衣雖レ有二五戒一不レ如二出家一」と、やや説相を和らげて出家の功徳を説いている。

ところが問題なのは、そこで次のように説かれることである。

○聖教のなかに在家成仏の説あれど正伝にあらず、

○女身成仏の説あれど、またこれ正伝にあらず、

これは、在家人への説示としてはまことに酷ではなかろうか。これでは「礼拝得髄」巻で説くものと相剋するものではあるまいか。

しかし思うに、これは在家人に向って「出家の功徳」を強調したからであろう。ここで禅師のいう「聖教」が確

かめられないので明確な判断はし難いが、ここでは在家のまま、女人のままでの成仏の不可能をいうのであろう。在家人は出家に帰依し、すなわち「三宝」に帰依し、僧（出家者）に依止し、その教導なくしては成仏は認め難いというのが、「正伝の仏法」の立場だというのであろう。

②「伝衣」と「袈裟功徳」

本山版では「伝衣」の奥書に「ときに仁治元年庚子開冬日、記二于観音導利興聖宝林寺一、入宋伝法沙門道元」とし、「袈裟功徳」のそれに「ときに仁治元年庚子開冬日、在二観音興聖宝林寺一示衆」とする。これでは前者は記述の草本で、後者はその示衆本の感を与える。

しかし、両者の内容は構成にも異なるものがあり、細部では大きく異なる点もあるので、同日のものとは考えられない。恐らくは「袈裟功徳」巻をもって「伝衣」の別本と見たところから、後人の記でこのようになったのであろう。「袈裟功徳」巻の「参本」は上の奥書を欠き、「建長七年乙卯夏安居日　令二義演書記書写一畢」とあるというから、これこそ十二巻本のものからであろう。

ここから、前者は七十五巻本のもの、後者は十二巻本からで、本来別箇のものと見られ、それはその内容のみならず、その説相からも窺われるのである。

「伝衣」の意義はかつて『道元禅師伝研究』続で触れたが、門下に「仏祖正伝の仏衣」について説示したものとうけとめられる。そこではいう。

たとひ八万四千の三昧陀羅尼をしれりとも、衣法を正伝せず、袈裟の正伝をあきらめんは諸仏の正嫡にあらずと。これは「袈裟功徳」には見られない。

「伝衣」では、

釈提桓因および阿那跋達多龍王等、在家の天主なりといへども、龍主なりといへども袈裟を護持せり

とするのに、「袈裟功徳」では

いまは梵王、釈王、ともに袈裟を受持せり、欲界の勝躅なり、人間には勝計すべからず、在家の菩薩みなともに受持せり

とし、前者は「在家ですら」と説くのに、後者は、在家者も護持した例証としてあげているといってよかろう。

しかも「袈裟功徳」は、その袈裟を伝持された祖師への報謝を説くことが多い。

○祖師伝法の深恩、ねんごろに報謝すべし

○いずれの家門か、わが正伝のごとく、釈尊の衣法ともに正伝せる、これにあふたてまつりて、たれか恭敬供養せざらん、たとひ一日に無量恒河沙の身命をすてても、供養したてまつるべし、なほ生生世世の値遇頂戴、供養恭敬を発願すべし

と、釈尊の衣法を伝えた祖師への恭敬供養がいわれる。

また、袈裟は「在家の菩薩みなともに受持せり」とし、そこで「在家の人天なれども、袈裟を受持することは大乗最極の秘訣なり」と、在家人の受持を讃えもする。

さらには「伝衣」に見られない「五聖功徳」「十勝利」をあげるところに、この「袈裟功徳」の「伝衣」と異なるものがある。

その上、インドの国王並びに中国の王臣の袈裟受持に加えて、「日本国には聖徳太子袈裟を受持し」と述べるのも「伝衣」に触れないもので、そこから「たとひ帝位なりとも、たとひ臣下なりとも袈裟を受持し、菩薩戒をうくべし、人身の慶幸これよりすぐれたるべからず」とするのは、一般在家人を念頭にしての説示だからではあるまいか。

「袈裟功徳」巻では『悲華経』を引用している。

若有㆓衆生㆒入㆓我法中㆒出家、著㆓袈裟㆒者、或犯㆓重罪㆒、或堕㆓邪見㆒、若於㆓三宝㆒軽毀不㆑信、於㆓一念中㆒敬心尊㆓重僧伽梨衣㆒……

ところが「伝衣」では、上の棒線の部分がない。これは何故であろうか。これは十二巻本に見える特色に関係すると思われ、その点は別に触れたい。

③「発無上心」と「発菩提心」

本山版では両巻共、末に「爾時寛元二年甲辰二月十四日　在越州吉田県吉峰精舎示衆」とある。しかし両巻を較べてみると、その構想を全く別にして、先の「伝衣」と「袈裟功徳」、「出家」と「出家功徳」の関係とは全く異なったものになっている。

この「発菩提心」には、参本や十二巻本では「寛元二年」とする奥書がなく、「建長七年乙卯四月九日　以㆓御草案㆒書写了　懐奘」とあることから、これまた「発菩提心」は十二巻本の草案のもので、「発無上心」は七十五巻本のものと採れよう。

この両巻の構成は次のようである。

発無上心	発菩提心
①西国高祖曰　雪山喩大涅槃	①三種心　質多心・汗栗多心・矣栗多心
②震旦発祖曰　心心如本石	②大般涅槃経　発心畢竟二無別
③大証国師曰　牆壁瓦礫是古仏心	③法華経寿量品　毎自作是念
④法華方便品　作是恩惟時十方仏皆現	④同方便品　刹那流転無有暫停

⑤釈迦仏言　明星出現時、我与大地有情同時成道
⑥釈迦仏言　妻子肉、自身肉供二養三宝一
⑦華厳経　最初発心時一向求二菩提一

⑤禅苑清規　発悟菩提心否
⑥仏本行集経　菩提心不断三宝
⑦大般涅槃経　常勤守護菩提心
⑧大智度論　魔有二四種一

そこでは同じ項目を見ないから同日のものとは見られないし、改訂としては異様であろう。説示の内容でも、「発無上心」は「いはゆる心は心如なり、尽大地の心なり、このゆゑに自佗の心なり」と、禅師特有の拈提で終始する。しかも「造仏造塔」を「発菩提心」とし、「一発菩提心を百千万発するなり、千億発の発心はさためて一発心の発なり」と示すことなどはあっても、そこでは「自未得度先度他」のそれに触れない。

これが「発菩提心」になると、心に三種ありとしてあげ、それを解説して「菩提は天竺の音、ここに道といふ、質多は天竺の音、ここに慮知心といふ」と丁寧な説示に始まる。

そして菩提心は上の慮知心からとし、「菩提心をおこすといふは、おのれいまだわたらざるさきに一切衆生をわたさんと発願するなり」と述べていく。

その場合でも、菩提心を起して永劫の修を重ねて仏になる者、あるいは衆生を先に度して自らはついに仏にならず、ただに衆生をわたし衆生を利益することに励む者とがあるが、それは菩薩の意楽に任せる。その衆生を利益するというのは、ほかに「自未得度先度他」の心を起させることをいうと、一々委細な解示となっている。

○かくのごとく流転生死する身心をもて、たちまちに自未得度先度他の菩提心をおこすべきなり、
○自未得度先度他の一念をおこすがごときは、久遠の寿命、たちまちに現在前するなり、
○たとひ在家にもあれ、たとひ出家にもあれ、あるひは天上にもあれ、あるひは人間にもあれ、苦にありといふ

とも、楽にありといふとも、はやく自未得度先度他の心をおこすべし、

と説くのは「発無上心」では見られない説相である。その上、次のようにもある。

菩薩の初心のとき、菩提心を退転すること、おほく正師にあはざるによる。正師にあはざれば、正法をきかず、正法をきかざれば、おそらくは因果を撥無し、解脱を撥無し、三宝を撥無し、三世等の諸法を撥無す。

さらに、天魔波旬等あって、菩薩に向い、

すすめていはく、仏道長遠久受㆓諸苦㆒、もともうれふべし、しかじ、まづわれ生死を解脱し、のちに衆生をわたさんには。行者このかたらひをききて、菩提心を退し、菩提の行を退す、まさにしるべし、かくのごとくの説は、すなはちこれ魔説なり、菩薩しりてしたがふことなかれ

と説く。そしてその「菩薩」について、

西天二十八祖、唐土六祖等、および諸大祖師は、これ菩薩なり、ほとけにあらず、声聞辟支仏等にあらず、いまのよにある参学のともがら、菩薩なり、声聞にあらずといふことあきらめしれるともがら、一人もなし

としている。これなど破天荒ともいうべき説示である。

しかし、これをもって禅師のここに至っての初めての述懐と見てはなるまい。これは既に『永平広録』第六の上堂に見られる。その上堂は、建長三年（一二五一）夏安居解制上堂と同年の中秋名月に臨んでの上堂の間のものである。

建長壬子（四年）拾勒による七十五巻清書本以前のものなのである。

それでも晩年のものとして云々するものへは、「現成公案」の参究を望むほかない。

以上、十二巻本の数巻について見て来たが、この点、その説相には「帰依三宝」「深信因果」「供養諸仏」などにも強く窺われるものがあり、「供養諸仏」のそれは「如来全身」とは全く異なっている。

この在家を意識すると見られる点から、十二巻本の中のあるものは、それらに対する説示の草稿本とも感じられ、その上からは鎌倉での説法が浮んでくる。そこでかつての論考（『道元禅師伝研究』続〈第五章第三節〉）で、「十二巻眼蔵中のあるものは、その時の説法の一部を偲ばす」としたのである。

以下、それについて述べてみたい。

㈢十二巻本相互の関連

禅師が鎌倉から帰って、宝治二年（一二四八）三月十四日の上堂に、「赴二相州鎌倉郡一為二檀那俗弟子一説法」とあるから、鎌倉行は「説法」にあったと見られよう。それも「只為レ他説、修善者昇、造悪者堕、修因感果、抛レ塼引レ玉而已」という。

ここから浮かんでくるのが「深信因果」巻である。

○参禅のともがら、まさにいそぎて因果の道理をあきらむべし

○しかあるに参禅のともがら、因果の道理をあきらめず、いたづらに撥無因果するなり

この「参禅のともがら」からは、これが在俗への説示とは見られまいとの論もなろうが、禅師は坐禅を「普勧」とし、そこで「参学高流」ともするから、「参学のともがら」は僧衆とのみは限るまい。そこでは次のようにもある。

因果を撥無することは、真の善知識に参学せざるなり、真の善知識に久学するがごときは撥無因果の邪解すべからず、龍樹祖師の慈誨、ふかく信仰したてまつり、頂戴したてまつるべし

ここに「僧は勝友」として、それを介することを前提とすることからと、上にいう語調から、在俗への考えがとられるのである。ここからは「帰依三宝」が関連し、「出家功徳」「受戒」「袈裟功徳」の関連さえ考えられる。以下、それら諸巻の関連を見よう。

①出家功徳

出家の功徳をあげて、それを勧めるのが主体の巻と見られるのに、そこに「三宝」「受戒」に触れ「袈裟」に触れ「因果」をもいう（棒引筆者）。

○いはゆる平常真正見解といふは、深信㆓因果㆒、深信㆓三宝㆒等なり

○因果を撥無せさるを善友とし善知識とす、この人の所説これ正法なり

○しかあればすなはち、はじめより一向無上菩提のために清浄の信心をこらして、袈裟を信受せん、その功徳の増長、かの戯女の功徳よりもすみやかなり、いはんやまた、無上菩提のために菩提心をおこし、出家受戒せん、その功徳無量なるべし、

②袈裟功徳

○諸仏如来、仏法僧の三宝に慚愧懺悔すべし

○『悲華経』所引（於㆓三宝㆒軽毀不信）

○たとひ臣下なりともいそぎ袈裟を受持し、菩薩戒をうくべし、

③供養諸仏

○いはゆる諸法実相を大師とするといふは、仏法僧三宝を供養したてまつるなり

○いまの凡夫のおもふところは、造悪の諸法実相あらんとおもふ、有所得のみ仏果菩提ならんとおもふ

④四禅比丘

○謗仏・謗法・謗僧なるべし、すでに撥無解脱なり、撥無三世なり、撥無因果なり、

○過現当来の諸仏諸祖、ともに父母師僧三宝に孝順し、病人等を供養するを化原とせり

これらを見れば、それぞれの主題の中においても、因果・三宝・正師・袈裟に触れる。かの「四禅比丘」では三教一致思想を破しているが、「深信因果」に「因果の道理は孔子老師等のあきらむるところにあらず」とあるのも興味がもたれる。

以上、これらを見れば、それらには相互関連するものが見られ、その在俗衆対象を考えると、半か年にわたる鎌倉在住間の「説法」を基底にするものと考えられてくるのである。

十二巻『眼蔵』参究の間に懐かされた思いの一端を披瀝し、諸氏の批正を望むや切である。

（二〇〇一年十二月稿）

第六章　雑　篇

第一節　道元禅師真筆研究序論

道元禅師（以下「禅師」）の真筆については種々の論があるが、まだ確定したものは見られないといってよかろう。その書法については別として、現在、その真筆と認められるものは、大久保道舟氏は、昭和四十五年（一九七〇）の『道元禅師真筆集成』では、次のものをあげている。

普勧坐禅儀
普勧坐禅儀撰述由来
正法眼蔵山水経
正法眼蔵嗣書
正法眼蔵嗣書断簡
正法眼蔵行持下
正法眼蔵諸法実相断簡

正法眼蔵西来意
対大己五夏闍梨法奥書
羅漢供養式文章稿断簡
明全和尚戒牒奥書

古田紹欽氏は、そのうち「山水経」については、早くには真筆として国指定重要文化財指定にあたられたのに、昭和四十七年（一九七二）の『正法眼蔵の研究』では、これを否定し、宗門に大きな波紋を起した。

さらに氏は、伝えられる禅師の花押には二種類あるところから、『普勧坐禅儀』のそれを一応の標準としてその筆法に照らせば、対大己五夏闍梨法断簡、明全和尚戒牒奥書、羅漢供養式文章稿断簡の書き入れ部分、及び広福寺蔵行持下のみを真筆とし、その他を問題としている。

ただし両者共、その真筆認定の基準としての筆法の特徴などについては、特に触れるものを見ない。

この点、岩本孝樹氏は、平成元年十月号以来、四回にわたり『傘松』誌上で、「道元禅師『鏡の御影』―宝慶寺『月見の影』と禅師の筆蹟―」を発表し、宝慶寺蔵の「月見の像」の「賛」、及び永平寺蔵の「阿闍世王之六臣」（氏は「示誡」とするので、以下これに従う）をも、禅師の真筆と主張している。

筆者には、書道の素養もなければ書道史の知識もなく、その上、真本に眼のあたり接する境遇にもないため、それらについては学識者のそれを参考にするほかない者であるが、禅師伝の研究の上からも、しかも禅師の御名の考究等の上からは、それら資料の点検を余儀なくされ、やむなく河村孝道氏の『道元禅師真蹟関係資料集』にあたるうち、諸氏の見解に納得し難いものを感ずるに至ったのである。

写真版のため、それら資料の紙質による時代的なもの、筆墨の濃淡等による細かい筆使いなど考究出来るはずもなく、そこに大きな危険のあることを十分承知しつつも、それでもなお卑見を述べるのは、諸氏の御指教を得たいがためにほかならない。

さて、岩本氏のものは、先の二氏に較べれば、筆法を問題にしているところに特色があり、この点、筆者も同調するところである。

氏は『普勧坐禅儀』（以下『坐禅儀』）の中から、爽・天・無・頭・気・迦・以・萬・善悪・念・物・先・撃をあげ、これと同字を「賛」や「示誡」から拾い、これを対比し、その運筆や押さえの特徴を述べ、これを同一者のものとする。

その論拠には一面説得力があるものの、筆者には納得し難いものがある。

それらについては詳しくは後に触れるが、簡単に一、二触れれば、第一点は、同じようなものを数字あげて論じて結論しているが、そこには全く異なる筆法の字が認められる点を看過していることである。例えば、『坐禅儀』と「示誡」に見える「義」の書法で、「示誡」はすべて、最後の左下への払いを欠いている。このようなものは数多いのである。

第二点は同字とする「爽」であるが、その打ち込みの点、すなわち「側」が、『坐禅儀』と「賛」では異なっている。『坐禅儀』は筆を置いてからすぐ下へ引き筆をまとめている。しかるに「賛」は筆を斜めに打ち込んでいる。それは一見、たまたまそうなったようにも見られようが、これをほかのウ冠のもの、六の字のものなどの筆法を見れば、『坐禅儀』と「賛」との差は随処に見られる。例えば、「三水」で、これは『坐禅儀』と「賛」の「沙」では異なるものと筆者は見る。

要するに、岩本氏が筆法をあげる点は、筆者もとるところである。

そこで筆者は、上の三者も含めてそのうち異論のない『普勧坐禅儀』の筆法について感じた点をあげ、これを真筆鑑定の一基準としたいのである。もちろん、そこには楷書・草書のちがい、時代的なもの、岩本氏のように、頂相には特種な文字の用法もあるように言われると、すべてがそれで片づけられてしまうのであるが、ともかく「くせ」というものは簡単には抜け難いものとも思われるので、ここではとりあえず、『坐禅儀』の特色ある文字の書法をあげ、ついで岩本氏が同一という「賛」と「示誡」との差を見ておこう。

(1)之繞《しんにょう》

禅師のものは、その名の「道」からして、その之繞は、一画の点を降ろしたあとは、二画は平仮名の「て」のような曲りはとらず、やや直に筆を引き、それをすぐに横に引いていく。これは「迥」の一字を除いて全部といってよい。全部といっても三字や五字ではない。次のようである。括弧内の数字はその文字数である。

道(8)、通(3)、違、還、迷、迦、達、遂、返、退、運(2)、速、遂、過、導、遍で、ほかに「導」にもそれが見られる。

(2)手偏

普通は三画は下から上へはねるのに、禅師は上から左下へ引いている。これもすべてといってよい。

撰、拂(3)、拭、擬、捨、指(4)、拄、挂、持(2)、據、拈、擅。

これは「物」の場合にも見られる。

(3)木偏

三画目は、すべて一、二画目の交点から引いている。

栅、相(2)、機、棒、根、模。

これらは「精」にも見られる。

(4)ウ冠

先にあげたように、第一画の点（側）は筆を降ろしてから縦長に引いて筆を抜く。

宗、室、安（6）、寛、定、寂、裛、空。

(5)棒引（努）

平、常などの終りの画の引きは、下になると細くならず、かえって下で筆を横にして引くのか、やや広くなっているのが特徴といえよう。これは次の文字でも同じである。

拂、用、脚、解、矧、師、印。

注目すべきは「隔」の羊にもそれが見える。

(6)はね（趯）

争、事、測など、最後にはねるところをはねずに、少し強く曲げて止めるのか、いささか内側に広くなっているだけである。

争、手（2）、何、乎、行（3）、衝、前、静、事（2）、測（2）、前（3）、則（2）、利（2）、到、可（2）。

ただし、別、于、術、側ははねているが、この例は少ないから、はねないのが「筆癖」と見てよかろう。

(7)三水偏（さんずい）

本文では、消の一字を除いて、次のすべてでは、一筆につづけて書いている。測、清、法（3）、浪、である。ただ、ほかの法の一字と消のみは、一画と二画がやや離れているが、二画と三画はつづく。

ただ最初の署名の「入宋伝法沙門」は楷書で、法、沙の三水《さんずい》は全く離れているが、それでも一画目と二画目の間が離れ、二画目と三画目が近い。これは「賛」の三水のもの（清、浮、活、沙）すべてが、一、二画より三画目がぐんと離れるのとは大きな違いである。

⑻佛

禅師のものは、この字に特色がある。そのつくりの三画目は、通常なら二画目の左にくっつけて下へ引くのに、禅師のそれは、それより離して下に引き、四画目はかえってその三画めの上から右へと引いていく。

これは三字のみ見えるので云々し難いようであるが、「拂」の字の三字、及び「費」の上にも見えるから、特色の一つといえよう。

⑼行

つくり（旁）の一画目は、横に引かずに、上から下へ「ノ」の字に画いている。三字あるが、すべてそうなっている。

⑽心

『坐禅儀』には「心」が五字見えるが、それはすべて、第二画のはねが三画・四画の点の間にはねるか、その方向に向っている。

これは、念（4）、志、恁、悪、意（3）、想、息（2）、忘（2）、應、恩、憶などにもうかがえるから、これが禅師の筆法といえよう。書道の上からは当然ともいえようが、これは先にあげた岩本氏の『坐禅儀』と「示誡」の「悪」及び「念」では似ているようでもあるが、微妙な違いが見られる。

この点は、ほかの「心」の筆法を見れば明らかになろう。それは「示誡」のものは、そのはねは三画の右（四画との真中）に向わずに、三画の方向に向うといえる。

(11)正

六字見えるが、共に五画を正格に書いている。当然であるといえばそれまでであるが、「賛」が二字共、四画・五画をつづけて書くのとは異なる。

(12)少

この少は『坐禅儀』には一字しかないが、これには「沙」もあって同じ筆法である。すなわち、一画と三画目の間の上から四画目を引いている。

にもかかわらず、「賛」には「少」が二字、「沙」が二字あるが、それらは二画・三画の中間から引かずに、その下から引いており、その点「示誡」も同じである。

(13)亦、六（二字）、真（二字）、其、大等

『坐禅儀』は下の「ハ」は、すべて平仮名の「い」のように、左側を内側にはねて右へつづく。大の三画目も多くは止められている。水、天、人、失、久、夫、休、入など、その筆法であるが、天、本、人、丈、使など、はねるものもないではない。

亦は「賛」にはないが、「示誡」に九字あって、すべて左に開く。

六は「賛」に一字あるが、外に開く。

其は「示誡」に二字あるが、「賛」の書法に同じである。

(14)先、元等のはね

『坐禅儀』は先（2）、饒、光（3）、境、元（2）、見等があり、すべて最後のはねは、前の画より高いか、せいぜい並ぶ具合である。

しかるに「示誡」の「先」(2)、「光」(2)は、最後のはねは前の画よりどっと下にさがる。これは見、現、脱、説などにも窺えるものである。

この点、「賛」の覸のつくりの「見」にも同じものが見える。

それらの文字について写真を掲示したいが、省くほかない。諒承を乞う。

(一九九一年二月)

第二節　『伝光録』の道元禅師伝上の問題点

『伝光録』については、かつては擬撰視されたこともあったが、乾坤院本の出現などからそれが払拭され、かえって禅師伝考究の上では、重要な資料ともなる。

以下、他伝に見難い特異な二、三点について触れてみたい。

(一)世代

そこに「村上天皇九代苗裔、後中書王八世遺胤也」とある。これは『三大尊行状記』の古伝にも見え、一般の伝も同様である。

よってこの世代の数え方から、禅師の父について諸説が見られて来ていて、通常これを源通親とされて来た。

しかるに、ここに「浄和尚ヒトリ洞山ノ十二世トシテ」とあるのは、法系をいうにしても、その系数のあげ方は、通常いわれる数え方と異なっている。

しかも、「七歳ノ秋始テ周詩一編ヲ慈父ノ閣下ニ献ズ」とし、十三歳の出家に際し、外舅良顕が「親父猶父定テ瞋リ有ン」と述べていることは、通親が禅師の四歳時に没している史実からは、到底該当し難いもので、この上から再検討さるべきものなのである。

すなわち、従来の世代の数え方に対して、改めて反省を与えるのが、この「浄和尚ヒトリ洞山ノ十二世」なのである。

(二)高雄寺

『伝光録』には次の記があって、その高雄寺はここのみで、他伝に見えない。

八歳ノ時、悲母ノ喪ニ逢テ哀歎尤モ深シ、即チ高雄寺ニテ香烟ノ上ルヲ見テ、生滅無常ヲ悟リ、其ヨリ発心ス。

この高雄寺については傍証資料を欠く。ただ他伝がその「香烟」を「薌火」とするところから、それを「茶毘」と見、したがってその茶毘がこの高雄寺で行われたかのように記すのもあるが、それは『伝光録』の記からはうけとり難い誤解であろう。

『伝光録』からは、母の葬儀というより、供養の行われた際の「香烟ノ煙」の上るのを見てと採るのが穏当ならうけとめなのではあるまいか。

それはともかく、どうしてそれが高雄寺と関係したのだろうか。これが唯一の資料なので討究の必要はあろうが、太祖時代にはその門下にそういう認識が与えられていたと見るほかない。

そこで、ここにそれらとのかかわりを追究してみたい。

禅師の父には通親、母は基房の女説が通説とされて来ているが、それらの資料の上からは、高雄寺との関係は見難い。同族の者にも、そことの関係者は知られない。

そこで、筆者が今までに知り得た資料から一推測を提供し、諸士の精査と批正を賜りたいと思うものである。

(1)高雄寺の縁由

その縁由は『叡山大師伝』によると、延暦二十一年（八〇二）正月、和気氏の氏寺として創建されたものという。和気氏は禅師時代にも公家に侍しているのが知られるから、ここから禅師の母は、あるいはその一族の出身との一想定も出よう。

しかし、それは当時としては考え難いもののようである。というのは、同寺は久安五年（一一四九）の火焼後、著しく衰微し（「高尾山神護寺文書」）、文覚（一一三九～一二〇三）再興の寿永元年（一一八二）までは住持もなかったというのである（『平家物語』五）。

その上、文覚はその再興にあたって、当初、後白河院に対して寄進を強要していることから（『玉葉』承安三年四月二十九日条）、そこに和気氏の勢力など窺い難い。当時の和気氏は多くは医薬の任にあたり、高雄寺の檀那であったとは考え難く、もしそうだったら文覚はその檀那を介して活動すべきであると考えられるのに、文覚にはその姿勢が見られない。

(2) 文覚の再興

先の文覚の強要は院の逆鱗に触れて伊豆配流となったが（『百錬抄』承安三年四月二十九日条）、それが伊豆配流中の頼朝と結ぶ縁となり、よって後の寿永元年（一一八二）十一月二十一日、その縁をもって再度再興の奏上のはて、それが許されるに至った。

寿永二年には、後白河院より紀伊国挊田荘の施入を受け、元暦元年（一一八四）には、頼朝・阿部資良等から諸荘の寄進も得て、再興が進んだのである（「僧文覚起請文」）。そこからも和気氏のことは偲ばれない。

ところが建久十年（一一九九）三月、その文覚が理由不明ながら再度佐渡配流となった（『百錬抄』）。恐らく「三左衛門の変」に関連したもののようで、『明月記』に「文覚上人夜前流罪定了、左中弁被示之」とある。この左中弁は当時通具にあたるのも興がもたれる。

三左衛門の変とは、『愚管抄』や『明月記』等からすると、京都で頼朝の代官として勢威を振っていた一条能保・

高能父子の死没後、一条家が冷遇され衰退したところから、その郎党、後藤基清・中原政経・小野義成の三左衛門が、通親を排除して主家の勢威の回復をはかろうとしたことからと見られる。

通親はその襲撃を恐れ、「只今マカリ出デバ殺サレ候ナンズ」と、院御所に籠り、京中騒然としたという（『愚管抄』）。通親の通報をうけた幕府は、通親の「方人」とされる大江広元などの支持から、三左衛門は院中に連行され、一条家と縁の深かった西園寺公経・持明院保家・源隆保などは出仕を停められたが、この際、文覚も検非違使に預けられたのである。

文覚逮捕の理由は真相不明であるが、『明月記』（正治元年二月十七日条）に、先の三者の出仕停止につづいて、

> 文学《(ママ)》上人年来依二前大将之帰依、其威、光充二満天下一、諸人追従僧也　夜前検非違使可二守護一之由被二宣下一云々

とあることから、この三左衛門の変とのかかわりが窺われると共に、頼朝没後、抗幕政策を進めた後鳥羽院の勢力に忌まれたためでもあろう。

(3)その後の高雄寺管理

文覚配流により、その後の管理は次のように伝えられる。

> 神護寺事、所レ可レ被レ付二一長者《(延杲)》一、早可レ令レ致二沙汰一給、寺領之中、備中国足守庄付二寺家一可レ令二知行一給、向後永為二恒規一（下略）

これは『東寺文書』のもので、建久十年（一一九九）四月六日の院宣で、東寺一長者延杲を神護寺別当に補したのである。

ところが注目すべきものに、『明月記』（正治元年四月十三日条）がある。

> 世間之事小々聞レ之、文学《(ママ)》上人高雄堂《ノ》、延杲僧正給レ之、自二庄了《ハ(ママ)》卿典侍等之輩一、近信《(臣カ)》女房等皆悉給レ之、隆保朝

臣於二摂政殿一、被二召問一、粗陳披旨等有レ之、九条殿辺、当時無為之由欤

これを見ると、後鳥羽院側が高雄寺の諸領を近臣や女房達に分与し、九条兼実も如何ともし難かったようである。この資料からすると、全くの短絡であるが、あるいは禅師の母は後鳥羽院の女房の一人で、そこからその支配の一分を受領した感もする。

それというのは、禅師は『随聞記』に、「我身ニモ田園等ヲ持タル時モ有キ」（四）といわれるのは、この母のそれを伝持したもので、それが入用費用の一分になったものだろうと発表したことがある（拙稿『道元禅師伝ノート』〈一九七二〉）。

すなわち、この「田園」が母からうけたものだとして、この「高雄寺」のそれにつながれば、禅師の母は、この院出入りの女房ともとれよう。

全くの模索にすぎないが、「高雄寺」に関して一資料を提供するまでである。

ただ、ここで後鳥羽院女房云々としたが、それが『明月記』正治二年一月三日の資料に出る女性にあたらないことは、別の発表で触れておいた。

宮中の女房との触れ合いは、通具の父通親の若き日にも見られる。『月詣和歌集』（巻第九）に、通親が右近の競射の荒手結（試技）の恒例公事勤仕最中、随身を介して文をつけられ、それに返歌したものが載せられている。

これは、仁安三年から嘉応二年までの間のものであろうとされる（人物叢書『源通親』）。それならば通親の二十歳から二十二歳までのもので、通親は二十歳の時、花山忠雅の女との間に既に長子宗通を設けているから、これは通親の結婚後のことといえる。

このような院女房との触れ合いは、『古今著聞集』巻八では、

・頭中将忠季朝臣、督典侍を心がけて、

・野々宮左大臣わかくおはしましける時、内裏の女房に物いひわたり給けれ云云

と見えることからも、通具が当時「左中弁」としてしばしば院に出入りしていたことからして、かかる接触は十分考えられ得よう。

しかしこれも、たまたま看見した資料をつないでの一妄想にすぎまい。禅師の母はどうも若くして没した感がする以上、たとえ院に仕えた女官としても、荘園が授与されるような身分になっていたとは考え難いからである。

こうして神護寺をいう資料からあれこれ想をめぐらしたものの、今のところとるべきものは何もない結末となるのである。

㈢良顕法眼と上綱

禅師伝では、徳川中期より、その外舅を「良観」とし、それを藤原基房の息子にあてて来た。しかしその人物は寺門僧で、当時、法印でもあったので、古伝の良顕に該当しないと提唱して来たのである。

当初、郡司博道氏は私説に反駁されていたが、その後「良顕」説に転じ、しかも氏の、禅師の母の基房三女説、祖母忠子説に会通するためか、この良顕こそ基房の子「承円」で、良顕は幼名というに至った。

しかしその説にも、承円は早くに法印であった故、「法眼」の称では不当であると批判せざるを得なかった（『傘松』一九九七年九月号）。

ここで氏は、法印・法眼についてあれこれと述べて反駁されるので、しばらくそれについて触れてみたい。

氏は、承円には「叙法印」とする資料はあっても、それは「法印僧正の僧階ではなく」（六）といい、一方で「法

眼（僧都）には四段階（大僧都・権大僧都・少僧都・権少僧都）がある」（完）とされるが、これらは筆者には理解し難い説明で、そこに誤認からくるものがあると思われてならない。

『広辞苑』を見ると、僧正・僧都・律師は僧官（朝廷から僧侶に賜わる官）とし、法印・法眼・法橋は僧位（学徳のすぐれた僧に授ける位階）の部に見え、両者は本来別の系列のものと窺える。

『三代実録』によれば、貞観六年（八六四）に、この法印等を新たに置くとし、法印位は僧正階、法眼位は僧都階、法橋位は律師階とすべし、とある。これは両系の官位相応を述べたもので、法印が僧正に、法眼が僧都になるというものではない。

僧正等の階位は僧侶に与えられるものであるが、法印等のものは本来の僧侶のみに限らず、僧服をつけないものにも与えられ、仏師等でこれに叙せられた者も多く、かの快慶など法橋・法眼に叙せられ、その資料も残る。したがって僧侶側には、二系列の叙位が窺われ、中に僧正階等の僧官がないのに、法印等に叙せられる者もあった。これらを「散位の僧綱」と称したという。良尊（一一八九～一二四六）など「平法印」といわれたという（『愚管抄』）。また、そこでは法橋・法眼・法印と進まずに「直叙法印」「直叙法眼」さえあって、『釈官班記』では、直叙法印の例として慈鎮・公円などをあげている。

ともかく両系列は全く別の叙任であることは、次の資料で窺える。

○『天台座主記』

- 令㆔権少僧都良尋叙㆓法印㆒（慈円下 建久七、正、十三）
- 令㆔法眼証真任㆓権少僧都㆒（慈円下 正治三、正、三十）
- 令㆔法印快雅任㆓権僧正㆒（慈源下 嘉禎四、八、廿八）

○『興福寺別当次第』（信恵下）

・建仁二、十二、廿四　権大僧都 五十八 公労

元久元、五、廿七　叙法印

○『業資王記』（建暦二年正月十五日条）

・有㆓僧事㆒、葉上々人自㆓律師㆒叙㆓法印㆒歟、

信恵のように、僧都位と法印位とは別の叙任であることに注目すべきであろう。

さらにこれらを明確に知らせるのは、『民経記』で、天福元年五月二十七日の六月会出仕の僧の肩書からで、そこに次のようにある。

僧正法印　　　円浄
権僧正法印　　静忠・慈賢・澄快・道慶
法印権大僧都　隆承・明弁
法印　　　　　貞雲・公性
権大僧都法眼　雲快・長静・聖増
権少僧都法眼　寂範・信承・智円（以下略）
法眼　　　　　覚印
権律師法橋　　（名略）
法橋上人　　　（名略）

ここでは法印位のみで僧正位のない者があり、法印でも僧正・権僧正・権大僧都の者もあれば、権大僧都であっ

ても法印の者もあれば、法眼の者もあったことが知られる。

これでは、僧都になったから法眼とは限らず、法眼叙任が僧都とはならない。故に「法眼（僧都）」とするのは、誤解から来るものではなかろうか。要するに両系統は別個のもので、これを混同してはならないのである。

よって承円の権大僧都ということと、法印だということは本来別なことであるのに、氏は次のようにいわれる。

建久九年三月二十五日の承円法印位とは、正確に言えば「法印権大僧都大和尚位」のことである。法印とあっても、その法印僧正の僧階ではなく、承円は以前《ママ》として法眼位の権大僧都だったのである。

そこで『望月仏教大辞典』にも「法印権大僧都大和尚位」のことが見えるなどともいわれる。確かに『望月仏教大辞典』はその通りで、それはすでに先の『民経記』で示したように禅師時代の資料にも数多いが、それで権大僧都承円が当時「法眼」だったという証にはならない。

氏は承円には、建仁元年でも「権大僧都承円」が見えるというが、それはそれで、それ以前すでに法印に叙せられているから、このとき法眼だとはいえまい。すなわち、この「権大僧都」が法印否定の材料にはならないものなのである。

氏自身、「正確に言えば『法印権大僧都大和尚』」云々とする通り、承円は既にそうであるはずなのに、なぜ「承円は以前《ママ》として法眼位だった」と強調されるのだろうか。

『天台座主記』では、禅師四歳時の建仁三年十二月のものに、「別当法印権大僧都承円」が見える。もちろん、それは今の問題後のもので建久九年のことにはあたらないとされようが、このような資料が厳存するのに、禅師等一族の者が、承円をば後々まで「法眼」と呼称したとは考えられまい。

さて以上の問題はともかくとして、禅師伝の上からは、外舅良顕をもって「法眼」とするのは、『三大尊行状記』の古伝では、「入㆓良顕法眼之室㆒」「法眼大驚問曰」「時法眼感涙」と三度にもわたっている。その「良顕」が面山のように「筆誤」であるとしても、この「法眼」は三度にもわたるから「筆誤」とはとれまいし、「良顕」を「良観」とする面山でさえ、これを「法眼」としていることからも、これが古伝であろう。この点、今の『伝光録』も全く上に同じい。

ところが『伝光録』で問題になるのは、良顕を「法眼」としながら、「良顕法眼ト云アリ、山門ノ上綱、顕密ノ先達也」とあることである。

郡司氏はこれをとって、上綱とは「僧綱の上位者を指す語であるから」、これを法眼に「該当させることは無理である」といわれる。

「僧綱」を『国史大辞典』では、

> 律師以上の僧官および法印・法眼・法橋の僧侶に叙任されたる高僧またはその地位をさすようになり、僧綱位という意味で綱位とされた

とする。そこで「上綱」とは『佛教語大辞典』は「僧の官職のうちで上位の者」とし、『広辞苑』は「僧職三綱中の上座のもの」とするから、これでは一見「上綱」とは、法眼よりも上位の法印を指すかのように主張もされよう。ここからは氏の主張のようならば、この各伝の「法眼」こそ「法印」の「筆誤」であろうと主張してよいことになろう。

しかしそれは先に示したように、この『伝光録』でも、三度にもわたって「法眼」としているのでは「筆誤」といい難く、ここに一問題ともなるのである。

さて「僧綱」であるが、これを禅師時代のものであたってみると、『華頂要略』慈円下の建仁元年四月一日の座主登山の扈従に「僧綱二十人」とし、次のように

実全法印、円長僧都、成円僧都、全快法眼、公修、尊長、豪円、澄真律師、良雲、明昌、承信、長範已講、光全内供奉禅隆実暹範忠能玄円雅尋玄長霊等也

と割註している。

また、暦仁元年四月二十五日の道家の受戒の際の記には「御供僧綱、公源僧都、聖憲阿闍梨・公暹阿闍梨」ともあり、僧綱職の範囲は広く、単に法印・法眼・法橋、僧正・僧都・律師にとどまらないことを知らせる。

そうすれば、先の辞典類は「上座」「上位」としても、それらは比較的な表現からで必ずしも「最上位」をいうものではなく、この点、『伝光録』が別に「顕密ノ先達」とすることからも、法眼として「僧綱」にあたったことから、それを推称して「上綱」としたまでではなかろうか。

これを最高位のものと解して、法眼位を否定する証にはし難いものと思われる。「法眼」が三度にもわたって述べられる以上、かえってこの「上綱」の記にこそ一考を入れるべきものと思うのである。

（二〇〇〇年九月）

第三節　『伝光録』の提撕について

筆者はかつて『道元禅師伝研究』続の第一章第四節で、竹内道雄氏が『伝光録』は「弟子と信徒に対する布教書と考えている」というのに異義を提示したが、その所以についてさらに触れておきたい。

『伝光録』の提唱の中に「諸人者」等とよびかける章が多い。例えば次のようである。

　諸人者……二十三祖章・二十八祖章・四十祖章・五十一祖章
　諸参学人…四十五祖章
　汝等諸人…五十二祖章

これらからすれば、僧俗を問わず、一般人をいうかのようにとられもしよう。

さらには「大衆」と呼びかけるものも多く、六祖章・七祖章・十一祖章・十五祖章・十九祖章・三十一祖章・三十五祖章・三十六祖章に、それが見える。

この「大衆」とは『禅学大辞典』は、「一般に仏教では仏教聴聞のものをことごとく大衆とよんでいる」とするから、上と重ねるとますます一般人への呼びかけの感が懐かされよう。

しかし同辞典は、そのあと「が」として、「禅門では師のもとに集まる多くの修行者たちを総称する語として用いられる」というから、この『伝光録』では果してどういう立場で用いられているかを吟味する必要があろう。

そこではさらに、諸人・大衆のほかに、「諸仏《（ママか）》禅徳」（二十四祖章）、「諸禅徳」（四十一祖章・四十三祖章）、「諸参学人」（四十五祖章）とし、また「学人」（三十二祖章）ともしている。これでは坐禅を修する僧、禅侶をさすものととれよう。

さらには「大乗児孫」(首章)、「大乗子孫」(一祖章)、「大乗遠孫」(二祖章)、「大乗ノ会裏ニ集ル」(三祖章)からは、大乗寺下の門人衆が対象と見られよう。

この点、当初に「師於正安二年正月十一日、始請益」という「請益」にもそれが偲ばれよう。「請益」とは元来、儒教からの語としても、禅門では「学人が宗師家に教示を請い自己を益すること」(『禅学大辞典』)とされるから、この『伝光録』は「僧衆」へのものだったととるほかあるまい。

もっともそこに「諸禅徳」「諸参学人」「汝等諸人」とあっても、そこに俗衆も許されてよいとしても、その提唱下で次のようにいうのは注目されよう。

「諸禅徳、幸(ニ)、洞家(ノ)児孫トナツテ即(チ)古仏ノ家風ニアエリ」(四十三祖章)

「諸参学人、カタジケナク芙蓉楷禅師ガ遠孫トシテ既(ニ)永平門下ノ一族タリ」(四十五祖章)

「汝等諸人、カタジケナク仏(ノ)形儀ヲカタドリ、仏受用ヲモチイル、若(シ)未(ダ)仏心ニ承当ノ分ナクハ、十二時中、自己ヲ欺誑スルノミニ非(ズ)、諸仏ヲ毀破ス」(五十二祖章)

これでは、「諸人」としても、それらが僧衆であることが如実に窺われ、俗衆のそれは偲ばれまい。

それなのに、これがどうして「弟子と信徒に対する布教書」と解されるのだろうか。どこからそのような読み方が出来るのだろうか。筆者には理解し得ないのである。

(一九九七年三月)

第四節　三字名の法名について

筆者は『道元禅師伝研究』続（一九九七）の第四章第三節「正覚禅尼を探る」で、安嘉門院の「正如覚」に触れ、これより「正覚尼」が偲ばれなくもないが、

法名の「正如覚」の三字名は、当時の高貴者に多く見られるもので、これを略して「正覚」としたとか、後の伝に「如」を落したなどとは考え難い（二五八頁）

とした。これは一九九一年一月稿のもので、その後に郡司博道氏は、正覚禅尼にこの安嘉門院をあて（『傘松』一九九八年五月号）、私説を批判された。

①この三字名は「法名」ではなく、「法号」である。

②管見の及ぶ限り、法号は建礼門院の真如覚が初見で、それに次ぐのが後鳥羽上皇のものとする。

③「女院法号以外に三字名法号を称した人がいるなら是非教示を得たい」。

よって筆者はなぜ上述のように述べたのか、その所以を記し、氏の提示したものに触れておきたい。

前述のように該当論文は、氏の提示前のもので、本来なら氏のそれをも取り上げて改めて論及すべきであったが、その余裕がないままに旧稿を収録するほかなく、したがって筆足らずの論となったことは否めない。

筆者がこの三字名について「当時」といったのは、禅師時代を念頭にしたもので、そこには十名余も知られていたからである。

⑴三字名の法名説

その三字名を「法名」と見たのは、『日本紀略』のものや、『群書類従』所収の『女院小伝』にそうあったからである。

『一代要記』も、後鳥羽天皇について

承久三年七月八日、就二鳥羽殿一御出家、法名金剛理、或曰二良然一

とし、

また、『女院小伝』のものの一例をとると、

安嘉門院　文暦二年為尼　法名正如覚
安喜門院　寛元四年為尼　法名真清浄

というように、そこにあげられる三字のものは、ほとんど「法名」とする。これは『国史大辞典』の叙述でも同じである。氏のいう「建礼門院」でも『国史大辞典』は「法名は真如覚」とする（五巻二四〇頁）。

このようなことから筆者は、その三字名を法名としたのであるが、郡司氏は、三字名は「法号」で「法名」とは別とし、先の後鳥羽上皇の「金剛理」は法号で、「良然」は「法名」（戒名）とされるのである。

これでは『一代要記』や『国史大辞典』のものは問題で、その当否は筆者の今後の課題である。

(2)三字名の古いもの

氏の管見では、法号の三字名は建礼門院を初見とするというが、それ以前にも多く見受けられる。筆者には醍醐天皇の「法名宝金剛」が初見である（『日本紀略』延長八年〈九三〇〉九月二十九日条）。

以下、女院で見ると、次の者が拾われる。

○大皇太后宮（彰子）

「落飭入道年三、十九、法名清浄覚」（『日本紀略』万寿三年〈一〇二六〉正月十九日条）

○高陽院（賀陽院）

「鳥羽院皇后、永治元年（一一四一）薙髪、法名清浄理」（『坊目誌』上巻）

○八条院（一二一一没）

「（鳥羽院皇女）金剛観（金剛性・金剛覚とする異伝もある）」（『国史大辞典』）

○美福門院（一一六〇没）

「（八条院璋子母）法名を真性空と称した」（同上）

○侍賢門院（一一四二落飾）

「（鳥羽天皇皇宮璋子）真如法と称す」（同上）

○皇嘉門院（前出故略す）

○二条院中宮（一一七六没）

「実相覚」（『日本女性人名辞典』）

(3)女院以外の三字名者

「女院法号以外に三字名法号を称した人がいるなら是非教示を得たい」といわれるが、氏自身も後鳥羽上皇をあげられており、その他の者にも見受けられる。

宇多上皇　御名金剛覚（『日本紀略』昌泰二年十月二十四日条）

醍醐天皇　法名宝金剛（『日本紀略』延長八年九月二十九日条）

円融天皇　法名金剛法（『日本紀略』寛和元年八月二十九日出家）

後鳥羽天皇　法名金剛理（前出につき省略）

以上は高貴なものについてであるが、古く皇族に限らず、藤原一族にも見える。

『尊卑分脈』では、京極師実下に「康和三年（一一〇一）正月二十八日、出家法名蓮華覚改寂覚」とする。ただしそれには、これは頼通のものの誤りであろうとし、頼通下にそのようにしている。

また、藤原忠雅下にも「法名理智竟（覚ノ俗字カ）」とし、『皇帝紀抄』は、この「智」を「知」としている。

これでは三字法名は、女院にとどまらず、天皇（男性）にも見え、藤原氏の一部にさえ見られたのである。

それだけではなく、次のものもある。

『大日本史料』四編之七に載る「徴古襍抄」に「比丘尼清浄蓮」（建仁三年〈一二〇三〉十一月十七日付文書）が見え、また同上五編之十一に載せる「京都御所東山御文庫記録」には「比丘尼無上智」が見える。これは嘉禎四年（一二三八）四月日のもので、安嘉門院庁からのものであり、これには正嘉二年（一二五八）のものがあって、やはり「比丘尼無上智」とあるから、誤記によるものとは見難い。しかも、これが安嘉門院からのものからは、これは「正如覚」に仕えた官女の出家名とも思われるのである。

以上、諸資料を並べたが、これは何も「挙げ足」を取るのではなく、「是非教示」といわれたのに答えて、管見に触れたものを提示し、参考に供するまでである。

(4) 禅師時代の三字名の女院

禅師時代に三字名の者は十名余も知られるので、筆者は先のように記したのであるが、その実証のため、その資料をあげておこう（○印は『女院記』も）。

嘉陽門院（一二〇〇〜七三）

承久二年（一二二〇）出家　法名真如性
陰明門院（一一八五～一二四三）
承久三年（一二二一）剃髪　清浄妙
修明門院
承久三年（一二二一）出家　法名法性覚
安嘉門院（一二〇九～八三）
嘉禎元年（一二三五）為尼　法名正如覚
○式乾門院（一一九七～一二五一）
延応元年（一二三九）十一月十二日為尼　法名真性智
宜秋門院（一一七三～一二三八）
法名清浄智
宣仁門院（一二二七～六二）
仁治四年（一二四二）十月出家　清浄海
○鷹司院
寛元四年（一二四六）四月為尼　蓮華性
○安嘉門院（一二〇七～八六）
寛元四年（一二四六）九月落飾　清浄海
永安門院（一二一六～七九）理智覚

ほかに『女院小伝』では、「室町院」に「寛元四年（一二四六）八月為尼　妙法」とするが、『国史大辞典』はこれを「妙法覚」としている。そうすると『女院小伝』が「正親町院」に「寛元四年（一二四六）為尼　法名真如」とする「真如」も、本来は三字名なのではあるまいか。

（一九九八年十月稿）

第五節　永興寺について

永興寺（庵）の開創が詮慧に始まることは、『三大尊行状記』の「恵首座住二洛陽永興寺一」、さらには『建撕記』や「秀香譲状」等の記からも疑いないであろうが、その資料は乏しく、『禅学大辞典』（一九七八）でも、詮慧項に「京都に永興寺をおこして開山となる」、高台寺項に「詮慧開創の永興寺の旧地といわれる」と記すのみで、「永興寺」の項を欠き、近来の『永平寺史』（一九八二）でも、永興寺の所在や高台寺そのものについても、今後の解明にまつとしている。

よって非力の筆者がこれについて述べるのはおこがましいが、管見に触れた資料を掲げ、いささか私見を述べてみたい。

(一)開創の時期

村上素道氏は『永平二祖孤雲懐奘禅師』で、『紀年録』に道元禅師（以下「禅師」）入滅後、「移二龕於興聖一」とか、「懐奘並諸徒分二設利羅一留二一分一塔二於興聖一」とかいう興聖は永興の誤りであろうとして、結局は禅師の霊龕は、「東山永興寺へ移して、其処で葬儀を整へたものらしい」とするから、永興寺開創を禅師入滅前と見るもので、これを承ける者もある。

しかし『建撕記』や『高台寺旧記』が、禅師の火葬にあたり、波多野義重がその場所を求めて奔走したことを伝え、後者ではさらに、「永興庵、永平寺開山ノ荼毘所ナリ、詮慧和尚開レ之」とあるから、永興寺開闢は禅師滅後のことと思われる。

㈡衰落の時期

『大智偈頌』に「礼二永興開山塔二」の一偈がある。

空堂只見緑苔封　法席無人補祖宗
満樹落花春過後　杜鵑啼血夕陽紅

大久保道舟氏はこれにより、「既に南北朝時代（〜一三九二）衰運に傾いており、その寺統を継承するものもなかった」（『道元禅師伝の研究』）と見ている。小倉玄照氏は、これは正中二年（一三二五）の拝登であろうとしている（『道元禅師旧蹟紀行』）。宗内ではこの見解を承ける者も少なくない。

しかし『正法眼蔵画餅抄』の中には、「永興寺第五世ノ御詞也」とする註記が見える。もとより「五世」だけでは年代の確証はできないが、二世といわれる経豪が延慶元年（一三〇八）聞書抄をしていることからも、以後二十年余りでの無住は考え難くなる。現に『義雲和尚語録』は延文二年（一三五七）に刊行されたというが、その刊記の中に「洛陽永興比丘宏心書字」とある。ここに洛陽永興とあるのは、今問題の永興寺と見られるからである。

河村孝道氏が、『正法眼蔵蒐書大成』第十四巻の解題で、『大智偈頌』の「空堂」「法席無人」を文字通りに解釈しすぎることを注意し、「守塔は住院したであろうが、往時の如くならざる現状を痛哭したものと言えよう」とするのは、当を得たものとされよう。『大智偈頌聞解』（一七六四）は、その後、無著妙融（一三三九〜九三）が住持して、『御抄』を伝持したというが、その伝にも見えないもので、その『御抄』伝来も否定されている（鏡島元隆『道元禅師とその周辺』）。蓋し確かなものではなかろう。

しかし永正二年（一五〇五）九月の年紀を記す『高台寺旧記』が紹介され、そこに「ノチニ建仁寺西来院権管」とあるから、この頃、曹洞下の守塔は無くとも、寺塔の現存は認めざるを得まい。もっとあとの「伝領　康徳寺弓箴」を、先の永正二年とつなぐ者が多いが、この弓箴は後述のように高台寺の開闢者なので、年代上とり難いものである。

大正四年刊の『京都坊目誌』は、高台寺塔頭円徳院下に、「高台寺を建つるに及び永興寺を築紫《ママ》に移し、更に永興院を建立す」と、慶長十年（一六〇五）頃まであったように伝えている。守屋茂氏は、永興庵は慶長十一年頃、改易となった木下利房の領地豊後国日出に移したというのを紹介する（『道元禅師研究』）。

これらを裏づけるかのようなのは、高台寺がやがて臨済下となったため、永興寺奉安の道元禅師像が建仁寺へ移され、後、宿縁あって宇治興聖寺へ奉安されたという宗内の伝である（『興聖寺開山祖像霊骨及塔廟記』）。

それのみか、笛岡自照氏は『道元禅師―その生涯と宗教―』で、永興庵は明治初年に廃寺したという伝を記している。守屋氏も、後に高台寺住持となった三江紹益が慶安三年（一六五〇）八月、「寝室即永興」で寂したという伝から、先のように永興庵は九州へ移転しても建物は残っていて、それらが明治初年、恐らくは五年頃に廃寺になったものかとしている。

このようにして、詮慧開創の寺は、慶長時までは存在し、その後は名跡は移っても、建物は継承されるなどして、明治初年までたどれることになろうが、ここで筆者の見解を述べてみたい。

先の『高台寺旧記』の実物は筆者未見のもの故、紹介されたもので判断すると、末記の「伝領　康徳寺弓箴」ということから、永正二年に書かれた旧記を、康徳寺弓箴が後に手中にしたことを示すものと見られる。

それならば、永興寺についてそういう認識を持った弓箴ならば、高台寺をそこに建てるのに、時に永興寺が現存していたなら、それを護持しこそすれ、他国へ移すなどは考え難い。『坊目誌』によると、岩栖院と替地して康徳寺を移して玉雲院とし、塔頭として自ら開基となったともいうからである。

したがって永興寺は当時衰滅していて、あるいは岩栖院（臨済宗）のようなものになっていて、そこに先のような文書もあったと考えられまいか。というのは、後にあげる高台寺開創の経緯、転宗時代、興聖寺尊像の年代、九州移転の追究などから、先につらねた高台寺開創後の伝承には、納得し難いことがあまりに多いからである。

㈢康徳寺と高台寺の開創

弓箴　『高台寺旧記』に見える弓箴は、『曹洞宗全書』の「大系譜」に神応寺十二世とする「弓箴善彊」であろう。神応寺は現京都府八幡市にあり、同寺安置の世代牌には「勅賜仏性真空当山十二代中興弓箴彊大和尚」「慶長十九甲寅年正月十三日」とある。明治十二年調査と見られる京都府の『寺院明細帳』神応寺下では、大略次の如く記す。

天正の始め、尾張国正眼寺十二代弓箴善彊が旧に服し曹洞宗とした。師は尾張在国中豊公（ママ）と方外の友だったので石清水神拝のついで感悦して寺領を寄せ、慶長三年、正眼寺末の高台寺を洛東に移して、弓箴を開山とし、その後、禅師号紫衣を賜う。

現在、神応寺に掲げる「由緒」も大略同様だが、その開山を慶長三年とし、神応寺請拝を、高台寺開山後としている。

この高台寺開山については、「大系譜」では、その師長厳周養に「京都神応十一世（同高台開山）」とするが、神応寺位牌では、周養の寂を慶長三年十一月二日とするから、後述するように高台寺の実質上の開山とはし難く、この点は神応寺でも、その世代牌では、「当山十一代伝法開祖」とするから、共に後の拝請からくるものと見てもよかろう。

ところで、高台寺の現鐘楼に古鐘がある。鐘銘には「鷲峰山高台寿聖禅寺」とし、末記に「慶長十一年柔兆敦牂小春中浣良辰　当山開闢比丘特賜仏性真空禅師　彊弓箴謹誌焉」とあり、木下家定の寄進とする。明治二十七年七月の『高台寺誌稿』には銘文が拾録され、『坊目誌』は、鐘楼は大正二年に焼失したため、鐘は古色を失ったが形状は損ぜずして存すとし、銘文もあげている。第二次大戦での供出を逃れて現存するのは、善彊弓箴を偲ぶ上でも貴重なものである。この資料によって弓箴の慶長十一年小春（十月）の存生が確認されると、先の文書の永正二年とは百年の隔たりがあるから、弓箴は永正二年にはとても書写出来る人物でないことが知られると共に、慶長十一年という高台寺の転宗も首肯し難くなる。

康徳寺　ところでその弓箴が康徳寺というのは、『高台寺誌稿』では、次のようにいう。

　初メ慶長三四年之頃、豊臣大閤秀吉ノ夫人従一位吉子、其亡母杉原助左衛門ノ妻朝日局ノ為メ、京都寺町ニ於テ一寺ヲ建立シ、其法号ヲ以テ寺号トナシ、之ヲ康徳寺ト称ス。

これについては『坊目誌』では、その地は今の上京区寺町通御霊馬場にある高徳寺町にあったものだろうと推測し、またその開創を「天正ノ末」としている。ただ高台寺塔頭玉雲院項では「或云、天正十四年、杉原氏太秦の地に創立す」という一説も記されている。ともあれ、朝日局の法名が康徳寺松屋妙貞というのからは、その没後に建てられたものとしても、慶長三、四年頃にあったものと見られよう。

いずれにしても、その後、慶長三年、秀吉が没すると北政所は落飾して「高台院殿快陽心公大姉」（鐘銘）と称し、さらに一寺を建立して終焉の地にしようとし、慶長十年（一六〇五）、東山へ高台寺の建立を図ったというのである。

寺地設定　その東山の地は、『雍州府誌』（一六八六）は、「今按金山寺・雲居寺及岩栖院、共在二今高台寺之地一者乎」

とし、『京都市の地名』は、双林寺下に「慶長十年（一六〇五）、高台寺造営に際して寺域を割いて」と述べ、岩栖院のことは『坊目誌』は寺記からとして、「湖月公自為二菩提一造二営高台寺一、康徳引二此地一云云、以二康徳旧地一為二岩栖替地一畢、慶長十一年建立、開山弓箴禅師（嗣長岩）」と記す。これらの資料は、すべて後来のものであるが、替地等のあったことは『時慶卿記』からも疑えまい。同記は西洞院時慶の日記で、康徳寺や北政所と交遊のあったことが知られる。

新寺域の一部は鷲尾氏の所領にかかり、鷲尾氏の名字地でもあるため、鷲尾隆尚が時慶を訪ねて協議したと知らせる。

一、鷲尾来儀、名字地康徳寺屋敷ニ成間、替地事、北政所へ為二訴訟一談合也（慶長九年閏八月二日条）

その移転は翌年の同記に見える。

内儀ハ東山康徳寺へ移徙、北政所殿御越、御供ニ被レ出、大般若在レ之（慶長十年六月二十八日条）

九月一日、徳川家康より百石の寺領寄進があり、それには「高台寺」とある。

高台寺の転宗　こうしてみると、高台寺の建立は、康徳寺を含んでのものと見られるが、その高台寺も、やがて臨済宗に転じたという。それも慶長十一年であるともいうが、そこには諸説がある。

『坊目誌』によると、弓箴は慶長十四年、寺内に桂林院（岡林院か）を建てて退き、あとを継いだ良芸も半歳を経ずに寂し、そのあとの扶夫も元和五年（一六一九）に寂した。あとの通伝は塔頭と衝突を起して丹波へ退き、その後の鼓山も、住持とは名のみで実なく、近江へ退いた。そこで岡林院の元昌が本寺を主管し、元和八年に転派をはかり、認められて建仁寺派となったという。

『高台寺誌稿』を見ると、その転派はなお複雑だったことを知らせる。上のようなきわまりない住持職の変遷では、寺規が立ち難いため、塔頭月真院久林が、北政所の内書を得て幕府に請うて転派をはかり、元和八年八月一日にその許しを得た。そこで久林は南禅寺に改派して本寺住職となった。曹洞宗側は改宗の不当を幕府へ訴えたが、幕府は既に決着のこととして取り上げなかった。それでも紛議がつづいたため、高台院の姪木下家定の末子周南紹寂を請い、その師建仁寺常住院の三江を住持とし、紹寂を西堂とした。幾許もなく三江が建仁寺へ帰ったため、紹寂が住持となってここで建仁寺末とした。紹寂の寂後、再び三江を請して住持とし、ここに三江・久林・高台院の養子木下左近とが商議し、住持規則を制定し、北政所の法号も、当初の高台院快陽心公大姉から、湖月尼と改称されることになったという。

これでは、高台寺の臨済宗転派の時期を慶長十年とか十一年とするのは再考されねばならない。それは北政所の許容の下、元和八年（一六二二）のこととなるのである。

㈣永興院

高台寺開基と見られる北政所は、その建立と共に、永興庵を居館としたかと見る説があるので触れておきたい。『坊目誌』所載の高台寺沿革によると、同寺の建立に及んで、下壇の地に元伏見城の化粧殿を移して北政所の常住所としたとある。『坊目誌』でも、先のように円徳院下で、

或云、此地に始め永興寺あり、伝て曹洞の宗祖道元承陽大師火葬の地なりと、高台寺建つるに及び、永興寺を築紫（ママ）に移し、更に永興院を建立す

と記している。これでは永興院は新建立のものと見られよう。守屋氏は、後のものは「えいこういん」と教示するが、その称も次の資料からすると、北政所の居館であっても、その没後の称からとうかがわれる。それは北政所へ

の当時の称「高台院」からみても首肯されよう。

『坊目誌』は、「寛永元年、夫人此に薨ず、之より仏宇と為し永興院と号す」と述べ、鷲尾町下でも、北政所の居館の下壇の地とは、「今の円徳寺のありし所なり」とし、今の高台寺裏門より半町西に西門をつくり居館に達したとし、「門北方にあり、鷲尾町より入る」とし、「所謂高台院是なり」といい、その上、「寛永元年、門を廃し、居館を更め永興院と為す」と記すのである。

また、「円徳院の説に寛永元年、木下家定、徳川氏に請ひ、化粧殿を此に移し、尼公の牌を安ず、之を永興と号す」と割註し、後に木下家の別業となったともいう。

これでは化粧殿移築は、北政所の没後とされるが、諸説共、永興院の称は北政所没後で、いわばその霊屋への名称ともいえるもののようで、名字が詮慧開創のものと重なるので、何かの縁があるようにも見たくなるが、その点は明らかでなく、実は厳に区別し、混同してはならないものと思う。

守屋氏は『洛東高台禅寺会要事略』に、慶安三年八月、三江紹益が永興で示寂したというのを紹介したことは先述したが、この永興が、北政所をまつる永興院だったと見られよう。

永興院こそは、北政所の一族木下家の管掌下にあったもののようである。それは、『坊目誌』では、「塔頭円徳院之内有二湖月公之塔頭一、号二永興院一」とし、円徳院内という。

その円徳院も『坊目誌』の伝えるところでは、木下利房が北政所の居館の後方に構えた居館からで、後に円徳院となったという。そして晩年には「三江を請して開基とす、爾来木下家別業中の仏堂たり、晩年三江本院に入り慶安三年此に寂す」とも記される。これでは両院共木下家の支配で、同一に見られた感もある。

ところで面山は、永興寺について寛延元年（一七四八）の記では、「庵也今亡、不レ知二其処一」（『広録』巻十二）とするのに、『大智偈頌聞解』（一七六四）で、「コノ永興院ハ京ノ東山ニアリ、今ハ高台寺ノ寺内ニ属ス」というのは、あるいはこの永興院をいうのだろうか。寛政元年（一七八九）、高台寺小方丈が焼失したため、同七年、木下家はこの永興院の建物を高台寺に寄せ、本寺の小方丈として移築した。そして同年十一月、円徳院は高台寺塔頭に列したというのである。これではますます、円徳院の永興院支配の確率は高まろう。

しかし、その伝にも問題はある。天明八年（一七八八）十月、建仁寺から幕府への指上（寺院本末帳）には、円徳院は永興院と並んで、高台寺の塔頭九宇中にあるから、これでは寛政七年の塔頭編入は誤りとみられ、また当時の永興院支配も考えにくくなろう。ただし、『高台寺誌稿』に載る文久三年（一八六三）の「高台寺之図」によると、円徳院の隣に「永興院跡」とあり、また同稿は、円徳院の園池（庭園）は、「円徳院ノ北ニ在リ……相伝フ、北政所化粧伝ノ園池也ト」とあるから、永興院は天明八年から文久三年の間には廃滅し、その地が円徳院に属するようになったろうことは否めない。

高台寺が早くに曹洞宗から離れたこと、そしてその後の変遷を伝えるものも、ほとんどが明治期の資料なので、いずれを是とするか決着し難いものの、永興寺を探るいささかの手がかりとなれば幸いである。なお、『寺院明細帳』『高台寺誌稿』は京都府立総合資料館に所蔵されている。

（『宗学研究』二十号〈一九八七年三月〉）

（あとがき） 上の論文は、昭和六十一年（一九八六）の宗学大会で発表したものである。当時は『高台寺旧記』という資料が有力視されていた。そこで、今の高台寺地に永興寺があって、そこで禅師が荼毘に付されたという観念がつきまといつつも、高台寺が永興寺を引きつぐのでは、高台寺の資料討究の上からは、どうしても諒解し難く、上の発表となったのである。

『高台寺旧記』については、その後、それがとり難いものと確信するようになり、先の『道元禅師伝研究』続の第五章第九節・第十節で詳述した。

しかし、今なお高台寺について、ここを永興寺旧地とし、禅師の荼毘地とする論のあるところから、敢えて古い発表をここに拾録することとした。

（二〇〇二年一月）

第六節『大智偈頌』の六代伝衣について

㈠宗門における『大智偈頌』

宗門の典籍中、中世に板行されたものはそう多くはない。それも今ではほとんど湮滅している中で、はっきりしているのは『大智偈頌』唯一といわれる。いかにこの『偈頌』が宗内で尊重されて来たかが理解されよう。それだけにその後の板行も夥しく、『新纂禅籍目録』(昭和三十七年)に載るものを見ると十一種も数えられ、その末疏註解も二十四種あげられている。しかもこの『目録』以後、近年でさえも数種のものが刊行される状況は、この『偈頌』の宗門での地位のいかなるものであるかを窺わせるに十分なものがある。

㈡「六代伝衣」の吟味

その『大智偈頌』に、次の一偈がある。

六代伝衣到㆓野僧㆒　千年継㆑踵嶺南能
碓春日久工夫熟　祖室堪㆑挑無尽燈

その『偈頌』の中でも世に膾炙される一つである。大智(一二九〇～一三六六)の明峯素哲(一二七七～一三五〇)に嗣したことは疑うべくもないから、道元禅師(一二〇〇～五三)よりは正しく六代にあたるし、大智はまた、明峯から道元禅師自縫袈裟をもうけているから、これをこそ「六代伝衣」ととってよいことになろう。

そこでこの「六代伝衣到㆓野僧㆒」とは、大智自らの来歴をも寓したものと解されている。例えば、伝万安英種撰

という『大智禅師偈頌鈔』（一六五四刊）では、

　道元和尚ヨリ大智マデガ六代ゾ、故ニ六代ノ伝衣野僧ニ到ルト云ナリ、又、六祖モ達磨ヨリ六代ノ衣ヲ伝ヘ玉フナリ、故ニ千年ホド過タル、嶺南ノ能大師ノ踵ヲ継ダゾトナリ、大智モ六祖ノ如クニ、月久ク工夫熟シタニ依テ、六代ノ衣ヲ伝タト、祖父坊主ニ見解ヲ呈シタナリ、

といい、面山瑞方の『大智禅師偈頌聞解』（一七六四刊）では、次のようにいう。

　永祖ヨリ第六代ニ当ル、ユヘニ支那ノ六祖大師ヲ以テ自身ニ引ウケラレタ、我ハ日本ノ六祖ト云コトヨ、初ノ句ハ、永祖ヨリノ伝衣ヲ云テ、達磨ヨリ六代ノ嶺南能ノゴトク、我モ千年過テ同格ナリト示サル、

　爾後の注釈は、ほとんどこれらに則っている。しかし、この解釈については、筆者は多年疑念を懐いている。そこでこの際、それを発表し、諸賢の御批判を得たい。

　この偈頌は「上二瑩山和尚一三首」の中の一つなのであるから、瑩山禅師（一二六八～一三二五）在世中のものと解してよかろう。もっとも「上二瑩山和尚一」とあっても必ずしも在世中ととることもあるまいという論もなろうが、『大智偈頌』中には、別に「悼二洞谷和尚一八首」というのもある表現からは、先のものは生前中の呈偈ととるのが常識的と思われる。そうするとこの偈頌は、少なくとも瑩山禅師入寂の正中二年（一三二五）八月十五日前の作といえよう。

　さてこれを基準にして考えてみると、大智が道元禅師自縫袈裟を明峯からうけたのは、「素哲附法状」によれば、瑩山禅師示寂後八年もしてからの元弘三年（一三三三）正月十七日であるから、これをとって「六代伝衣到野僧」に比定することは、過りも甚だしいことになろう。この点水野弥穂子氏が既に触れている通りである（講談社『日本の禅語録』九「大智」）。

こうして自縫袈裟相伝は否定されるのであるが、次に「六代」が問題となる。先にいう如く、大智が明峯に嗣法した以上、道元禅師より六代はあまりに明白であるが、果して大智は瑩山禅師示寂前に明峯に嗣法していたかどうかが問題なのである。

大智は瑩山入滅の直前に元から帰って明峯に嗣法し、自縫袈裟は後のこととしても、この時、別の袈裟の相伝があったはずとする意見もあるが（上掲書）、それでは「素哲附法状」の次にあげる記が理解できなくなる。

始寒巌和尚受具之小師、後釈運西堂伝法之弟子……正中乙丑十二月十三日、再参二西堂一、重啓二密意一、西堂即聴許、

ここに瑩山禅師示寂後の正中二年十二月十三日に、再び釈運西堂に参じて重ねて密意を啓いたとある。もし瑩山禅師示寂前に明峯に嗣法了畢していたならば、なぜ大智がかかる挙に出たか、そしてそれを明峯がわざわざこのように記すのか、全く不可解である。この記を参照する限り、明峯への嗣法は、少なくとも、この正中二年十二月十三日以後のこととうけとめねばなるまい。筆者には、「素哲附法状」に、さらに

昔年詣二先師密室一伝二授仏祖之正脈一、今日入二老僧堂奥一決二択自家之大事一、……伝衣同附授、……元興（弘）三年癸酉正月十七日、

とあることから、この自縫袈裟伝授の日が嗣法了畢の日とも思われるのである。

それはともあれ、大智の「六代」というのは、明峯を通す限りは、瑩山禅師寂後とうけとめるほかなく、したがってこの偈頌のものには該当しないこととなる。

しかも上の記からも窺われるように、大智の求法遍歴はまことに複雑なものがあって、明峯への嗣法前に、多くの師についていたようである。それは遍参として当然なことではあるが、上記の書きようはそれだけでなく、既に伝法していたかのような叙述である。

そこでそれらの中に、「六代」に該当するものがないかどうかを探ってみたい。

①「素哲附法状」に、「加レ之昔年詣二先師密室一伝二授仏祖之正脈一」とある。この先師は瑩山禅師をいうが、これでは大智は瑩山禅師に伝法したといえよう。もっともこの頃の伝法の意も問題で、あるいは大智が瑩山禅師の室中へ出入りし、菩薩戒をうけるようにでもなったことをいうのかもしれないが、その点の追究は暫くおいて、今はここから「六代」を考えてみると、道元―懐奘―義介―瑩山―大智となって、大智は道元禅師下五代とはなっても、「六代」の語はそぐわない。

しかしこれを「六代伝衣」という語から推測していくと、ここに如浄からの法衣が浮んでくる。すなわち、道元禅師が如浄から附与されたと伝える芙蓉袈裟の伝授である。

果せる哉、『列祖行業記』懐奘伝に

其秋八月十五日、嘱二義介一曰、我有二先師伝来芙蓉僧伽梨一、随レ身既二十八年、今以付レ汝、汝当二護持無一レ令二断絶一、

とあるから、懐奘がこれを義介に授けたとすれば、それが転々して瑩山禅師より大智へ到る可能性がないでもない。しかし周知のように、この『列祖行業記』の記は怪しい。『三大尊行状記』義介伝には、

奘師最後八月十五日、嘱レ師曰、公者余長嫡也、先師開闢和尚也、与二住持職一付与有二袈裟一、滅後二十八年頂戴、一日之不レ離レ身、一生已護持、今付二与公一、衣法同伝、来際弘通勿レ令二断絶一、

とある。この文を確かめてみると、「紹瑾法衣付嘱状」からのものと窺われる。そうすると、この八月十五日の法衣とは、道元禅師自縫袈裟のことであって、『列祖行業記』のいうような「芙蓉袈裟」ではない。『列祖行業記』は『三大尊行状記』の記を誤ってとったものといえよう。したがって、採るを得ない。

それのみか、筆者はかつて「芙蓉袈裟」将来説の資料を吟味して、否定的見解を持つに至ったが（『宗学研究』二十号参照）、ここからも大智に如浄伝来の袈裟が伝えられたとは考え難いのである。

こうして見ると、たとえ瑩山禅師への伝法を許すとしても、この偈頌の「六代伝衣」という表現は、如浄からの伝衣がない限り理解し難いものとなる。あるいは伝法上、瑩山禅師より相伝衣をうけていたとしても、それを如浄より数えて「六代」とするのは、なんとしても納得し難いものである。

②次は釈運への伝法が考えられる。先の「素哲附法状」には、「後釈運西堂伝法之弟子」とある。広福寺所蔵の仏祖正伝菩薩戒作法の奥書によると、大智は正中二年六月十二日に、釈運からこの「作法」を授かったという。この釈運は寒巌義尹（一二一七～一三〇〇）の嗣とされる（『大系譜』）。

義尹の嗣承については問題がある。如浄説についてはとるに足らないにしても、道元禅師、懐奘、義介の三説はおのおの拠るものを示し、今日なお問題となっている。

したがって面倒なこと限りないが、今はその当否は暫くおいて、ここでは大智の「六代」を考える上から義尹の義介嗣承説を採ってその法系を見ると、次のようになる。

道元―懐奘―義介―義尹―釈運―大智

大智はここでは道元禅師下六代となる。だがこれでは、そのいう「六代伝衣」とは、「芙蓉袈裟」とも、「自縫袈裟」ともますます縁がなくなろう。釈運にはそれを伝えたという資料はどこからも窺えないからである。ただ、ここには釈運からの相伝衣だけは考えられる。

そうすると、ここからの「六代伝衣」とは、道元禅師から相伝した袈裟というのではなく、単に法系上の伝授を、「衣法一如」の立場から「伝衣」としたまでで、法流の一表現にすぎないものとなろう。

しかしそうならば、瑩山禅師の法流でもないものが、瑩山禅師に対して、かかる表現のもので呈偈するのは、やや穏当を欠くものではあるまいか。

③義尹への受具は、嗣法ではないから、これをとって「六代」というのは不当であろうが、暫くその立場を許すとしても、義尹のどの嗣承説をとっても、大智は道元禅師の六代とはならない。したがって、これは全く問題とならない。

こうして大智の法衣の授受、及び「六代」を吟味してくると、「六代伝衣」とは、古く言われるような意味では解決できないこととなる。こうなれば従来の註釈を変えねばなるまい。

㈢「六代伝衣」再考

そこで改めて先の偈頌を窺うと、従来の見解に誤りがあると考えられるのである。

その一は「到二野僧一」の解釈である。この「野僧」は僧侶の自称語でもあるから、古註がそうしたようにこれをとる限りは、大智自らをもいうと解するのは当然である。しかしこれのみにこだわると、上のように理解し難い難関に逢着するのである。

「野僧」の語義については、『佛教語大辞典』は上のものしかあげてないが、本来は「田舎僧」から来たもので、そこから卑下して自らをいうようになった。この点、『禅学大辞典』はじめ、ほとんどの「国語辞典」「漢和辞典」は、「田舎僧」を第一項にあげている。この点、次のような用例が見える。

『看聞御記』（応永二十九年九月七日条）

柳河原施餓鬼事勧進、野僧為二張行一、五山僧衆可二執行一事、不レ可レ然之由、自二山門一支申、

『実隆公記』（永正元年六月二十四日条）

遣二斎食於近所野僧一了、

そこで「野僧」を「田舎僧」ととれば、この偈はあながちに大智自身を叙したと見なくとも、「達磨の法衣が六伝して、多くの英俊ある中で田舎僧の慧能さまのところへいった」と解して良いのではなかろうか。

第二は、この偈頌の千年という表現の解釈である。先にあげた註釈等は、この「千年」を慧能より大智までの間と見ているが、これも問題ではなかろうか。

慧能の受法には異説があり、咸亨二年（六七一）、上元元年（六七四）説があるが、どちらをとっても、これから大智のこの偈頌の年代、すなわち瑩山禅師の示寂年代（一三二五）までは、約六五〇年しかない。これではいかに偈頌上の表現として大約をあげたにしても、六五〇年を千年ではやや適切を欠くのではなかろうか。

これを達磨の中国渡来の普通七年（五二六）から瑩山禅師の示寂年代（一三二五）までととるとほとんど八百年で、これなら千年と表現しても、左程不適切とはいえまい。

三には「嶺南能」の解釈である。これを「嶺南人の慧能」ととっている。これは必ずしも不当とはいえまい。しかし筆者は、この「能」には「はたらき」の意もある以上、ここは「嶺南人（慧能）のはたらき」と解した方が意を得るように思われるのである。

この偈頌は、大智が六祖慧能の事蹟を讃え、それを瑩山禅師へ呈偈されたものと見られまいか。したがって、次のように解したい。

達磨さまの法が六伝し、その衣は田舎僧慧能さまに伝えられてしまった。その達磨さまの法が千年もあとまでうけつがれるのは、この嶺南人慧能さまのおかげである。六祖さまが、碓をつきながら久しく工夫を重ねた勝跡によって、祖燈が絶えることなく、後々無尽に挑げられるようになった。

詩偈に暗い筆者には、これが果して適切かどうかは心許ない。そこに批議の出るのは当然で、また筆者の願うところであるが、この際、さらに二、三について附言しておきたい。

一、偈頌は文字による詮表とはいえ、志を述べる象徴的な文芸であり、しかも「不立文字」を標榜する禅偈の立場からは、敢えて文字の分析に心をくだく必要はあるまいともいわれよう。

したがって「六代伝衣」も、字義通りに解する必要はなく、達磨より慧能までの法流を表したものととって、「達磨より慧能へと伝わった正法が私にまで及んだ」と解されなくもなかろう。起句をこのように解してみるなら、先にあげた難点は解消し、筆者も一応は納得する。

しかしいかに「偈頌」とはいえ、所詮は「詩偈」である。五言・七言といわれるように、それは文字に制限される文芸でもある。それだけに、それにあたる者は、文字を選び、語を吟味するのではあるまいか。限られた僅かな字数に我が意を託そうとするなら、なるべく語の重複を避け、冗にならぬよう心するものと考える。もちろん、語の重複によってかえってその文芸性を増すことのあるのも否定はされない。

そこでこの頌を見ると、起句の野僧をとって「私」の意とし、「私に到る」の意を寓するとするなら、承句の「継踵」は重語となってくるのではなかろうか。ここからも、「野僧」を「田舎僧」ととりたいのである。

一、つぎにこの「野僧」を「私」の意にとるから、そこに大智自らをも寓したとし、その果て、「大智モ六祖ノ如クニ……六代ノ衣ヲ伝タ」とか、「我ハ日本ノ六祖、……同格ナリ」ということになる。あるいはここに大智の正法伝持の自信に喝采をおくる者もあろうが、筆者には、それでは大智の品性を疑いたくもなる。瑩山禅師への呈偈としてはあまりにも不遜ではあるまいか。ここでは「上㆓瑩山和尚㆒」という前書がある以上、この六祖の讃歌の中に、瑩山禅師をも讃えるものが寓されるのは見られるにしても、大智自らがその伝法を強く主張し、自らを六祖に比したなどととるのは、大智を讃えるのあまり、贔屓の引き倒しとなるのではなかろうか。この偈頌の主役は六祖であり、また瑩山禅師でもあって大智ではなかろう。大智を主役とするのは、この「野僧」の一義のみを強くとることからの誤謬ではあるまいか。

一、一般に提唱というものは、提撕にあたる師家の活作略が主体で、敢えて字義にとらわれる必要はなく、その力量でいかに解しようと、禅意を得ればよいともいえよう。したがって、ここで大智が道元禅師六代の法を継ぎ、その自縫袈裟をうけた事蹟を捉え、これを六祖のそれと並べて説き、宗門の伝統を鼓吹するのは当然であろうが、しかしそれが後の事蹟とも知らず、それをこの語句のものとして説くのは、なんとしても誤りというべきで、それでは大智本来の意図をも昧ますことになるのではあるまいか。

（『宗学研究』二十四号〈一九八二年三月〉）

第七節　「慕古心」に思う

道元禅師の七百五十回忌が目前に来た。この度の遠忌のテーマは「慕古心」という。これは一見「古きを慕う心」と解され、その「古を慕う」ということからは、漠然と伝承にめざめ報恩行にいそしむかのような説法も耳にする。しかし、禅師のいわれる「慕古心」とは、禅師の『正法眼蔵』によれば「古仏心」のそれからであろうと思われてならない。すなわち、それは「古仏の心を慕え」とうけとめられるのである。それならば「古仏」とは何ぞ。禅師は、その巻で次のようにいわれる。

いわゆる古仏は、新古の古に一斉なりといへども、さらに古今に超越せり、古今に正直なり。

これでは、禅師のいわれる「古」には一考を要しよう。

「古仏」の「古」は、「新古」の「古」ではない。古仏とは「古今」を越え、「古今に正直」といわれる。これでは「古仏」とは、古今という時節時機にかかわらぬ「真実の道者」と理解されよう。

そうすればその「慕古心」とは、我々からいえば「古仏道元禅師の精神に還れ」というもので、さらにいえば禅師の説かれた宗教、「真実の仏法をめざせ」と採るべきだろうに、ただに古きを慕っての報恩行のみの布教でよいのであろうか。

この遠忌にあたり、禅師の宗教を説き、それを唱揚された禅師の人となりを強調されるのは当然であるが、それ以前に心すべきものがあるのではなかろうか。それは禅師のそれといいながら、いつしか世情におもねてそこにしみついたその垢を、まず落すことではあるまいか。

禅師の仏法は、正伝の法だ、単伝の坐だ、仏の大戒だと説かれても、その基調に「名利心」の脱却がなかったら、坐禅も修行も学問も説法も、それこそ絵に画いた餅にすぎまい。それは『正法眼蔵』に説きつくされている。

現今の世相の迷妄は、全くこの「名利」の脱却を忘れたというより、その「名利」のよどみない追求からのもので、この時にこそ禅師の強調される名利をいとう仏法の教えが、高く望まれねばなるまい。そうすれば、正法だ、安楽の坐禅だと説くのは当然としても、その前にこの現前の不祥事を逆教材に、「名利心」排除の布教に軌範を置くべきではなかろうか。

これは何も布教だけにとどまるまい。学問の上でも同様であろう。筆者はそういう立場から、「名利」脱却を説かれる禅師の生涯を見究めたいと念じ、そのあとかたを探って、ささやかな発表をし続けているが、愚鈍の者、言うに反して誤り通しの者といえる。

もちろん、禅師伝の研究に諸説があって当然で、その当否について簡単に云々し難いが、近く主張されるものの中には、その所説云々よりも、先に述べた禅師の立場からうかがうと、およそ理解し難い主張が見られ、布教者の中にはそれに加担する者もうかがわれるので、それらの点について触れてみたい。

『正法眼蔵』の研究者が、ある本で禅師の伝について述べ、禅師の父母をどう捉えるかによって「その（禅師の）人間像に大きな差をもたらす」としているのは注目される。確かにそうともいえようが、しかし禅師の宗教の上からいえば、我々はそれにとらわれてはなるまい。

それなのに、それをうけた某氏は、

（その）指摘する如く、生母が基房の女であるか、中世古師の主張する出自不詳の家格低き公卿の女であるかは、法孫である我々が檀信徒に対し、道元禅師の人間像を語る際、大きな落差が生ずるといわれる。これでは筆者の研究が、洞門の布教に大きな迷惑をかけ、それをまどわす者のようで大きく責任を感じざるを得ない。よってここに筆をとらざるを得なくなったもので、感情的なものからのものでない点、ご諒承を得たい。

筆者は道元禅師伝研究から、後来付加されたと見られるものの多いことから、禅師伝の研究では、まず後に構築されたと見られるものを取り払って、その地盤を確かめることから始めなければなるまいと提唱した。しかるに多くはそれを無視し、後の建造物を化粧し直したり、さらには増築して平然としている感がしてならない。

筆者は現在伝承される資料を検討した限り、禅師の母は「不詳」とするほかないとし、父が通親であろうと通具であろうと、当時の資料からはその嫡室の子に禅師が窺えないところから、禅師は「妾妻」からのものであろうとした。「不詳」ではあるが、「妾妻」と見るほかないとしたもので、それだから「家格低き公卿の女」としたことはない。それは筆者が良顕について述べたことと混同しての「思い込み」からであろう。「不詳」な以上、それこそ生家が公卿とも、家格の尊卑なども言えるはずはない。それなら「基房女でない」ともいえまいと反論されよう。確かにそうである。ただ筆者は「基房女」説が、そのいう資料上等からは成立しないと言うまでなのである。

それはともかく、ここで筆者の気になるのは次のことである。それは、そこに禅師の人間像を語るのに、禅師が高貴の出身でないと教化上に不都合を来すかのような言い分の見えることである。

禅師の母を不詳などというのは、後孫として確かに恥ずかしい点は脱がれ難いもので、その解明に尽すべきであるが、それは措いて、今ではその誤伝が明らかに指摘されるようなものの上に立って、禅師の家系を称揚する教化にあたるのは、果して禅師の心に適うのだろうか、と思われてならない。

もっとも布教は法益であるから、そこに諸般の策がとられ、寓話またよしで、史実をいう歴史界のそれと異なるものがあって当然である。しかしその法益には救生心が込められていなくてはならない。名利に走る者には、それを破斥し、それを教導してこそ禅師の仏法になろう。しかるに、それにおもねて、その喝采を得ようとするなら、禅師に

衆生利益のために貪名愛利すといふ、おほきなる邪説なり、附仏法の外道なり、謗正法の魔党なり（「行持」）

と破せられよう。

我々は教化にあたっては、禅師の仏法、『正法眼蔵』に立脚すべきであろう。禅師の出身・家格・僧階などは二の次で、それにかかるのでは「種姓をみることなかれ」という禅師の教えに背くことになろう。そうすれば、今度の遠忌の「慕古心」の眼目からしても、禅師の父母について語る際には、その立場に立っての教化でなくてはなるまい。

論者は、筆者が禅師の母を「妾妻」と見たのを採って、「家格低き」などといわれているが、この「妾妻」は江戸期や現代のそれで判断してはならないものなのに、論者は自分の「思い込み」からそれをとりたて、一般者を誤った観念に導き、恰も筆者が禅師を軽視するかのような印象さえ与えている。

そこでは「妾妻」を恰も「卑しい者」のように採るらしいが、当時のそれは多妻主義の慣習の中での区別語で、これのみをとって所謂の家格の判断をしては一面観になろう。

当時は、所謂の高家の出身でも「妾妻」となった者も多いし、「妾妻」からの出生でも、後に所謂の高家の家督相続の者もあった。これを勝手に「卑しい者」とすることこそ問題ではなかろうか。この「妾妻」の立場からのものとして、近くは大正天皇が偲ばれよう。

教化上からは、禅師の仏法が主眼でなければなるまいし、しかもその基調は「名利放捨」にあった。真実は古今

にとらわれぬもの故、古い伝承でも、そこに誤謬が見出されたら、それを超えていくのが『正法眼蔵』であろう。もちろん、そういう筆者の提起したものに自ら固執して、ほかのそれを排するつもりはない。筆者のそれに正しい批正が得られるならば、その訂正を受容するにやぶさかでない。それには禅師は次のように説示されているからである。

学道の人は、自解を執することなかれ、設ひ会する所ありとも、若し亦決定よからざる事もあらん、亦、是よりよき義もやあらんと思ふて、広く知識をも訪ひ、先人の言をも尋ぬべきなり、亦、先人の言なりともあしくあらん、信ずるにつけてもと思て、次第にすぐれたる事あらば、其れにつくべきなり（『随聞記』）

「新」が「真」とは限らない。また、「古」のみが「真」と執してもなるまい。「身心脱落」とはその固定観念からの脱落であり、執着からの捨離で、したがって学道は無限の向上事であろう。

ここで、従来の教化策に反省を加える必要があろう。宗門が禅師の母を不鮮明にしているのは問題であっても、そこには反面、その出身にかかわることよりも、『正法眼蔵』を伝えることを第一義にして来たことからで、禅師の古伝では、その親父の名前さえ載せられてなかったのである。こう説いてこそ宗門の教化になるのではあるまいか。世界に誇る『正法眼蔵』こそ、当時、所謂の高貴の家格出身者が誰一人としてなし得たものではない。それを示衆した禅師、そしてそれを育養した両親をこそ称揚すべきで、その出身や虚名にこだわってはなるまい。その『正法眼蔵』にもあたらず、ただに禅師の家格・出身にこだわり、それさえ自らの討究もなく、安易な受売りの上で、恰も禅師の仏法が高家の出身の上から生み出されたかのような印象を与えるような教化に走っていてよいのだろうか。

教化し称揚すべきは、禅師の仏法であり『正法眼蔵』であるが、それは禅師の家柄からとはいえまい。それは母等の養育、そしてまた禅師の修学からのものである。こうしてこそ宗門の教化になろう。父母の貴賤などで禅師の人間像を判断してはなるまい。一般の宗外者はどう見ようと、我々こそはこれを禅師の仏法の面から捉えて布教すべきで、簡単にそれらに不和雷同してはなるまい。

仏法のことはもちろん、禅師の生涯でさえ分らぬことがあまりにも多い。故にそれらを説くにあたっては、分らぬことは分らぬと説いてよかろう。禅師の慈母についても、悲しい哉、今のところ明確とならないが、禅師の宗教に参ずる我々は、ここに僧俗手を取り合ってその解明に尽そう、と説くのもよかろう。

それよりも、禅師はそのようなことにかかわるよりは、その説かれた仏法の実践にあたれ、と言われているのだと力説することこそ、禅師門下の布教ではなかろうか。

今まで伝えられて来た禅師伝を背景に、それを基調とした教化も一応評価され得るとしても、それが単なる家格等の称揚に終ってはなるまいと思うのである。

しかも、そこに禅師の伝に新たなる問題が提起されたならば、教化者自らがその研鑽に努め、従来とって来たそれに反省を加えていくことこそ、道元禅師門下の教化者の進むべき道ではなかろうか。

それなのに、そこにはなんらの学習もなく、従来のそれにあぐらをかいての布教では、果して時代に適応するものといえようか。

また、新しい発表の前に、ただただ困惑するだけでは、これまた自主的なものではない。

布教者とて、また宗教者とて、常にたゆまぬ学習が必要で、この点、先の『随聞記』の教示に学ばなければなるまい。

よって、従来のそれに問題が生じたならば、よろしく法壇に立って、あるいは「私は誤っていました」と、堂々と懺悔してよかろう。あれこれ強弁するよりも、この方がかえって心ある人々の胸を打つであろう。あるいは一部でどう反応があろうと、この宗教者のあり方こそ、真の教化になるのではあるまいか。懺悔のない者に、真の宗教者になる資格はないと思う。『修證義』の「懺悔章」は一体誰へのものなのだろう。

禅師の宗教は「思いあがり」のものではない。自執を破し、名利を破し、悟りさえ退ける「仏向上事」のものである。「ああだ、こうだ」という従来の固定観念の受売りで説くよりも、自らの体験・体証を通し、その理解を裸で訴えればよいのではなかろうか。それなのに、そのほとんどは自らの取り組みを説くことなく、他人の寓話や例証のみを取り上げる布教には、厳に反省する必要があるまいか。

禅師の「公案」排撃は、古人の旧話にあくせくするのを嫌ったからで、「現成公案」として日々現前の「公案」への取り組みを提唱されている。これこそ、日に日に変転きわまりないものなのである。

もちろん、これらへの対応は容易なものでなく、いかに体験・体証といっても、自らのそれのみが真実とはなり得まい。しかし、いかにそこに誤りが生れようと、その真実への取り組みこそが尊い。その真剣さからは「懺悔」の心も自からに湧こう。したがって、その取り組みが「百不当」になろうと、その真実な態度にはきっと共感されるものがあろう。

要は、真に取り組もうとする精進こそが大切で、これなくして「われは教者なり」として証者の立場からのみの布教では、その自負心は諒とされても、それではかえって増上慢と転じ、それが執着心ともなって、懺悔心から遠去かるもとになるのではなかろうか。

（『傘松』二〇〇二年正月号）

第八節　「衛藤宗学」雑感

まえおき

筆者は「宗学」については、あれこれいう資格のない者と自認している。それはかつて卒業論文に『正法眼蔵』研究を申し出で、衛藤即応先生（以下「先生」）から、「君には眼蔵はまだ早い」といわれ、その前に天台学を学習してはと勧められた。そこで卒論に天台性具説を論題にし、卒業後、叡山に上ったりしたが、それも挫折してしまい、その後、道元禅師伝研究にかかわることになってしまったことからも、「資格なし」が立証されよう。

しかし宗学論争も繁く、近年、宗学研究所より『宗学と現代』の冊子を贈られ、それらに「衛藤宗学」のことばを見るにつれ、山内舜雄氏よりは『中外日報』所載の記事と共に、その感想を求められなどした。

筆者の先生に師侍した期間が、ほんの一時で、遠く地方に在ったことなどからも、先生の宗学については十分の知識を有していないが、その間に聴いたささやかなものに照らしても、現在云々されるものの中には、先生の宗学とは、どうも乖離がある感がしてならないものがある。

そこで、ここに思い切って所感を記してみたい。あるいは先生の説を汚し、先生からは「君、それは誤解だよ」といわれる懸念を十分承知しながらの発表であることを承知いただきたい。

㈠「衛藤宗学」の特徴

「衛藤宗学」とはよく言われるものであるが、実はその全貌は窺い難いものである。

先生が道元禅師に関するものとして、自ら筆をとって残された主なものは、『宗祖としての道元禅師』『正法眼蔵序説』の二著といえよう。

しかしこの二著共、ある経緯から刊行されたものであることを一応知っておく必要があろう。

前者は初め、「宗学序説」として開講のあったものを、後にある事情で学位取得の要に迫られ、それをまとめられたものである。

後者は、『道元』誌に請われて「弁道話義解」として連載したものである。これも大学総長就任後、先生開設の道憲寮の旧寮生が、その夏、道憲寮に宿泊して先生の「宗学」の講義をお願いした際、それをまとめて発刊されるよう無理に要請したもので、「それなら岩波（書店）に話してみよう」といわれ、刊行の段取りとなったものであるが、それも没後の発刊となってしまったものである。

このように、前者は「宗学序説」、後者は『正法眼蔵序説』であって、共に「本論」ではないといえるものである。

もちろん、先生の所説を窺うには、これらによるほかないが、この二著のみからその本旨を窺うのには、心せねばなるまいと思うのである。先生の学説大系は広くかつ深いにもかかわらず、慎み深くて、それらを進んで発表することはなかった。それでも各地に引き出され講説されることが多かったのであるから、先の二著のみでなく、それらの中からも取るべきものが多いからである。

言うまでもなく、先生の学修は、文化と宗教、キリスト教と仏教、教学と禅、禅と正伝の仏法という体系に達し、仏教そのものも、「組織仏教」という構想の下、「仏陀論」「衆生論」「菩薩論」という三部でまとめようとされていた。

筆者は在学中、「仏陀論」を聴いたにすぎない。「衆生論」は鈴木格禅氏が先生の遺稿集『道元禅師と現代』にまとめられているが、肝心な「菩薩論」は知られていない。ただ先生は「菩薩とは仏陀が衆生の側に出られたものだ」と、日頃語っておられた。

先生はそれらのものをまとめられてから、道元禅師の宗教の参究に本格的に入られる予定のところ、岩波文庫本『正法眼蔵』の刊行に余儀なくあたらねばならないようになり、上のものは日の目を見なくなっただけでなく、禅師に関するものさえ、まとまった十分なものの発表を見ることなく、そのすべてをその頭脳に秘めたまま、七十歳の生涯を閉じられたのである。

よって先生の道元禅師に関する所見は、そこに「序説」とある通り、「結論」の披瀝とはいい難いものといえよう。言うならば「衛藤宗学」とは秘められた霊山のようなもので、先生はそれへの見取図を示され、それへの道程をはかられたものというべきかもしれない。我々はその指針に従って、実地に脚を踏み入れ、その風光を確認するほかないのである。先生はそれを後人に期待されつつ、寂に入られたものといえよう。

(二) 先生の「宗学」

先生は、「学界で『宗学』という語を初めて述べたのは自分だ」と話されていた。それは昭和五年(一九三〇)、日本仏教学協会の講演で披露したものに偲ばれるが、その雑誌の登載に「仏教の宗教学的研究」と「宗教学」としたのは「宗教的」の誤りだと話されていた。そのように、「宗学」というのも、一般にはそれぞれの「宗旨」に関する学問乃至は「宗祖」についての研究のように捉える者もあるが、先生のはそれのみにはあたらない。先生は次のようにいわれている。

○私の宗学は決して学説ではなく、所謂学問ではない。

○宗教の立場では――特に我々の宗旨においては――物を内に見る、納得の行くまで噛みしめるのでなければならない。それが参学である。

○それは「信仰学」である。

この点、一般に見られる「宗学論」とは距離が認められよう。一般では、多くは禅師の仏法を「思想」の一貫として捉え、そこからそれを云々し、批判に至る傾向さえ見られるのである。

これらから見れば、先生の「宗学」がそれこそ学的に問題にされようが、それでも「宗学論」の上で「衛藤宗学」について云々する以上は、その特異な主張を措いては、「衛藤宗学」の紹介にはなり得まいと思われるのである。

先生は「私は眼蔵が半分分ったら、君たちの寺を講義して巡るからな」といわれたのは謙譲の語からだけではなく、「分らない眼蔵読みになれ」といわれ、故に「参学の途中に在る自分としては、もちろん決定的態度をもって、これを説くことが出来ない」として、多くを「序説」として発表されたのである。

これでは一層全貌が窺い難い上に、その残されたものさえ整理され体系づけられるものが見られないのに、ただに「衛藤宗学」の名のみ高くして、その漠たるものの上で云々される傾向さえ窺われる。

先生は一般の学究が、その資料の吟味、歴史的変遷の討究に精力を傾ける中で、それらをそれぞれの専門家に任せ、自らは一応当時の通説に従って、それらを自らに与えられたものとして参究にあたられた。したがって今日のそれから見れば、明らかに誤認とされる上に立つものもあり、失点の見えるのはやむを得ない。

しかし、禅師の仏法をその基点から捉える点においては、当時の「宗学」界においては全く特異なものといえる。

今日、宗学論争が繁く、教えられるものも多いが、中に『正法眼蔵』を自己の立場から論評し、その宗旨を批判し、その誤謬をいい変遷をあげつらうのを見ては、改めて先生のいわれる「宗学」の立場から三思すべきものがあるのではなかろうか。

とかく「宗学」とは、一つの理論体系をつくるかのように思われるが、先生は「理論として宗学を組織することは、宗学の生命を殺すものとなるから心せねばならぬ」と注意しておられるのも忘却してはなるまい。

先生の「宗学」は所謂の批判の「学」ではない。いわば宗祖への「信仰」の「学」であり、それは「学」といっても「参学」であり、「研究」といっても知の立場のそれではなく、行の立場に立つ「参究」であった。よってそこから提唱された諸説は、あるいは「学説」とは認め難いとして排されようとも、先生の全く意に介するものではなかろう。所詮、次元が異なるのである。

㈢先生の提唱

⑴『正法眼蔵』への取り組み

先生は、『正法眼蔵』は「仏教を殺すまいとする宗祖一代の挙力」とされ、これを思想の書と見るのを嫌われた。学界人はどう見ようと、宗門人はこれを哲学書や教学書のように見るべきではなく、宗教書、安心の書として噛みしめていくべきものと強調された。

禅師の著書は、所謂の学究の立場で探るというより、自らが生きるための宗教書として味読に努めよと、禅師の仏法への取り組む姿勢に、一大指針を与えられたところにも「衛藤宗学」の一斑がある。

⑵教宗への理解

先生は修学にあたり、「不立文字」を標榜して知解では捉え難い「禅」を偲ぶのに、仏教教理を述べる教学を参考に、その研鑽にあたられ、唯識・華厳・天台、はては真言密教にまで及んだ。その知識から、後に禅師の仏法の説明によくそれらが引証される。

そこで時に、先生の宗学は教学による説明にすぎないと見る向きもあると聞くが、それは誤解で、その説明の本旨を誤認している。

先生は、現に生きている仏法としては各宗のそれしかないとして、それらにあたったのである。そして、ついにそれらと禅師の仏法との相異を見出し、帰家穏坐したともいえる。

そこで後年「久しく教学にあたって無駄をしたものだ」とか、「この歳になってようやく教の不要が納得された」などいわれた。

それなのに筆者には、先述したように、教学の学習を勧められたのは何故であろうか。

筆者は当初、禅師が比叡山で修学のあった以上、『正法眼蔵』はその学修上の所産でもあるので、天台学の知識なくしては解了し難いことからのものであろうと早合点していたが、そうでないことに気づいたのは、ずっと後のことである。

先生は長年教学を学習し、その立場を把握することによって、そこに禅師の仏法との相異を確然とされたのである。これ一に教学の学習の功徳ともいえよう。その上から先生は、その遍歴を「無駄をした」といいながら、それは単なる「無駄」ではなく、「一当」のための「百不当」とされている。

そうすれば、筆者への教学の勧めは、単細胞で早とちりの筆者に、教学を学ばせることによって、禅師の仏法との相異を認得させようとする老婆心からであったろう。

(3) 信

宗教の機能を「信」と究めた先生は、したがって禅師の宗教もそれに立つとされ、従来「悟」の立場かのようにとられていた禅師の宗教を「信」とされたのも「衛藤宗学」である。『弁道話』はいわば『正法眼蔵』の出発点ともいえるが、そこに「信」の強調が見られることから、これを「序説」として特に示されたともいえる。

しかるに禅師の立場を「坐禅」を強調するあまり、「禅」の立場の「悟」をとってこれに反論するものも窺われる。そこでは「弁道話」の「大白峯の浄禅師に参じて一生参学の大事ここにをはりぬ」とするのを「大悟徹底」かのように解するが、それでは看話禅を痛破する禅師の立場はどうなるのだろうか。これについては後で触れたいが、これこそ「信決定」のものとうけとめるほかない。

⑷行

禅師の仏法は一般に「行の仏法」ともいわれる。そしてその「行」とは、修行であり、実践行であるとされ、それと「坐禅」とを短絡して、坐禅こそその「行」とされていた。

しかるに先生は、禅師のいわれる「行」とは「生きること」といわれるのである。したがって「行の仏教」とは「生命の仏教」をいうのであって、「生きるためにこそ行動するのだ」と説かれた。

「生きるための行動」は「知」からは生れない。それこそ「信」からである。そうすれば宗門の坐禅は、解知せんがために殊更に疑著の公案を与えて坐禅させるそれではなく、「信」の上のものでなくてはならない。「証上の修」とされる禅師唱道の坐禅は、「信」上のものでなくてはなるまい。

⑸願の仏法

先生が禅師の宗教を「信」の仏法とされるのに対し、「道元禅は悟りの仏法に対する信の仏法ではなく、願の仏法であり、凡夫の救われる宗教である」という主張もある。

「願の宗教」の主張は、確かに先生の先の二者からは窺い難い。しかし先生が「組織仏教」の大綱で、その主眼を「菩薩論」におかれたことを想起されたい。菩薩とは「願」に生きる者なのである。

先生は一日、道憲寮生に対して「少年は空想、青年は希望、成年は誓願」と示されたことがある。晩年になって『修證義』に触れられ、そこの「四摂法」の意義について次のように示された。

すなわち、大乗仏教の菩薩道は六波羅蜜なのに、禅師は小乗仏教で説く菩薩道の四摂法をとられている。大乗仏教・日本仏教の捨てた阿含のそれをとるのは何故か。「ここに意味がある。仏国土建設の菩薩行は六波羅蜜ではなく、四摂法でなければならないというのである」と述べられる。

このように先生の主張は、一、二のものから判断さるべきものではなく、広くあたると共に、その深奥に秘められたものをも探る必要があろうと思われるのである。

(6)本尊論

宗門では、信仰の対象を仏とするが、それも「自然即仏」「大宇宙の生命」などといい、また教学のそれを踏まえて「三身即一」の仏とか「三身超越」の仏などとして、共に具体性のない抽象的主張のあった中、先生は、それは歴史上の釈尊であると示された。

教学のそれでは、「法身」「報身」「応身」などをいって優劣をいうが、それこそ解釈された抽象の仏で、宗門のそれは、その基本である、歴史的に生きて成仏された釈尊そのものと明示されたのである。

禅師が「行仏威儀」巻で、「行仏それ報仏にあらず化仏にあらす、自性身仏にあらず、他性身仏にあらず、始覚本覚にあらず、性覚無覚にあらず、如是等仏たえて行仏に斉肩することを得べからず」といわれている。

ここからも、禅師の「本覚法門」等に対するものが窺われるのに、禅師を本覚論者だったように見るのは「参学力」が問われよう。

(7)面授嗣法

禅師の仏法の根本を「面授嗣法」とされたのも「衛藤宗学」の特質である。

宗門が僧侶の資格の基本に「面授嗣法」をおきながら、従来、宗旨の基本は全く捉えどころのないものになっていた。

先生がこれを公にされたのは、大久保道舟氏の『曹洞宗大年表』(一九三四)の序においてで、『宗祖としての道元禅師』(一九四三)では、「面授嗣法」で一章を費やしている。戦後の講習では、専らその敷衍につとめられた。それらは遺稿集『道元禅師と現代』所収の「正伝の仏法」や「伝光会講演集」にも見られるので、今更、冗説の必要はあるまい。

ただ、ここで附記しておきたいことがある。

昭和十二年秋、永久俊雄(岳水)氏の請で、一夜、道憲寮でそれについて語られたことがある。新入寮生の筆者はそれを筆記し、後に寮の機関誌『喚応』(後に『拈華』)に先生の校閲を得て載せたのである。

しかし当時、参禅に凝っていた筆者には全くの衝撃で、その後の公案となった。

またその際、永久氏の「そんなら宗門の三物は」という問いに、先生は無雑作に「三物には、私は面授巻と嗣書巻と仏祖巻をとりたいですね」といわれた。

『正法眼蔵』をいわれるなら、当時「弁現仏」と聞いていたので、「弁道話」「現成公案」「仏性」の三巻に触れずに、聞き慣れない「仏祖」などを何故とられるのかと不審を懐いたものである。

不審といえば、その頃の「喚応会」で、ある先輩が「鈴木大拙氏が近著で黙照禅をけなしていましたが」といわれると、先生は「道元禅師は黙照禅ではないからな」とポツンといわれた。
その頃、「黙照銘」の提唱を聴いていた筆者は、ここでも「何をいわれる先生か」と反発を覚えたもので、今、思い出しても赤面する。

後年、先生の「三物」とされるのが会得されるようになった。それは「仏祖」巻に、「道元大宋国宝慶元年乙酉夏安居時、先師天童古仏大和尚に参得して、この仏祖に礼拝頂戴することを究尽せり、唯仏与仏なり」とあるのを知ったし、「面授」巻では、「大宋宝慶元年乙酉五月一日、道元はじめて先師天童古仏を妙香台に焼香礼拝……仏仏祖祖面授の法門現成せり」といわれるのを知った。

その上、「嗣書」巻には次のようにある。

> ときに道元もうす、迦葉仏入涅槃ののち、釈迦牟尼仏はじめて出世成道せり、いわんやまた賢劫（注現在）の諸仏、いかにしてか荘厳劫（注過去）の諸仏に嗣法せん、この道理いかん

仏法は面授でまのあたり相承して来たというが、教の説くのでは、釈尊の前の迦葉仏が涅槃に入ってから、すなわち没してから初めて釈尊が出世したといわれる。それでは面授になるまいというもので、理論上当然な問いである。これに対し、如浄は次のように一蹴する。

> なんぢがいふところは、聴教の解なり、十聖三賢等の道なり、仏々嫡々の道にあらず、わが仏々相伝の道はしかあらず、釈迦牟尼仏まさしく迦葉仏に嗣法せりとならひきたるなり、釈迦仏の嗣法してのちに、迦葉仏は入涅槃すると参学するなり

ここにおいて禅師は、「かくのごとく仏々相嗣して、いまにいたると信受すべし、これ学仏の道なり」と述べ、その巻末で「はじめて仏祖の嗣法のあることを稟受するのみにあらず、従来の旧窠をも脱落するなり」と書しておら

れる。「面授」巻では、「この面授のあふにあへる自己の面目をも随喜・歓喜・信受奉行すべきなり」とされている。

禅師は先師如浄に相見して、その為人にうたれ、そこに釈尊の姿を看得され、その仏法相承人を信得した。しかもそのあとづけが「仏祖」巻の信受であり、その如浄への「面授」の歓喜が「面授」巻となったのだろう。

ここでは「聴教の徒」から脱却されたもので、いわば「知」からの脱落でもある。したがって、禅師のその後に盛んにいわれる「学道」とか「参学」とか、さらには「ならひきたるなり」というのは、所謂の「知的理解」でないことは明白であろう。そうすれば禅師の「究尽せり」も「参学の大事ここにをはりぬ」も、さらには「身心脱落」「旧窠の脱落」も「知的了悟」と解すべきではなく、悟からの脱却、知の放着、すなわち「信受奉行」で、それが焼香礼拝の頂戴となるのである。

禅師は如浄下でこの一大転換があったのである。これこそ禅師の仏法の基点で、禅師のいわれる坐禅もここを基点とすべきものとせねばならないものとなろう。

以上記して読み返してみたら、「衛藤宗学」についてあれこれ述べたつもりが、先生の「宗学」をかえって「殺している」という思いに駆られてならない。

（一九九九年十月）

第九節　『道元禅師伝研究』続　補遺

先に『道元禅師伝研究』続（一九九七）を刊行したが、その後もそれら私考に関連する資料等を得た。ここにそのうち参考になろうかと思われるものをあげておきたい。

(一)補　遺

(1)第一章第五節(3)（五二頁〜）

後になって、宝暦三年刊本は「永平開山報恩講式」名で、それには「賢萱是九（ママ）条大政大臣藤原基房卿之令閨也」とあるのを知った。そうすれば『続曹洞宗全書』紹介の現行のものは、やはり明治になっての大内青巒氏の改訂からのものとなろう。

なお、大正八年（一九一九）三月の「賛誕生山妙覚寺移転起工式之辞」に、「母は藤原則子と称し、近衛家より出づ」とあるというのは、上のものをうけたのであろう。しかし、その「近衛家」云々は誤りで、採るべきものではなかろう。

それよりも面山の宝暦三年のものでは、「賢萱」（母親）は基房の「令閨」（令室・令夫人）では、前に禅師を「通親卿之英物」とすることからは、禅師の母が通親から後に基房のところへ移ったかのようになろう。これでは面山自身の『永平実録』や『訂補建撕記』の主張にももとり、この「令閨」は面山の誤りであろう。

ここからして大内氏の改訂がはかられることになったのは当然としても、その改訂が果して適正なものになったかどうかは、また別問題である。

いずれにせよ、宝暦三年（一七五三）の誤謬が明治十四年（一八八一）まで百年以上も放置され、その明治十四年の改訂が、これまた二十一世紀まで尾を引くままの宗門のそれは、まことに奇というほかはない。

⑵第一章第五節三（五五頁）

『明月記』の「良観松殿子、衛門佐腹、隆仲兄、以二真寛僧都一叙二法印一」は、既に先著（正）で紹介したもので、その節は煩わしいので「真寛」については触れなかった。「続」でも触れるのを逸したので、ここでその資料をあげておこう。

①『尊卑分脈』（村上源氏下）

信雅――真寛 寺 法印

②『僧綱補任』残闕（『大日本仏教全書』一一一冊中）

真寛 寺 宰相 四十一（※寿永三年〈一一八四〉…元暦二年〈一一八五〉条）

③『門葉記』（百七十二）

建久六年（一一九五）三月十五日、中宮宜秋門院……

不動法 真寛法眼、行輔朝臣、同日（私注七月十五日）

ただし『御産御祈目録』は、正治二年（一二〇〇）八月十九日、二位殿御産御祈として同文をあげるが、これは良観の先の記からしての誤りであろう。

⑶第一章第十節（八七頁）

誕生寺で「鶴塔は道元禅師の母（鶴御前）の墓である」と聞いたが、これは当時「鶴の塔」の存在から、基房の女に「鶴殿」の称があったことと結んでのものとも考えられる。
この「鶴殿」とは基房の女でも「寿子」のことで、『日本の女性名』は、「鶴殿は……京極摂政良経の正妻藤原寿子の別名（女房官）で、字ともいうべきである」としている。

⑷第二章第一節⑷（一〇八頁）

金剛三昧院の由来について、「その年月は明らかでないが」としたが、角川『日本地名大辞典』の「福岡県」版では、「貞応三年（一二三四）北条政子によりて金剛三昧院に寄進され」とある。

⑸第三章第四節二（一五四頁）

「承陽」の称について、「十八世紀に入ってからで、それでも『承陽大師』はこれのみである」としたが、筆者の不学からで、「永平開山報恩講式」にそれがあるのを知った。しかし「昔日吾承陽大師伝二於長翁一」と、如浄の号という「長翁」をいう以上は、これが太祖からのものとはとり難い。

⑹第三章第五節三（一六三頁）

中岩円月が義雲に就いたことを述べたが、彼が「元応元年己未……春辞二永平一帰二鎌倉一」をおとした。これでは一時的な接見ではなく、冬から春と一時期の逗留が認められる。

⑺第三章第九節五㈡（二二四頁）

鴨川の河尻の資料について、次のものが知られる。

○「於二賀茂河尻一乗レ舟」（『御堂関白記』長和二年〈一〇一三〉十月十六日条）

○「於二鴨河尻一乗船、参二宇治殿一」（『左経記』長元八年〈一〇三五〉二月十六日条）

⑻第四章第一節（二四一頁）

『円明国師行実年譜』について、資料上難点をあげ、これが南北朝期の編であるとした。その表題の国師号であるが、国師号は日本では夢窓疎石に対して、建武二年（一三三五）十月十一日の下賜が初めてといわれる以上、この年譜は道元禅師よりほぼ百年も降ってのものと見られるのである。

(9)第四章第二節三（二四七頁）

大通寺開創で、そのそもそもは「以二本寝殿一為レ堂」からとしたが、これは西八条の源氏の住居であったことから、守屋氏の誤認となった感がするので触れておこう。

ここは本来、源基経の屋敷のあったところというが、後に平清盛がこの辺りに邸を構えたことからすれば、源氏の勢力は一時衰えて当時はここになかったものと思われる。それが平家没落後、これらが没官領となったところから源氏へ還ったものであろう。

そこで実朝がここに屋敷を営んで、妻とした後の本覚尼の父（坊門信清）を住まわせたのである。しかし、実朝はついに上京することなく、ここへ入ることもなかった。本覚尼は実朝の難の後ここへ帰り、この住宅の寝殿を堂として、後の大通寺へと発展したものなのである（『歴史研究』一九八三年十二月号、朧谷寿「清和源氏のルーツを探る」参照）。

(10)第四章第二節三（二四八頁）

八条堂供養参集の人物の関係を見ておこう（『尊卑分脈』）。

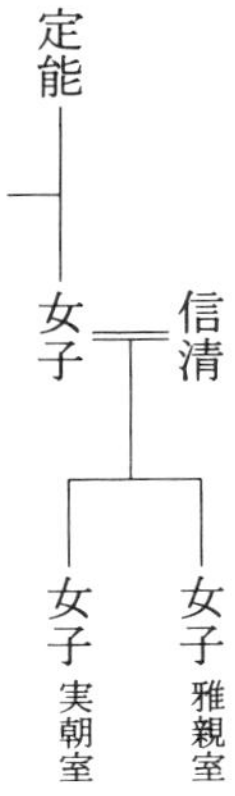

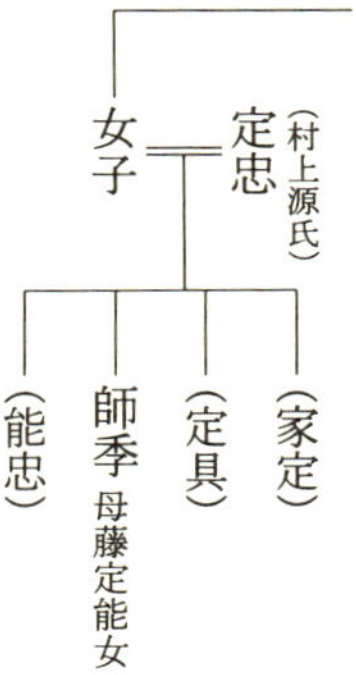

⑾第五章第三節四（三〇六頁）

鎌倉名越には北条一門等のほかに住宅のあったものを『吾妻鏡』からのみあげたが、別に次のものも参考に示しておきたい。

建長三年（一二五一）八月四日の「関東御教書案」に、詫磨能秀へ「長布施内壱戸主」とある。この「長布施」は後の建武元年（一三三四）四月十八日の「後醍醐天皇綸旨案」に、「鎌倉名越長布施屋敷」（『詫磨文書』）とあるから、道元禅師時代、詫磨能秀の名越居住が偲ばれるのである。

⑿五章第七節補記（三五三頁）

ここに「慶盛法師」を紹介したが、『園城寺伝法血脈』に次のように見える。

慶盛　松南房　法橋　天福二—十—廿五　(唐)慶院六人
神—円順　唱—勤智　仁慶寺主子

先の紹介では、ここは曼珠院支配のものとしたから叡山下のようなのに、この伝法では園城寺下で問題ともなるが、その「法橋」位や年代からして同一人と見てよいのではなかろうか。

⒀第五章第十節一　岩栖院考（三七二頁～）

「岩栖院」のことは『蔭涼軒日録』に多く見える。

延徳四年（一四九二）六月九日条に「往二岩栖院一……座敷画一見」とあるが、これより先の長享三年（一四八九）八月十二日条の記に「山之堺」云々とあるから、これは東山のものと知られよう。

そうすれば、永興院が永正二年（一五〇五）にここにあったとは考え難いものとなる。

なお、同『日録』の文正元年（一四六六）閏二月六日の記事に、ある僧から四十年前に「御二成于三条岩栖院屋形一」ということを聞いたとあるから、ここからその一邸が上京区にもあったことも窺われるのである。

(14)第六章第一節（三九九頁）

「釈迦文仏茵（「菌」は誤植）褥」についてこれを「袈裟」と関係づけたが、校正時に『国史大辞典』月報の「史窓余話」七を見、これを訂正しようとしたが、間に合わなかったものである。

そこに高田良信氏は、法隆寺の「諸堂縁起」（寛政十一年）に、

御褥《シトネ》の唐櫃、広東蜀江の御衾は太子の御物なり、蜀江の切、太子の御時代に渡りしきれなり、蜀江御褥は聖徳太子常に御殿にして御用ひありし御褥なり

とあるというから、この「茵褥」もそれに類する褥（敷物）と見てよかろう。

袈裟と関係づけたのは謬見であったろう。その上、先に「芙蓉袈裟」の一端というのが知られたが、それらも実はこれらの一端が訛伝されたものと見れば、先に述べた疑問も解決される感がする。

(15)同上「久我肩衝」

これについては『国史大辞典』に、

古瀬戸茶入のうちの春慶肩衝も、薄作（うすさく）で唐物に匹敵する見事な出来であるが、これは桃山時代の塗師春慶の作である

とあるのを紹介しておきたい。

⒃第六章第四節通定下（四五二頁）

『蔭涼軒日録』（寛正四年〈一四六三〉十一月二十三日条）に次のようにある。

奉㆑報㆓来晨蔭涼軒御成之事㆒也、以㆓伊勢七郎左衛門尉㆒申㆑之、依㆑為㆓例日無㆓御出㆒也、湯山銭ニ送、奉行衆者

詩以斎会、　波多野入道……（他氏名省略）……俄依㆓他行㆒而不㆑来也

⒄第六章第四節通直下（四五五頁）

『蔭涼軒日録』に次のようにあるのを補足しておく。

①長享二年（一四八八）七月五日条に「西方寺目録」を載せ、そこに「同（洛中）波多野方地子拾貫文」とある。波多野氏が洛中で西方寺領を借地していたのを知らせる。

②延徳二年（一四九〇）二月八日条に、前将軍義政（正月七日没）の三七日供養の際に、後藤佐渡守の話として、波多野氏が桃井播磨守の謀反で没収された田河保を賜ったと記している。

③延徳二年（一四九〇）七月八日条には、去五日八鼓之後御成……御前御著座衆……

波多野因幡守

と見える。

（二〇〇二年一月）

(二)「続」の誤植訂正表

頁	行	誤	正
五六	14	八月	九月
五六	14	後鳥羽	後鳥羽院
八八	3	弟	子
九六	15	道元	道玄
一四三	17	回春	回陽
一五三	17	『仏教語大辞典』	『禅学大辞典』
一五八	12	以前	以後
二五四	12	其教女	其教母
二五七	15	坊日誌	坊目誌
二五九	14	五つ	六つ
二六六	2	鎧瓦	鎧瓦（鐙カ）
二七二	2	学侶の称と	学侶の称（とハ次行へ）
二七七	6	麈毛	麈尾
二七八	1	麈毛	麈尾
三〇八	15	「社	「春日社」
三七八	14	註目	注目
三八〇	7	双林寺	双輪寺
三八九	8	菌褥	茵褥
四〇一	8	俟ちたい	俟つまい
四〇四	11	本像	木像
四〇五	17	李龍眼	李龍眠
四〇五	18	李龍眼	李龍眠
四二三	9	正治二年	建仁二年
四五二	1	不使于	可使于
四五四	13	註目	注目
四五六	7	二十三日	二十四日

著者略歴

中世古 祥道（なかせこ・しょうどう）

大正５年、北海道に生まれる。大連一中を経て昭和12年、駒沢大学仏教学部入学。道憲寮にて衛藤即応博士に師事。昭和15年、卒業。翌年、天津にて「道元禅師の歩み」の研究を始める。爾来、激動の戦中・戦後の中で研究活動は幾度か中断を余儀なくされつつも、昭和42年に小川弘貫博士率いる「唯識研究会」への参加を契機に思索をまとめ、昭和45年『道元禅師伝ノート』を著す。本書をもとに、昭和54年『道元禅師伝研究』正、平成９年『道元禅師伝研究』続（ともに国書刊行会）を上梓。以後、『傘松』『宗学研究』等に多数論文を執筆する。平成５年、曹洞宗特別奨励賞受賞。また『伊勢愛洲氏の研究』をはじめ、郷土史研究の論文も多数あり、昭和59年三重県教育委員会教育功労賞（文化）受賞。

現在、三重県曹洞宗正泉寺東堂。

新《しん》 道元禅師伝研究《どうげんぜんじでんけんきゅう》　ISBN4-336-04426-0

2002年５月15日　第一刷印刷

2002年５月31日　第一刷発行

著者　中世古祥道《なかせこしょうどう》

発行者　佐藤今朝夫

〒174-0056　東京都板橋区志村1-13-15

発行所　株式会社　国書刊行会

TEL. 03-5970-7421（代表）FAX. 03-5970-7427

E-mail:info@kokusho.co.jp　http://www.kokusho.co.jp

落丁本・乱丁本はお取替いたします。

印刷・㈱エーヴィスシステムズ　製本・㈲青木製本

◎◎◎既　刊◎◎◎

道元禅師伝研究　正

中世古祥道著

『行状記』『伝光録』や古写本『建撕記』などの古伝をよりどころに、俗系から荼毘地に至るまで従来説の問題点を示して、これまで定説とされていた道元禅師の伝記を再吟味し、定説に再検討を促した画期的な名著。爾来、道元禅師伝の研究のためには、避けて通ることのできない基本書となっている。

【収録内容】 序章　**道元禅師の諸伝について**　第一章　**幼少時代**　第一節　俗系の研究／第二節　外典修学／第三節　出家の動機　第二章　**叡山時代**　第一節　良顕考／第二節　横川般若谷千光坊／第三節　公円との関係／第四節　叡山下の修学／第五節　大蔵経披閲　第三章　**建仁寺修学時代**　第一節　栄西の思想／第二節　明全伝とその思想／第三節　栄西との相見問題／第四節　栄西と禅師との関係　**第四章　入　宋**　第一節　入宋費用／第二節　渡海牒／第三節　新到列位問題　第五章　**中国時代**　第一節　如浄の生涯と思想／第二節　諸山遍歴／第三節　身心脱落　第六章　**建仁寺時代**　第一節　帰国年次／第二節　建仁寺の寺況／第三節　建仁時での随衆　第七章　**深草時代**　第一節　深草閑居／第二節　外護者近衛家／第三節　興聖寺僧団／第四節　興聖寺での説示／第五節　興聖寺破却　**第八章　越前時代**　第一節　志比庄下向の背景／第二節　吉峯寺・禅師峯留錫／第三節　大仏寺（永平寺）建立／第四節　鎌倉行化／第五節　永平寺僧団　**終章　大涅槃**　第一節　入寂前後／第二節　入滅地について

Ａ５判・上製函入・４４０頁　定価＝本体１００００円（税別）

◎◎◎ **既　刊** ◎◎◎

道元禅師伝研究 続

中世古祥道著

道元禅師伝研究史上優れた一道標として名高い「正編」につづき、永興寺東山説など道元禅師伝の諸問題への更なる考究を通して、新たな問題提起を示した論文集。研究者・洞門人必見の参究書。

【収録内容】 第一章　**幼少時代**　第一節　道元禅師の尊父／第二節　道元禅師実父研究上の一資料／第三節　道元禅師に於ける問題の世代／第四節　道元禅師の「育父」／第五節　道元禅師の慈母考／第六節　『尊卑分脈』上の藤原基房の三女伊子名考／第七節　禅師伝の「可訪我後世」の訪／第八節　道元禅師と藤原基房との関係／第九節　道元禅師の誕生地考／ほか　**第二章　建仁寺時代**　第一節　禅師と行勇の交流説への疑著／第二節　明全　**第三章　入宋・帰還時代**　第一節　道元禅師の入宋時の従者考／第二節　『宝慶記』の入室／第三節　南谷庵考／第四節　「芙蓉袈裟」将来をいう諸資料への疑著／第五節　明極楚俊の宗可への法語の問題点とその背景／第六節　諸寺伝襲及び諸伝に見える「芙蓉袈裟」考／第七節　道元禅師との関係を伝える袈裟／ほか　**第四章　深草時代**　第一節　由良西方寺開創年次考／第二節　正覚禅尼研究／第三節　正覚禅尼を探る／第四節　野公大夫考／第五節　深草興聖寺旧地考／第六節　深草興聖寺後世存続説批判／ほか　**第五章　越前時代**　第一節　越前への下向道／第二節　禅師の遺偈と鎌倉下向の捏造説批判／第三節　名越白衣舎／第四節　道元禅師と蘭渓道隆との道交問題／第五節　道元禅師の真筆消息／第六節　『秘密正法眼蔵』八大人覚の奥書の理解／第七節　禅師の示寂地／第八節　道元禅師霊骨奉安所／第九節　永興寺東山地説とその資料への疑著／第十節　永興寺東山地説疑著続考　**第六章　外　編**　第一節　道元禅師宋よりの将来物考／第二節　「永平道元禅師正伝明決抄（草稿本）」を読んで／ほか

A5判・上製函入・524頁　定価＝本体13000円（税別）

◎◎◎既　刊◎◎◎

現代語全解釈 道元禅師頌古事典

有賀要延編著

禅の古則を簡潔に表わすと共にその思想を端的に示す頌古全九〇則一〇二首の一々について表題、古則と頌の原文・読み下し・現代語訳・詩的解説・語釈と、懇切丁寧に解明。初の全訳・全解釈。

【収録内容】 ❶世尊妙心付属❷仏言三界唯心❸尊者宝珠明鑑❹初祖九年面壁❺居士覓罪懺罪❻三祖縛脱法門❼大満三撃三籤❽六祖風幡心動❾古人明明百草❿船子蔵身莫蔵⓫大安牧牛領旨⓬雲巌竪起掃箒⓭趙州不離叢林⓮石霜充米頭縁⓯雪峯鼇山成道⓰法眼不知親切⓱投子呑却両三⓲青原拈靠払子⓳青原聖諦不為⓴薬山何不早道㉑趙州東門西門㉒夾山水中大悟㉓玄沙脚指出血㉔徳山点燭吹滅㉕宏智去来山中㉖南泉養得吹牯㉗国師試験三蔵㉘船子垂糸千尺㉙長慶巻簾大悟㉚岩頭移取廬山㉛霊黙言下大悟㉜灌渓一杓喫了㉝投子了然開悟㉞玄沙三種病人㉟夾山耳目不到㊱翠微遮竿那竿㊲臥龍真実人体㊳南嶽磨磚作鏡㊴潙山生仏無性㊵大潙各住自位㊶玄沙一箇明珠㊷長沙転得自己㊸趙州坐底立底㊹黄檗従上宗乗㊺趙州庭前栢樹㊻琅琊清浄本然㊼米胡還仮悟否㊽黄檗真儀可観㊾青原又恁麼去㊿洞山仏向上事(51)臨済悟黄檗棒(52)洞山無常説法(53)石鞏捉得虚空(54)投子十身調御(55)龍潭心要法門(56)曹山鑊湯回避(57)芙蓉家常茶飯(58)天童渾身似口(59)南嶽一物不中(60)龍牙洞水泝流(61)道吾智不到処(62)香厳撃竹大悟(63)南泉修行無力(64)長慶無二種語(65)長沙莫忘僧縁(66)仰山高処高平(67)盤山精低割来(68)洞山仏麻三斤(69)大潙左脇五字(70)深明見人牽網(71)庵主谿深杓長(72)霊雲見桃悟道(73)趙洲狗子仏性(74)洞山寒熱回避(75)馬祖即心即仏(76)南泉斬却猫児(77)百丈野狐堕脱(78)馬祖頭白頭黒(79)魯祖見僧面壁(80)馬祖日面月面(81)南泉拈起鎌子(82)百丈三日耳聾(83)大随劫火洞然(84)法眼汝是恵超(85)天童祇管打坐(86)天童心身脱落(87)香厳千尺懸崖(88)宏智失銭遭罪(89)二祖心不可得(90)真歇豁然契悟／詩としての道元禅師頌古一〇二首・平仄と脚韻

B5判・上製貼函入・353頁　定価＝本体15000円(税別)